第四届中国近现代社会文化史国际学术研讨会合影

# 第四届中国近现代社会文化史国际学术研讨会论文集

THE FOURTH INTERNATIONAL CONFERENCE ON CHINESE MODERN SOCIAL AND CULTURAL HISTORY

首都师范大学社会文化史研究中心 主办

余华林 主编

社会科学文献出版社
SOCIAL SCIENCES ACADEMIC PRESS (CHINA)

# 目　录

# 社会文化史在行进

梁景和 *

　　西方新文化史与中国社会文化史有相似之处，有一定的交叉性，也有明显的差异。国内大陆对西方新文化史也有一定程度的了解、认识和研讨。① 但进一步探讨西方新文化史以及西方新文化史对中国史学的影响以及两者的关系等问题是史学的一项重要研究工作，需要专门细致地研讨。国内大陆的社会文化史有广义和狭义之分，广义的社会文化史即与西方新文化史有一定关联的史学研究领域②，而狭义的社会文化史是国内大陆本土萌生的并以社会文化史为旗号的史学研究领域。本文讨论的问题主要以狭义的社会文化史为主，但很多时候还是要涉及广义的社会文化史。社会文化史在行进的主题，既要回首社会文化史研究的历程，同时也或多或少要窥测一下它的未来走向，而重点关注的问题主要是团队重镇、理论方法、领域维度、史料文风等。

## 一　关于团队重镇

　　团队是指具有共同研究取向的集体，而重镇是指具有一定学术影响的具体单位或机构。团体与重镇往往又是重合的。从国内广义的社会文化史

---

＊　梁景和，首都师范大学历史学院。

①　参见周兵《新文化史：历史学的"文化转向"》，复旦大学出版社，2012；李宏图《当代西方新社会文化史述论》，《世界历史》2004 年第 1 期；周兵《西方新文化史的兴起与走向》，《河北学刊》2004 年第 6 期；周兵《精彩纷呈的新文化史》，《历史教学问题》2007 年第 1 期；周兵《林·亨特与新文化史》，《史林》2007 年第 4 期；江文君《西方新文化史简析》，《国外社会科学》2008 年第 4 期；周兵《新文化史的回顾与反思》，《历史教学问题》2013 年第 6 期等。

②　主要指研究理论、方法、领域、视角、问题意识、叙述风格有某些相似之处。

视阈看，中国大陆社会文化史的主要团队和重镇大致有如下研究单位或机构。①

南开大学中国社会史研究中心，以社会通史为特色，编辑学术年刊《中国社会历史评论》，不但探索社会文化史的理论问题，而且在宗族史、医疗史、性别史等领域多有建树。南京大学历史系专注于历史与记忆、概念史、城市空间、性别研究等诸多领域。复旦大学历史系重点探索西方新文化史、社会性别史、知识史及其卫生身体史等。华东师范大学历史系主要研究性别史、戏剧史、城市文化史、知识分子史等诸多方面。上海师范大学中国近代社会研究中心在社会文化史的某些具体研究领域如评弹史、慰安妇史、妓女史、会党等民间社会史方面均有建树。上海社会科学院历史研究所主持的大型"上海城市社会生活丛书"，对上海社会文化史进行了多领域的研究和探索。厦门大学历史系在社会文化史的理论方法以及华南与闽台社会文化史方面都有积极的探索。中山大学历史人类学研究中心，编辑学术集刊《历史人类学学刊》，在历史人类学和社会文化史方面多有建树。华中师范大学中国近代史研究所多年来积极从事社会文化的商会史与社会风俗史的探索。湖北大学历史文化学院近些年也在致力于社会文化史的理论与微观研究。山西大学中国社会史研究中心的部分研究者一直关注并探讨国内新文化史和社会文化史的发展现状与趋向。北京大学历史系在研讨西方新文化史和明清以来的民间文化史与民俗学史的基础上，也对社会文化史有独特的探索。中国人民大学清史所倡导新史学，并刊行《新史学》学刊，追求西方新文化史与中国社会文化史的一种融合和扩展。首都师范大学历史学院中国近现代社会文化史研究中心多年来致力于社会文化史的理论与实证研究，在组织系列学术会议、出版系列研究成果、选择系列学术课题、开展系列学术讲座等方面做了积极的探索。中国社会科学院近代史研究所是中国本土社会文化史研究的发祥地，多年来在理论和实证研究方面多有建树，成为国内大陆社会文化史研究的排头兵。

社会科学，包括史学在内，有个体作业和团队作业两种方式，从司马迁撰《史记》到各朝各代一直到今天都有很多历史学家独自撰写过传世的史学巨著，这种个体作业的方式还会继续持续下去。团队作业成为近世以来完成重大学术项目的一种工作方式，从《清史稿》到当今的《大清史》

---

① 这里是一般性的列举，不是精准的学术史探索。

均为大团队作业的一种学术生产方式。从当今学术发展的要求看，几个人和十几个人甚或更多人员的团队作业将会越来越适合学术发展的新趋势，社会文化史研究领域也要适应这种新形势。以上谈到的社会文化史的研究重镇，有些就在进行团队作业，这是形成自己学术特色的一种手段。一个团队重点围绕着某个或某几个领域，进行长时间的探索研究，有了这样的研究基础，再进行综合研究，就可以完成系统性的学术成果，真正为学科的理论框架和知识体系做出贡献，这是我们学术研究的重要目的。社会文化史不比政治史、制度史、经济史、外交史、军事史、思想史等诸多研究领域所具有的学术影响力和优势地位，它需要在各个重镇通过团队作业，在某个或某几个领域进行长期集中的探索和攻坚，才能渐次产生被学界逐渐认同的学术价值和学术成果。

## 二　关于理论方法

理论一般指对某类知识或问题的有系统的结论，而方法是指研究问题的方式、门路和程序等。理论和方法是不同的概念，但也有交叉部分，本文将理论方法综合为一个问题从特定的层面上进行讨论，主要是为了叙述的方便。

学界有一个基本共识，认为中国大陆本土社会文化史的萌生可以确定为刘志琴发表的《复兴社会史三议》[1]一文，此后至今有学者一直努力探索社会文化史的理论方法问题，也有学者对这些理论方法的探索进行过学术史的综述。[2]刘志琴、李长莉、梁景和、左玉河、罗检秋、常建华以及青年学者吕文浩、黄东、余华林、张俊峰、韩晓莉、董怀良、王栋亮、李慧波、李志毓等都论述过社会文化史的理论和方法问题。[3]刘志琴强调社会文化史

---

① 署名史薇，载于《天津社会科学》1988年第1期。

② 如李长莉《社会文化史：一门新生学科——"社会文化史研讨会"纪要》，《社会学研究》1993年第1期；左日非《"近代中国社会生活与观念变迁"学术研讨会综述》，《近代史研究》2002年第2期；梁景和等《中国社会文化史理论与实践述论》，《首都师范大学学报》2011年第4期；吕文浩《社会文化史：一个有活力的研究领域》，《团结报》2014年10月9日第7版等。

③ 参见梁景和主编《中国社会文化史的理论与实践》，社会科学文献出版社，2010；梁景和主编《中国社会文化史的理论与实践续编》，社会科学文献出版社，2015；梁景和主编《社会文化史的理论与方法——首届全国青年学者学术研讨会论文集》，社会科学文献出版社，2014。

要研究大众文化、生活方式和社会风尚，诠释世俗理性的概念①，特别主张要从本土资源进行社会文化史理论的建树，认为礼俗互动是中国社会文化史的特色，并把它提升到一个理论的高度。② 余华林在此基础上提出"礼、俗、法"互动是中国社会文化史的特色问题。③ 李长莉借助文化学的理论提出了社会文化史的概念问题④，展望了未来社会文化史研究将会出现的三个趋势⑤，她还认为未来将会引起关注的"关键论题"有：民间社会、社会治理、生活方式、价值系统等，指出这几个"关键论题"，可能会成为社会文化史学者为中国社会发展理论创新作出贡献的生长点。⑥ 梁景和提出社会文化史的概念以及精英文化与大众文化、社会文化与国家意志的关系问题⑦，探讨了社会生活的理论范畴⑧，对"常态与动态""碎片与整合""生活与观念""一元与多元""真实与建构"等五对概念进行了辨析⑨，从理论方法方面特别提出要把"生活质量"作为社会文化史研究的一个新维度。⑩ 左玉河强调要探讨和揭示社会文化背后的文化内涵。⑪ 罗检秋认为社会文化史论题不限于大众文化一隅，可从多方面进行拓展和深化。⑫ 常建华则明确指出，要自觉地把日常生活作为社会文化史研究的基本内容。⑬ 国内青年学者也逐渐展开对社会文化史理论方法的探讨。黄东认为重视现代性问题是社会文化史研究的价值立场，是当下社会文化史研究的大本和大源。⑭ 韩晓莉认

① 刘志琴：《青史有待肯天荒——试论社会文化史研究的崛起》，《史学理论研究》1999 年第 1 期。
② 刘志琴：《从本土资源建树社会文化史理论》，《近代史研究》2014 年第 4 期。
③ 在"第二届中国社会文化史研究的回顾与走向座谈会"上的发言，2015 年 6 月 6 日。
④ 李长莉：《社会文化史：历史研究的新角度》，赵清主编《社会问题的历史考察》，成都出版社，1992。
⑤ 李长莉：《交叉视角与史学范式——中国"社会文化史"的反思与展望》，《学术月刊》2010 年第 4 期。
⑥ 李长莉：《中国社会文化史研究：25 年反省与进路》，《安徽史学》2015 年第 1 期。
⑦ 梁景和：《关于社会文化史的几个问题》，《山西师大学报》2010 年第 1 期。
⑧ 梁景和：《社会生活：社会文化史研究的一个重要概念》，《河北学刊》2009 年第 3 期。
⑨ 梁景和：《关于社会文化史的几对概念》，《晋阳学刊》2012 年第 3 期。
⑩ 梁景和：《生活质量：社会文化史研究的新维度》，《近代史研究》2014 年第 4 期。
⑪ 左玉河：《着力揭示社会现象背后的文化内涵》，《晋阳学刊》2012 年第 3 期。
⑫ 罗检秋：《从"新史学"到社会文化史》，《史学史研究》2011 年第 4 期。
⑬ 常建华：《日常生活与社会文化史——"新文化史"观照下的中国社会文化史研究》，《史学理论研究》2012 年第 1 期。
⑭ 黄东：《社会文化史研究须重视转型时代的现代性问题》，梁景和主编《社会文化史理论与方法——首届全国青年学者学术研讨会论文集》，社会科学文献出版社，2014，第 40～45 页。

为，在研究理论和方法上，同样关注文化的文化人类学与社会文化史有着更多共通之处，为社会文化史研究提供了方法论意义上的借鉴。① 董怀良提出，"社会文化史的研究视角的'下移'，不仅在于丰富和增加历史知识的内容，弥补传统史学的'饥饿'，而且在于对传统价值认同、思想倾向的改造，促进一种人本的、整体的研究思维的养成"。② 王栋亮认为，社会文化史是作为传统社会史与思想文化史的反思而兴起，使社会史与文化史有机融合为一体，构成了史学研究发展的新思路、新方法和新视角。③ 李慧波则指出，社会文化是社会生活的一个体现，是影响社会生活的一个重要因素，而社会生活又是研究社会文化的一个切入点。④ 李志毓认为社会文化史给史学带来了研究视角和方法论意义上的革新，为历史学参与反思中国历史、社会和文化中的重大问题，提供了必要的帮助。⑤ 张俊峰认为，中国的社会文化史、新文化史是"社会史大旗下的一个分支而非与社会史分庭抗礼的所谓'新史学'"。⑥ 吕文浩认为"本土社会文化史学者吸收新文化史的理论和方法，用于完善自己的研究实践和理论表述，促进了社会文化史在中国的进一步发展"。⑦ 以上大致反映了国内大陆学者关于社会文化史理论方法探讨的基本状况。这些探索具有本土性特征，某些方面与西方新文化史有交叉之处。

以上理论探索的主要贡献在于：其一，确定了社会文化史是一个明确的学术、学科概念，学者从多视角和多层面论述了这一概念，并被学界逐渐理解和认同；其二，从本土资源的角度提出"礼俗互动是中国社会文化史特色"的理论；其三，提倡把生活质量作为社会文化史研究的新维度。当今社会文化史研究的成果有了明显的新进展，取得了令人瞩目的新成就。但在上述理论指导下的高水平研究成果却成为人们的一种期待，希望看到

---

① 韩晓莉：《从文化史到社会文化史——兼论文化人类学对社会文化史研究的影响》，《华东师范大学学报》2009 年第 1 期。
② 董怀良：《关于社会文化史研究视角"下移"的思考》，梁景和主编《社会文化史理论与方法——首届全国青年学者学术研讨会论文集》，社会科学文献出版社，2014，第 79 页。
③ 王栋亮：《中国近现代社会文化史的再认识》，《新西部》2014 年第 4 期。
④ 李慧波：《关于社会生活与社会文化概念的思考》，《晋阳学刊》2010 年第 2 期。
⑤ 李志毓：《关于社会文化史理论的几点思考》，《河北大学学报》2011 年第 1 期。
⑥ 张俊峰：《也论社会史与新文化史的关系——新文化史及其在中国的发展》，《史林》2013 年第 2 期。
⑦ 吕文浩：《本土崛起与借镜域外——社会文化史在中国的若干发展》，《南京社会科学》2015 年第 5 期。

相关研究成果的不断涌现。需要反省的是，以往有一部分理论探索具有概括性、宏观性，同时也显现出一种虚空模糊性，这是时代条件和研究所处的初起阶段决定的，进一步的探索应当在以往坚实的基础上转向理论方法研究的具体性、微观性和真切明确性的方向上。

在这样的一种理念下，未来社会文化史在理论方法的探索方面，有很多发展的趋向，而笔者的建议是：要注重一个关键词、一组概念、一种理论。一个关键词是"感受"；一组概念是"封闭"与"开放"；一种理论是"人的精神进化"理论。

"感受"是指外界刺激使人受到的一种影响。大致说来主要包括两种影响，一种是身体的影响，一种是心灵的影响。身体的影响主要指冷热、痛痒、轻松、舒适、疲劳、乏力等很多很多。心灵的影响主要指悲欢离合、酸甜苦辣、灰心丧气、心悦诚服、忐忑不安、喜出望外、心惊胆战、心花怒放等很多很多。身体与心灵之间有时又是紧密相连的。为何会有这样那样无限复杂丰富的身体感受和心灵感受，这又是由无限的因素决定的，这就可以引发出无限的问题供社会文化史进行研究。若对"感受史"进行深入的理论探究，有望成为未来社会文化史研究的重要组成部分。

"封闭"与"开放"是契合中国社会历史特征的一对重要概念，更是中国近现代以来尤其是改革开放以来的契合中国社会历史特征的一对重要概念。对于这一组概念进行理论上的探索，所形成的理论体系对于打开社会文化史研究的宽广视阈将会产生重大的指导意义。

"人的精神进化"理论是笔者20世纪90年代初所关注的，后来在出版的专著中有这样的阐述："纵观人类历史的进程，人的自身觉悟，即精神进化或精神解放反映在三个层次上。第一，人类相对摆脱自然（神）的束缚，看重和强调人类本身的价值，确立人类的优越和中心地位，而获得人类整体的相对自由；第二，个人相对摆脱传统人伦文化的束缚，看重和强调个体价值，确立个体的人身地位，从而获得个体间的相对平等和自由；第三，个人相对摆脱自身束缚，注重个体异化，在不断否定自己的过程中，使自身的灵与肉相对分离，个体获得精神异化的相对自由。"① 中国传统社会历史主要处于人类精神进化的第一个层次上，而第二个层次是中国近代社会以来才开始了它的发展进化过程，这个过程至今还在进行当中，未来还有

---

① 梁景和：《近代中国陋俗文化嬗变研究》，首都师范大学出版社，1998，第320页。

相当长的路程要走。中国近现代社会文化史与第二个层次上的人类精神进化有着千丝万缕的本质关联，运用这个理论视角是社会文化史研究的重要路径之一。

## 三 关于领域维度

领域是指历史研究的范围、种类和内容，而维度是指不同的视角和层面，以及时间空间的多种向度。两者有分离之处也有交叉和重合。要厘清两者的概念，需要专门的研究。

半个世纪以来，西方的新社会史、新文化史，中国的社会史和社会文化史等研究的领域，无论宏观研究还是微观研究，均可谓蔚为大观，极为丰富多彩。研究内容概括起来主要包括十大类别，包括人群研究、家庭婚姻研究、衣食住行研究、休闲娱乐研究、日常用品研究、表象情感研究、卫生医疗身体研究、信仰习俗研究、时空物质研究、文明野蛮研究等等。以上所举，是已经有了研究成果的相关内容，还有更广泛的领域等待开发，可见文化史以及社会史研究的领域和内容是多么的丰富和广博。如果仅就中国近现代社会文化史的主要知识架构体系而言，研究领域也可以从"衣食住行、婚丧嫁娶、两性伦理、休闲娱乐、流行时尚、装饰美容、强身健体、休养生息、医疗救治、心理卫生、生老病死、福利保障、民俗风情、节日旅游、日常消费、宗教信仰、迷信祭祀、求职就业"① 等诸多领域中进行探索。关于中国近现代社会文化史领域的研究成果有很多学术综述文章可作参考②，近年中国近代社会文化史研究成果涉及的领域更为广泛，可参见李长莉等人的几篇研究综述论文。③

---

① 梁景和主编《社会生活探索·序》第一辑，首都师范大学出版社，2009，第3页。
② 诸如左玉河、李文平《近年来中国近代社会文化史研究述评》，《教学与研究》2005年第3期；黄延敏《当代中国社会文化史研究的新进展》，梁景和主编《中国社会文化史的理论与实践》，社会科学文献出版社，2010；苏全有《近十五年来的中国近代风俗史研究综述》；梁景和主编《中国社会文化史的理论与实践续》，社会科学文献出版社，2015；杨卫民《新时期社会生活史研究述略》，《焦作师范高等专科学校学报》2012年第1期等，还有很多值得参考的综述文章，此不赘述。
③ 李长莉、毕苑、李俊领：《2009—2011年中国近代社会与文化史研究》，《河北学刊》2012年第4期；李长莉、唐仕春、李俊领：《2011—2012年中国近代社会与文化史研究》，《河北学刊》2013年第2期；李长莉、唐仕春、李俊领：《中国近代社会史研究扫描2013》，《河北学刊》2014年第3期等。

从时间的维度看，中国历史可以分为古代史、近代史、现代史和当代史。① 中国历史从鸦片战争起进入近代史，从中华人民共和国成立起进入现代史，从改革开放进入当代史。② 古代史和近代史已属于尘埃落定的历史，对于这两个阶段历史的研究，可以在具体领域研究的基础上去进一步深入思考历史发展的脉络、变迁、特征、走向等有关历史的宏观问题和本质问题，对于社会文化史的研究同样具有这样思考和研究的空间和条件。而对于现当代社会文化史的研究，虽然历史还处于发展变化的过程中，对其脉络和特征的把握还有一定的难度，但对这一阶段的历史研究也有其优势所在，即研究者正亲临其境于历史发展过程之中，对历史本身有切身的感受，这是历史研究难得的一面。研究历史的目的是要还原历史的本来面貌，而时间越久远还原历史原貌的难度就越大，对历史的敏感性就越差。但对于现当代史而言，切身的直接感受，有益于还原历史的真实和原貌，正如有的学者所言，"当代史的研究，比较容易达到求真的目标"。③ 同时，对现当代史具体细微的研究，也可为未来宏观探讨历史的发展脉络和线索提供可资参照的研究基础。

从学科的维度看，社会文化史与当代学的融合以及与未来学融合，能体现社会文化史的另外一种特殊功能。历史学的基本功能是要揭示历史原本和真实的面貌，这一功能作为历史学的基本立场是坚定而不可动摇的。社会文化史与当代学融合，是指与社会学、伦理学、法学、经济学、政治学、教育学等当代学的交融，这种交融主要指两个问题，一是利用这些学科的研究方法为我所用，为社会文化史所借镜；二是这些学科的研究成果在某种程度上可以看作是社会文化史某些方面的珍贵史料。所以社会文化史与这些当代学的融合有益于本学科的建设和发展，也有益于当代史学科的建设和发展。当代社会文化史与政治史、外交史、军事史不同，社会文化史从事研究的条件显然要充分得多，就资料而言，就要比政治史、外交史、军事史等宽泛丰富得多，不像政治史、外交史、军事史强调如何解密档案的问题。社会文化史同时也可以与未来学融合。从历史学的角度看未来，"要求史学工作者不仅能给社会提供历史的经验教训，而只充当一个参

---

① 历史时段的划分具有时间性，随着历史进程的发展，历史时段的划分会发生变化。
② 参见梁景和《幽乔书屋杂记》第一卷（1985—2015），光明日报出版社，2015，第77页。
③ 王晴佳：《新史学讲演录》，中国人民大学出版社，2010，第42页。

谋；史学家还应同未来学家合作，给未来学输入史学的根据；史学家应当成为高水平的园艺工程师，通过嫁接发明新品种，通过对历史现象的取舍和综合，为人类提供未来社会具体领域的参考模型。这同未来学家不同，未来学家可从全社会的总体进行预测，史学家则在具体领域提供参考模型"。[1] 社会文化史也可为未来人们的社会生活和日常生活提供参考模型。有的学者也表示了类似的愿望，"史家写作历史，还有一个目的，那就是希望通过回顾过去，以便更好地了解现在和展望未来"。[2] 表明历史学对人类未来社会能够产生一种功效，包括预测的功效和设计的功效。

学界有一种风气，愿意跟从权威的思路、方法、视域研究问题，这有它积极的、有价值和有意义的一面。不过开辟新的研究领域，凭借个体的主见和经验去发掘问题也很重要。根据上文的论述，社会文化史要关注的领域极其丰富，我们可以关注更为广泛的诸如历史上悲欢离合的生活实况、开放意识下的开放生活以及具体到当今民众的旅游生活、养生生活、性伦生活、礼仪生活、居住生活、饮食生活、诚信生活等等，这无疑都是社会文化史研究的重要领地，它对普通民众的日常生活会给予多方面的正向启迪。

## 四　关于史料文风

史料是研究历史的基本材料，而文风是指撰写历史文章的文字风格。

社会文化史的史料极为丰富，不但有传统意义上的史料，如古籍、档案、官书、法规、报纸、杂志、方志、年鉴、文集、笔记、日记、书信、年谱、游记、回忆录、传记、族谱、口述、著作、论文、调查报告等；而且还有反映另一种真实的新史料，如小说、诗歌、电影、戏剧、美术、音乐、图片、影像、小品、图表、网络信息等；甚至包括反映历史百态的民谣、笑话、顺口溜等。总之，无论是文字的、音像的、网络的、图片的资料都是社会文化史研究的重要史料。甚至虚假文字也是社会文化史研究的史料之一。史学研究是需要辨伪的，这是史学研究的一种重要的方法。为了求真，需要剔除虚假的史料，我们才能还原历史的真相。然而还有一种

---

① 梁景和：《史学工作者不可忽视今天与明天》，《史学月刊》1986 年第 5 期。

② 王晴佳：《新史学讲演录》，中国人民大学出版社，2010，第 87 页。

存在的历史也需要研究，比如，虚假的史料是怎么来的，为什么会出现这样的虚假史料，这样的虚假史料产生过什么作用，造成过什么影响，这本身也是历史的存在，也可以去研究探索某些问题，从这个意义上说，在另一个问题上的虚假史料，在这里又成了真实的有价值的史料了。比如"大跃进"时代，作为党报的《人民日报》竟能报道亩产几千斤、上万斤、几万斤、十几万斤的虚假新闻。这种虚假史料其实也反映了一种真历史，需要社会文化史去研究。这种"皇帝的新装"式的问题怎么就能上党报，反映当时各级干部怎样的心理状态，"人有多大胆，地有多大产"的口号为什么在中国就有传播的渠道和市场，反映了当时什么样的中国特色的政治环境，对今天在某些领域仍然存在的讨好上级、好大喜功、不敢实事求是讲科学、假话大话满天飞的工作作风又有什么值得警惕和需要吸取的经验教训，这些都需要史学去认真地探讨。

社会文化史同样注重文风问题。其一讲求叙述的逻辑性，先有铺垫，进而展开，再下结论。文章的叙述是一环扣一环，层层深入，紧抓读者的思维思路，最后把问题叙述完整。其二讲求叙述的通俗性，文章使用的语言要朴实明畅，不要晦涩呆板，让读者易于理解和通达，学术研究和史学求证一定要远离含糊其辞的模糊表达。其三讲求叙述的形象性，有些叙述甚至还要注重其故事性，娓娓道来，引人入胜。但无论是讲逻辑性还是讲通俗性和形象性，我们都是在作史学文章，目的是要讲明历史，它不是文学，它不是写小说，它不是演小品。所以我们唯一的凭借是历史资料，而不能空穴来风、凭空设想。虽然研究历史可以运用一种想象的方法，但这种想象是有根据的推测和设想。千万不能任其性情，否则就会背离史学，走入歧途。尤其是在注重微观研究和主张社会文化史要讲故事的今天，尤其要注意史料与故事性的紧密结合，要用丰富的多重史料，通过科学的编排和逻辑的想象把它连接成真实的故事，这是我们追求一种新的史学叙述的路径。美国著名史学家史景迁的《王氏之死》在国内外影响很大，该书是以研究下层民众以及运用"讲故事"的叙述手法来讲解历史的，受到了学界的好评和赞誉。该书所以达到了这样的效果，与他采用的史料与故事性的紧密结合有关。即便如此，该书仍然有些质疑之处，即对大量引用的蒲松龄小说的原文的真实性还缺乏必要的说明和论证。伊格尔斯指出："历史学家研究的是一个真实的而非想象的过去，而这个真实的过去虽则只有通过历史学家心灵的媒介才能接触到，但它却要求遵循学术研究的逻辑的方法和思路。"① 历史学注重的是真实，而真实是被发现和感知的，所以历史学遵循的是实证原则，绝不能悖逆传统史学多重史料求证的基本立场，而模糊随意地进入文学的虚构和想象，这是史学与文学的根本区别。而文学作品之所以可以作为史料，是因为它在某个层面、视角和维度上有其真实性，这是它具备作为史料资格的基本条件，但文学本身却不能与史学同日而语。

## 五　结语

研究中国社会文化史，特别是研究中国现当代社会文化史，要与政治史紧密结合，这是中国社会的特征，也是中国社会生活的特色。而脱离政治视角研讨中国社会、中国社会生活、中国社会文化史，既是简单片面，也是单纯幼稚。

研究社会文化史有多种要义，最终应归于探索生活与观念的互动；研究社会文化史有诸多方法，万法归宗，即凭借真实的史料去研究客观的历史。

---

① 伊格尔斯：《二十世纪的历史学——从科学的客观性到后现代的挑战》，何兆武译，辽宁教育出版社，2003，第 17 页。

# 中国近代社会史研究三十年发展趋势与瓶颈

李长莉[*]

中国近代社会史研究从 20 世纪二三十年代开始发轫，新中国成立后三十多年间附属于政治史而有一定发展，直至 1986 年以后才开始作为一个独立学科开始复兴，迄今已走过 30 年历程，可以说是一个新兴学科。回望 30 年间，这一新兴学科从无到有，从小到大，从弱小边缘学科，到兴旺发展、成果丰硕的热门学科，经过了一个持续快速发展历程。

对于 1986 年以后中国近代社会史研究发展状况，在各个时段都有业内学者作过一些回顾与评介。如闵杰对 1986 ~ 2000 年间的研究状况作过比较详细的梳理评介。[①] 王先明对 1986 ~ 2008 年的中国近代社会史研究状况作过综合性评介。[②] 笔者对近 30 年中国社会史研究方法的探索也作过讨论。[③] 这些回顾与评介为我们了解相应时期中国近代社会史学科的发展历程提供了引导。

本文拟通过对 30 年来中国近代社会史研究成果的统计分析[④]，对学科发展历程作一长时段、综合性的回顾，考察学科发展总体趋势，并对面临的发展瓶颈、挑战及其如何回应提出讨论。

---

* 李长莉，中国社会科学院近代史研究所。
① 闵杰：《近代社会史研究》，见常建华、郭玉峰、孙立群、闵杰编著《新时期中国社会史研究概述》，天津古籍出版社，2009。
② 王先明：《新时期中国近代社会史研究评析》，《史学月刊》2008 年第 12 期。
③ 李长莉：《近三十年中国社会史研究方法的探索》，《南京社会科学》2015 年第 1 期。
④ 主要依据闵杰《中国近代社会史论著目录（1987 - 2000 年）》（见常建华、郭玉峰、孙立群、闵杰编著《新时期中国社会史研究概述》）、《近代史研究》每年末期附刊上年度"国内论著目录"（1991 - 2013 年）两种目录进行统计。《近代史研究》无 2010 年度论著目录，2011 年后改为网络版，且仅有论文目录而无著作目录，2014 年后无目录，故未作统计。

## 一　成果数量持续快速增长

自 1986 年至今 30 年间，中国近代社会史研究论著成果的数量，呈现长期持续大幅增长的发展态势。

下面将有论著目录可统计的 1987～2013（缺 2010）年 27 年间每年度发表论文数量统计作一排列，以观察其总体趋势。

据闵杰收集整理的《中国近代社会史论著目录（1987－2000年）》①，在此 14 年间每年发表中国近代社会史论著数量统计如下（见表 1）：

表 1　1987～2000 年发表中国近代社会史论著数量统计

| 年份 | 论文（篇） | 著作（部） | 年份 | 论文（篇） | 著作（部） |
|---|---|---|---|---|---|
| 1987 | 19 | 8 | 1995 | 89 | 19 |
| 1988 | 46 | 10 | 1996 | 159 | 35 |
| 1989 | 59 | 23 | 1997 | 118 | 32 |
| 1990 | 46 | 25 | 1998 | 165 | 28 |
| 1991 | 59 | 24 | 1999 | 136 | 38 |
| 1992 | 75 | 28 | 2000 | 192 | 49 |
| 1993 | 93 | 22 | 合计 | 1342 | 361 |
| 1994 | 86 | 20 | | | |

上述 1987～2000 年共 14 年间成果数量统计，反映了中国近代社会史兴起前期研究成果逐年持续增长的情况。

除了这一统计之外，作为中国近代史研究的权威学术期刊《近代史研究》，自创刊起便在每年末期（后为第 5 期）附刊上一年度国内发表论著目录，也可作为一种统计依据。该刊自 1991 年度论文目录中才首次开始单独设立社会史门类（著作目录在 1991、1992 两年开始有"地

---

① 闵杰：《中国近代社会史论著目录（1987－2000年）》，见常建华、郭玉峰、孙立群、闵杰编著《新时期中国社会史研究概述》"论文著作索引"。

方史和社会史"合列一类，至 1993 年以后才将社会史单独列出），但收录范围比前述闵杰所收目录略窄，如把基督教归入中外关系类，把民间信仰归入文化类，因而收录论著数量相对较少。据该刊目录，1991 ~ 2013（2010 年缺）年间每年国内发表中国近代社会史论著数量统计如下（见表 2）：

表 2  1991 ~ 2013 年发表中国近代社会史论著数量统计

| 年份 | 论文（篇） | 著作（部） | 年份 | 论文（篇） | 著作（部） |
|---|---|---|---|---|---|
| 1991 | 12 | 28（地方史\社会史） | 2003 | 235 | 74 |
| 1992 | 28 | 23（地方史\社会史） | 2004 | 241 | 102 |
| 1993 | 22 | 4 | 2005 | 310 | 93 |
| 1994 | 44 | 6 | 2006 | 267 | 80 |
| 1995 | 52 | 9 | 2007 | 352 | 86 |
| 1996 | 82 | 8 | 2008 | 375 | 85 |
| 1997 | 72 | 19 | 2009 | 443 | （以下缺） |
| 1998 | 86 | 35 | 2010 | （缺） | |
| 1999 | 155 | 27 | 2011 | 529 | |
| 2000 | 160 | 38 | 2012 | 427 | |
| 2001 | 143 | 93 | 2013 | 541 | |
| 2002 | 212 | 89 | 合计 | 4788 | 899 |

由上面两种目录统计可以看出，虽然这两种目录因收录范围宽窄不同，因而具体数量显示有些差异，前者因收录范围较宽而数量较多，后者因收录范围较窄而数量较少，但都反映了中国近代社会史论著数量呈现持续增长的发展趋势。每年发表论文数量基本上是每十年上一个台阶，第一个十年为每年几十篇，第二个十年，每年超过 100 篇，第三个十年每年超过 300 篇，最近的 2013 年则超过 500 篇，可以说每年发表论文数量是以较大幅度持续且加速度增长。

从上述 27 年间不同时段年均发表论文数量也可以反映这一态势。将这

27 年按每 4～5 年为一个时间段，分为 6 个时间段，将每个时间段年均发表论文数量进行对比。依闵杰所列收录范围较宽的论著目录，1987～2000 年间各时间段年均发表论著数量如下（见表 3）：

**表 3　1987～2000 年各时段年均发表论著数量**

| 时间段 | 年均发表论文（篇） | 年均出版著作（部） |
|---|---|---|
| 1987～1990（四年） | 4 | 17 |
| 1991～1995（五年） | 80 | 23 |
| 1996～2000（五年） | 154 | 36 |

依《近代史研究》附刊收录范围较窄的论著目录，1991～2013 年间各时间段年均发表论著数量如下（见表 4）：

**表 4　1991～2013 年各时段年均发表论著数量**

| 时间段 | 年均发表论文（篇） | 年均出版著作（部） |
|---|---|---|
| 1991～1995（五年） | 31 | 14 |
| 1996～2000（五年） | 111 | 25 |
| 2001～2004（四年） | 208 | 89 |
| 2005～2008（四年） | 326 | 86 |
| 2009～2013（四年）（2010 年缺） | 485 | 缺 |

从上述 1987～2013 年间 4～5 年时间段年均发表论著数量列表对比，也可以看到这种阶梯式增长态势，6 个时间段排比论文数量：4＋、80（30＋）、100＋、200＋、300＋、500－。6 个时间段对应 6 个梯次，步步增长，最后四年年均论文数量比最初四年年均论文数量增长 10 倍多。这两种收录范围宽窄略有不同的目录，都反映了相同的趋势，即中国近代社会史复兴以来，年均发表论文数量及出版著作数量，呈持续大幅递增态势，且越到后期越是加速度增长。

上述无论是从 1987 年以来逐年论文数量，还是从各时段的年均论文数量，都表明这期间中国近代社会史论著数量呈长期持续大幅增长的发展态势。

## 二　由边缘"小学科"发展为热门"大学科"

30 年间，中国近代社会史论著数量与中国近代史其他分支学科的对比显示，已从一个初期论著数量少而处于附属性、边缘性的弱小分支学科，发展成为论著数量位居前列的大分支学科。

《近代史研究》附刊年度论文目录，在 1991 年之前，所分门类都是以政治史专题为主，如鸦片战争、太平天国、中法战争、洋务运动、中日战争、戊戌变法、义和团运动、辛亥革命、北洋军阀、五四运动、第一次国内革命战争时期、第二次国内革命战争时期、抗日战争时期、第三次国内革命战争时期等 14 个左右专题，再以经济史、文化史、中外关系、人物等作为补充门类。社会史未列为独立门类，相关内容附于各专题之内。自 1991 年度论文目录才开始首次单独设立社会史门类（著作目录在 1991～1992 两年开始将"地方史和社会史"合列一类，至 1993 年以后才将社会史单独列出），与经济史、文化史、中外关系等并列。此举意味着有关社会史的论文开始增多，且显示出独特的学科特征，使目录编选者感到有必要分出列为独立门类。因此，此举也可以说标志着"近代社会史"作为一个独立分支得到学术权威刊物的认可。该刊目录自 1991 年开始"社会史"单独分列门类，至 2013 年（2010 年缺），共计 22 年。其间自 1997 年目录开始，废止了此前以政治事件和革命运动等前述 14 个专题领头，以经济、文化、社会等专题为补充的分类模式，而改为以研究领域分为八大门类：1. 总论、2. 政治（后来加上法律）、3. 军事、4. 经济、5. 社会、6. 思想文化、7. 中外关系、8. 人物。政治类内容也大大缩减，原来一些附属于政治类的其他专题内容，被划归各相应专题门类之内。自此以后这八大门类的分类法成为常态，一直延续下来。为了便于相互比较，现将 1992～2013 年以每 4 年为单位，分为 5 个时间段，将除了"人物"以外的七个门类每个时间段发表论文数量统计如下（见表 5）：

表5　1992～2013年间各门类各时间段论文数量统计

| 门类/论文篇数/时间段 | 1992～1995年 | 1997～2000年 | 2001～2004年 | 2005～2008年 | 2009～2013年（2010年缺） |
|---|---|---|---|---|---|
| 政治法律 | 3575 | 1437 | 919 | 1202 | 1662 |
| 经济 | 319 | 607 | 749 | 908 | 1318 |
| 思想文化 | 275 | 1002 | 1519 | 2050 | 2979 |
| 中外关系 | 228 | 1380 | 1347 | 1141 | 874 |
| 社会 | 146 | 473 | 831 | 1304 | 1940 |
| 总论专题 | 120 | 391 | 640 | 692 | 747 |
| 军事 | 54 | 103 | 276 | 374 | 468 |

再将上述统计数据按各时间段各门类论文数量多少排序如下（见表6）：

表6　1992～2013年间各时间段各门类论文数量排序

| 时间段·论文/门类·篇数/排序 | 第一位 | 第二位 | 第三位 | 第四位 | 第五位 | 第六位 | 第七位 |
|---|---|---|---|---|---|---|---|
| 1992～1995年 | 政治 | 经济 | 思想文化 | 中外关系 | 总论 | 社会 | 军事 |
| 论文篇数 | 3575 | 319 | 275 | 228 | 120 | 146 | 54 |
| 1997～2000年 | 政治法律 | 中外关系 | 思想文化 | 经济 | 社会 | 总论专题 | 军事 |
| 论文篇数 | 1437 | 1380 | 1002 | 607 | 473 | 391 | 103 |
| 2001～2004年 | 思想文化 | 中外关系 | 政治法律 | 社会 | 经济 | 总论专题 | 军事 |
| 论文篇数 | 1519 | 1347 | 919 | 831 | 749 | 640 | 276 |
| 2005～2008年 | 思想文化 | 社会 | 政治法律 | 中外关系 | 经济 | 总论专题 | 军事 |
| 论文篇数 | 2050 | 1304 | 1202 | 1141 | 908 | 692 | 374 |
| 2009～2013年（2010年缺） | 思想文化 | 社会 | 政治法律 | 经济 | 中外关系 | 总论专题 | 军事 |
| 论文篇数 | 2979 | 1940 | 1662 | 1318 | 874 | 747 | 468 |

将这五个时间段七个门类论文数量增减情况用坐标图显示，可能会更具直观效果（见图1）。

由这一坐标示意图可以比较直观地看到各门类在此20余年间论文数量

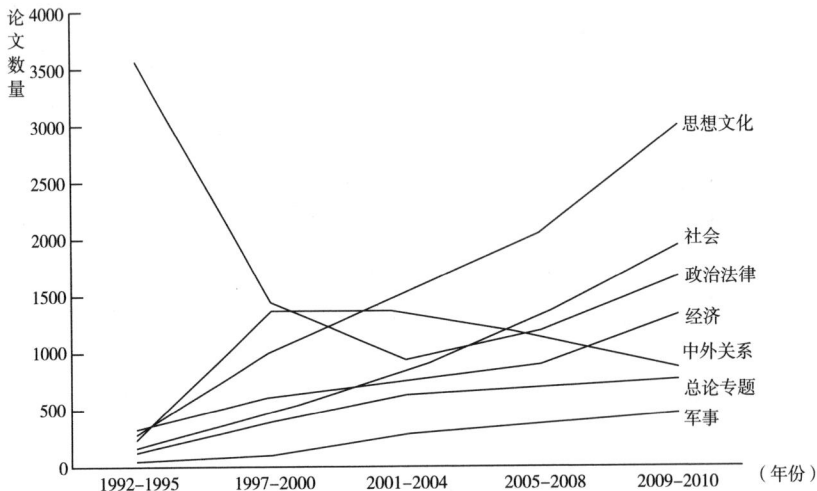

**图1　各时间段七门类论文数量增减示意图**

增减变化情况，政治门类从起初遥居高位而下降幅度最大（1997 年后政治类目录不再以专题编排，有的专题后并入总论专题门类中），虽后期又有小幅回升，但已降至第三位；中外关系门类第 1 - 2 时间段上升后平缓下降；军事和总论专题始终在低位小幅上升；持续大幅增长的是思想文化和社会两类。虽然论文数量统计及所画图示并不十分精确，但反映了各门类论文数量增减的大致状况。各门类论文数量在最后一个时间段形成的高低排序为：第一位思想文化，第二位社会，为高档位；中档为政治法律和经济；低档位为中外关系、总论专题和军事。

从这一图示中可以看到，社会史论文数量由 1992 年时处于低位，此后持续大幅增长，经过 20 年，到最后时间段已经跃居第二位，反映了近代社会史发展总体走高的态势。20 世纪 90 年代以后，中国近代史学界也形成了新的一般分类法，把中国近代史分为政治、社会、经济、思想文化、中外关系五大门类，如按此分类，将军事并入政治法律后，其论文总数略高于社会。即便如此，社会史也仍是一个"大门类"，已经成为中国近代史五大门类之一。可见，中国近代社会史经过近 30 年持续快速发展，已经从一个弱小的新兴边缘学科发展成为中国近代史的重要分支学科，为五大门类之一。

## 三 关注重心由政治话语向社会本位回归

30 年间中国近代社会史不仅论著数量持续增多，由研究论文的论题所反映的关注重心也发生了转移，总体趋势是由政治话语延伸论题转向社会论题，标志着研究重心由政治附属向社会本位的回归。下面对各时间段论文论题的变化情况作一统计分析。

近代社会史从复兴初期，论文论题涉及面就比较广，有关近代社会的一些基本问题都有涉及。下面将初兴期 1987～1995 年的论文论题归纳为 20 个，按各论题论文数量多少排序如下（见表 7）：

表 7　1987～1995 年各论题论文数量排序

| 位序 | 论题 | 论文篇数 | 位序 | 论题 | 论文篇数 |
|---|---|---|---|---|---|
| 1 | 基督教与教案 | 58 | 11 | 灾荒救济与慈善医疗 | 29 |
| 2 | 城市社会 | 50 | 12 | 华侨与外侨 | 27 |
| 3 | 秘密社会 | 48 | 13 | 移民与游民 | 22 |
| 4 | 吸禁鸦片 | 36 | 14 | 社会观念与心态 | 20 |
| 5 | 风俗习尚与民间信仰 | 35 | 15 | 知识阶层 | 18 |
| 6 | 商人及行会商会 | 34 | 15 | 婚姻、家庭与家族 | 18 |
| 6 | 社团 | 34 | 17 | 社会性质 | 15 |
| 8 | 总论及综合史 | 32 | 18 | 生活与休闲娱乐 | 10 |
| 8 | 妇女（儿童） | 32 | 18 | 社会控制与基层社会 | 10 |
| 8 | 人口 | 32 | 20 | 区域与乡村社会 | 9 |

上述这 20 个论题，是对初兴 10 年论文论题的归纳，各论题都有一定数量的论文，都是一些社会基本问题，涵盖面比较广，涉及的社会基本问题可归纳为以下七个方面：

（1）社会阶层和群体：知识阶层、商人、妇女（儿童）、华侨与外侨；

（2）社会结构：城市社会、区域与乡村社会、人口；

（3）社会组织：婚姻家庭和家族、行会商会、社团；

（4）基层社会与社会控制：社会控制与基层社会、秘密社会、移民与游民；

（5）社会生活与民众文化：风俗习尚与民间信仰、基督教与教案、生活与休闲娱乐；

（6）社会问题与社会保障：吸禁鸦片、灾荒救济与慈善医疗；

（7）社会观念与理论：社会性质、社会观念与心态。

这七个方面基本涵盖了社会的主要方面，表明近代社会史研究从初起阶段，就涉及广泛的基本社会问题。这些论题后来基本延续下来，但各论题论文数量及排序有所变化，反映了各个时期各论题所受关注度有所转移。下面是前述排序约 20 年后的最近 4 年 2009～2013 年（2010 年缺）论题论文数量排序情况（见表 8）：

表 8　2009～2013 年（2010 年缺）各论题论文数量排序

| 位序 | 论题 | 论文篇数 | 位序 | 论题 | 论文篇数 |
|---|---|---|---|---|---|
| 1 | 灾荒、慈善、医疗、生态 | 254 | 11 | 婚姻、家庭与家族 | 75 |
| 2 | 知识阶层（官僚） | 245 | 12 | 风俗习尚与民间信仰 | 72 |
| 3 | 区域与乡村社会 | 222 | 13 | 移民与流民 | 33 |
| 4 | 城市社会 | 170 | 14 | 社会观念与心态 | 31 |
| 5 | 妇女（儿童） | 167 | 15 | 秘密社会 | 27 |
| 6 | 社会控制与基层社会 | 102 | 16 | 吸毒与禁毒 | 23 |
| 7 | 商人及行会商会 | 101 | 17 | 总论、综合史、社会结构 | 21 |
| 8 | 生活、休闲娱乐、大众文化 | 88 | 18 | 市民社会与公共空间 | 17 |
| 8 | 华侨与外侨 | 88 | 19 | 人口 | 16 |
| 10 | 社团 | 77 | 20 | 社会性质 | 6 |

将前后相隔约 20 年的两个论题论文数量排序相比较，可以看到一些论题的前后顺序有升降变化，反映了它们受关注程度的增减状况。有些在早期处于前列的论题，到后期已经退居后位，表明这些论题的关注度下降。如在早期排在前面第 3 位的"秘密社会"、第 4 位的"吸禁鸦片"这两个论题，到后期则降到第 15、16 位，反映了这两个早期受关注的由农民战争和反帝话语延伸出来的论题，到后期关注已经下降。与此相应的是，一些早期排在后面的论题，到后期则升到前列，如早期排在最后两位的第 19 位

的"社会控制与基层社会"、第20位的"区域与乡村社会",到后期则升至第6、3位,已位居前列,反映了这些社会基层和民间社会基本问题早期受关注不多,到后期则成为受集中关注的热点论题。有的论题实际内容和内涵有所变化,因而有些微调,如"吸禁鸦片"这一论题由早期重在反对外国侵略,到后期重在治理社会问题,因而论题多转用"吸禁毒"。又如"城市社会"由早期重在城市阶级话语,后期则重在城市生活等。这些变化都反映了30年间研究者关注重心有所转移。

如果对30年来各时段居于前列的论题进行排序比较,更能凸显这种关注重心转移的轨迹。各时段位居前三位的论题列表如下(见表9,由于基督教论题后期不在收录范围,故未列):

表9　各时段论文数量位居前三位的论题排序

| 时段 | 第一位 | 第二位 | 第三位 |
| --- | --- | --- | --- |
| 1987~1995年 | 城市社会 | 秘密社会 | 吸禁鸦片 |
| 1996~2000年 | 城市社会 | 吸禁鸦片 | 生活、休闲与大众文化 |
| 2001~2004年 | 商人及行会商会 | 区域与乡村社会 | 灾荒、慈善、医疗、生态 |
| 2005~2008年 | 灾荒、慈善、医疗、生态 | 区域与乡村社会 | 知识阶层 |
| 2009~2013年 | 灾荒、慈善、医疗、生态 | 知识阶层 | 区域与乡村社会 |

由表9可以看出,论文数量居前三位的论题,早期是由阶级话语延伸的城市社会、农民战争话语延伸的秘密社会、反帝话语延伸的吸禁鸦片。这些论题都有较多的政治话语痕迹,反映了近代社会史初兴时期,刚刚由附属政治领域走出,关注重心和研究主题仍然带有附属政治的印迹,与政治关系紧密的论题处于关注重心。而后来一些社会基本问题的关注度逐渐上升,到后期的10年,居于前三位的论题是社会保障范畴的"灾荒、慈善、医疗、生态",社会精英阶层范畴的"知识阶层",社会基础结构范畴的"区域与乡村社会",这些都是社会基本、基础问题,反映了近代社会史已经确立了以社会为主体、为本位的学科独立性。

30年来研究重心变化的总体趋势,反映在论文数量集中、居于前列的论题,由起初的秘密社会、禁吸鸦片等革命和反帝政治话语延伸论题,逐渐转向救灾慈善、区域与乡村社会等一般民生社会论题,反映了社会史研究重心向民间、民生转变的趋向。热点论题的变化也反映出，由早期与革命话语相关的特殊问题、非常态社会问题，如秘密社会、吸禁鸦片，转向社会常态问题和基本问题，如社会保障、区域乡村等。这反映了社会主体问题回归关注中心，即近代社会史学科回归社会本位的特征。

重点论题的转换，反映了研究重心和关注重心的转移，这是中国近代社会史学科回归社会本位的学术规律发展的必然结果。同时，这些论题也是当今中国社会改革所面临的基本问题，因此这种关注重心的转移，也是社会史研究对现实问题的回应。这种主题转移，反映了社会史的发展趋向。

## 四　形成研究重镇及成规模的研究队伍

30 年来，中国近代社会史吸引了越来越多的研究者，有了成规模的研究队伍，形成了多个研究重镇和研究团队，并有了常规化的学术交流平台，这也成为成熟学科的另一个重要标志。

首先，在全国高校和研究机构已经形成了一批有长期积累、初具规模、各具特色的研究基地。主要有：

中国社会科学院近代史研究所社会史研究中心，主要研究方向：近代社会史、社会文化史、社会生活史。

南开大学社会史研究中心，主要研究方向：社会史、区域史、生活史。

中山大学历史人类学研究中心、厦门大学历史系，主要研究方向：历史人类学、区域史（以华南为主）。

上海团队：上海市社会科学院历史研究所、上海师范大学中国近代社会研究中心、华东师范大学上海史研究中心等，主要研究方向：上海史、城市及城镇史。

山西大学社会史研究中心，主要研究方向：山西及华北区域社会史。

华中师范大学中国近代史研究所，主要研究方向：经济社会史、风俗史。

湖北大学中国思想文化研究所，主要研究方向：文化史、社会文化史。

中国人民大学清史研究所，主要研究方向：灾荒史、文化史、社会文化史。

首都师范大学社会文化史研究中心，主要研究方向：社会文化史、女性与婚姻家庭史。

天津社会科学院历史研究所，主要研究方向：天津城市史。

四川大学城市史研究中心，主要研究方向：城市史。

上述这些研究基地，有的起于较早期的 20 世纪 80～90 年代，有的是 21 世纪开始成长的，都已经有较长期积累，已作出系列成果并产生一定影响。这些"老牌"研究基地，都有一定规模的研究团队，有较集中的研究方向，形成了一定的学术特色，经常举办相关学术会议，组织出版系列研究论著，有的还出刊具有学科特点的系列学术刊物，如中国社会科学院近代史研究所社会史研究中心自 2006 年以来连续出版《中国近代社会史研究集刊》，已出版七辑；天津社会科学院历史研究所创刊《城市史研究》集刊，原为年刊，后改为季刊；上海社会科学院历史研究所出版了系列丛书；近年首都师范大学社会文化史研究中心出版了系列书刊等。

除了这些较大的研究基地之外，近十余年来，在全国各地高校也陆续成立了一些有关近代社会史或区域史的研究中心，一些地方省市社会科学院历史研究所，也将区域－地方社会史（近现代是重要内容）作为研究重点。可以说，现在近代社会史研究基地已经在全国呈现遍地开花、齐头并进的发展之势。可以预期，今后若干年，中国近代社会史研究会随之而有更大扩展，研究成果会有更多增长。

这些遍布全国多地的研究基地，各有特色和主攻方向，形成中国近代社会史学科的基本研究团队和研究重镇，此外还有更多分散在全国各地高等院校和研究机构的研究者，共同组成了人员数量可观、领域广阔多样、各有专长、互相补充的中国近代社会史研究队伍，这也是近十年来研究成果大幅增长的人才基础。

其次，形成学科内部定期、稳定、成系列的学术交流平台。

随着近代社会史研究的持续发展，研究基地增多，研究队伍日益扩大，研究者之间也需要一定的相互交流和研讨论辩的园地，以沟通学术信息，促进学术发展和深入。因此，自社会史研究复兴以后，以上述研究基地为重心的有关单位，即陆续举办了不同专题和不同规模的学术会议，联络聚集相关研究者，围绕一些社会史问题进行交流研讨，形成一些学术交流平台。尤其是近十余年来，随着社会史研究的发展成熟、研究经费的增加，各地举办的学术会议也日益增多，特别是一些大型、系列性学术会议，形成了学科同行定期进行学术交流的平台。

如自 1986 年后由中国社会史学会主办的每两年一届的全国性"中国社

会史学术年会",中国近代社会史即是其中的重要分支,同行学者借此定期交流,至 2016 年已经举办了十七届。此外,自 2005 年后由中国社会科学院近代史研究所社会史研究中心联合各高校主办的每两年一届的"中国近代社会史国际学术年会",至 2015 年已经举办了六届,每次参会人员都有百人左右,来自全国各高校和科研机构,也有来自日本、韩国、澳大利亚和中国台湾等国家和地区的学者,形成中国近代社会史学科海内外研究者定期交流的一个平台。各次会议的主题分别为:

第一届,2005 年(青岛),主题:近代中国的城市·乡村·民间文化;

第二届,2007 年(乌鲁木齐),主题:晚清以降的经济与社会;

第三届,2009 年(贵阳),主题:近代中国的社会流动、社会控制与文化传播;

第四届,2011 年(苏州),主题:近代中国的社会保障与区域社会;

第五届,2013 年(襄阳),主题:社会文化与近代中国社会转型;

第六届,2015 年(保定),主题:华北城乡与近代区域社会。

这些主题各有侧重,都是中国近代社会史领域一些重要且已有一定研究积累的论题。通过举办系列会议,提供业内学者定期性、经常性交流平台,聚集了海内外相关研究者进行集中研讨交流,推动了这些专题研究的深入。

上述各次会议后都编选参会论文结集出版,形成"中国近代社会史研究集刊"系列,至今已经出版七辑:

第一辑《近代中国的城市与乡村》(社会科学文献出版社 2006 年);

第二辑《近代中国社会与民间文化》(社会科学文献出版社 2007 年);

第三辑《晚清以降的经济与社会》(社会科学文献出版社 2008 年);

第四辑《近代中国社会流动与社会控制》(社会科学文献出版社 2010 年);

第五辑《近代中国社会与文化流变》(社会科学文献出版社 2010 年);

第六辑《近代中国社会保障与区域社会》(社会科学文献出版社 2013 年);

第七辑《社会文化与近代中国社会转型》(中国社会科学出版社 2016 年)。

《中国近代社会史研究集刊》七辑的连续出版,集中展现了中国近代社会史各时段的最新研究成果,记录了中国近代社会史研究的发展轨迹,也成为海内外中国近代社会史学术交流的渠道，对推动中国近代社会史研究起到了一定作用。这种定期持续的学术交流和成果的批量推出，也是中国近代社会史学科成熟发展的一个标志，对聚集学科队伍、推动和引领学科持续发展发挥了积极作用。

# 五　结语：趋势、瓶颈与挑战

以上用成果统计分析方法对中国近代社会史 30 年研究状况作的综合考察，可以看到研究成果积累已经相当丰厚，仅据以上论著目录的统计，30年间发表论文已达 5000 篇左右，出版著作逾千部。30 年间学科发展趋势主要有以下四点。

第一，研究成果的数量呈现长期、持续、大幅、加速增长的发展态势。

第二，在中国近代史大学科领域内，社会史从一个初期论著数量少而处于附属性、边缘性的弱小分支学科，发展成为论著数量位居前列的大分支学科。

第三，研究重心由政治话语延伸论题转为社会主体论题，完成了向社会本位的回归，而且涵盖领域相当广阔。

第四，在全国形成多个研究重镇、研究团队，并形成颇具规模的研究队伍，有常规化学术交流机制与平台。

上述这些趋势和特征，标志着中国近代社会史已经发展成为一个成熟学科，而且已经具有了比较丰厚的研究积累。已有研究成果涉及领域相当广阔，研究论题涵盖面广，且仍在向更广、更细扩展，以致今天的研究生作论文似乎已经很难找到无人涉及的论题了。但"社会"本身的涵盖面广阔庞杂，又似乎有着无限的扩展空间。近年，学科论文以每年约 500 篇、研究著作以每年近百部的速度持续增长，并且呈现仍会增速的发展态势，学科发展似乎仍处于欣欣向荣、蓬勃成长的兴旺状态。然而，反省学科的已有成绩及现状，也会发现还存在着一些明显的缺陷与不足，主要表现为三点。

第一，同质化：许多研究成果从选题、主旨、思路、方法、框架、文风，甚至结论，多有雷同，同质性个案研究太多，只是具体论述内容的载体略有不同。因此有不少属于重复性研究，对于学术创新和深入推进价值不大。

第二，碎片化：许多研究论题日趋细化、碎化，或为缺乏社会意义与历史价值的细枝末节，或为缺乏社会历史联系的零散碎片，难以形成系统化、条理化的社会史研究成果链。

第三，平面化：许多研究成果仅止于对某种社会现象的具体描述、机械式还原，只运用历史学实证方法描述、还原社会现象的原貌，满足于"讲故事"，而没有社会理论的解释与剖析，缺乏"讲道理"的层面，使研究成果缺乏深度。

上述缺陷与不足，造成在一定时间段内学科成果数量增多而整体水平未见明显提升，已经形成学科进一步发展的瓶颈，对此近年来学界已经多有批评与改进的呼声，但迄今似乎尚未见有明显改观。而当我们站在今天审视学科的已有成绩及现状，我们不得不面对一些新的挑战。

其一，在研究成果数量大增的同时，单一研究成果平均阅读量和受关注度减少，许多论文的命运是"发表后即淹没"，只具有成果数量统计上的意义。这是否意味着研究成果的价值含量分散化或单一研究成果的知识价值含量降低？在信息爆炸和知识更新加速的当今时代，这种知识生产的价值何在？如何体现？

其二，当今中国正处于剧烈的社会转型期，面临着诸多疑难社会问题，许多问题是近代社会转型的延续，因而对近代社会史研究提出更高的现实需求。但学科研究成果对现实需求的回应则十分乏力，多数研究成果与现实需求脱节而遭冷落，在应对现实问题的知识创新和理论创新的贡献上严重不足，并未凸显这一学科的特殊优势，学科的生命力和存在感薄弱。

面对上述知识价值与现实需求的双重挑战，中国近代社会史学科的回应力显得十分微弱，这种挑战与前述缺陷共同构成制约学科发展的瓶颈。

反省30年来学科的发展，研究成果已经达到数千篇的规模，涵盖领域相当广阔，说明这一学科已达到一定的体量，形成了一定规模，但作为衡量学科的成熟度应当有两个维度，不仅要有数量之多，还要有质量之高。而衡量一个人文社会学科质量高低的标准是什么？笔者认为可有两个：一是本学科提出的理论，既在学科内部具有普遍解释力和认可度，而且对其他学科也具有广泛的影响力和认可度，如当今经济学和社会学的一些理论；二是作为人文社会学科，其是否具有生命力和存在价值，还在于其对人类面临的现实或永恒问题是否具有有效的回应，特别是在知识爆炸的当今时代尤其如此。与此对照，中国近代社会史已有成果显然还未达到这样的质量高度。从这个意义上看，学科 30 年已有成绩只可说是草创阶段，只是打开了场子、铺开了摊子、搭起了架子、奠定了地基，还不能说达到了成熟程度，而是面临着在数量优势基础上提升质量、再上台阶的急迫任务。

如何回应上述挑战？中国近代社会史未来应向什么方向寻求发展与突破？在此提出几点思考。

第一，从学术内在发展脉络、提升学术质量方面：首先，研究论题应避免填空式、零碎化，避免简单同质化和碎片化的个案研究，超越"分头挖坑、遍地栽树"的拓荒式研究模式，而要充分梳理以往研究成果链条的各个环节，寻找学术链的缺环和薄弱环节入手，使论题的研究成果与前人成果形成系统、充分的知识链，并发掘知识链条关键环节的独特价值，由此促使中国近代社会史形成比较系统、充分、立体、多元的知识体系。其次，避免平面化叙述，跨越纯实证性研究，而在充分的实证研究成果基础上致力于更加深入、概括性的理论解释与归纳，在"讲故事"基础上增强"讲道理"的深度，寻求对中国近代社会变革各方面问题提出不同层次的解释理论。最后，在学科理论、研究范式和研究方法上有更多创新与突破，形成多元开放、适应多层面研究中国近代社会变迁历程的研究范式和学术流派。

第二，从回应现实挑战、增强学科生命力方面：中国近代社会史作为与当今社会转型变革联系紧密的学科，研究者不应回避时代责任，在一只眼瞄准学术内在发展的同时，另一只眼还要瞄准现实需求。从面临的现实社会问题着眼选择论题，从学科的独特角度，力求对中国近代社会转型和发展道路提出多层面的解释理论，并能得到学科内外的认可，为解决当今中国乃至人类发展面临的问题，提出本学科的有效知识和本土理论，特别是对当今困扰国内外思考者的"中国道路"这一难题，充分发挥本学科的优势，提出充分系统的知识阐述与坚实可信的理论解释。

中青年一代，是当今及未来承担学科的主力，与老一代学者相比，在知识结构、技术能力、理论视野、学术素养等诸方面都具有优势，并有当今互联网大数据、资料海量、知识共享等有利条件，展望未来，他们站在前辈学者的肩上进一步开拓、提升，一定会作出更多创新性、突破性、高质量的研究成果，将中国近代社会史学科推进提升到更高层次，这才是学科真正成熟的到来。

# 心系整体史

## ——中国区域社会史研究的学术定位及其反思

唐仕春*

最近 30 年，中国区域社会史研究风生水起，不仅在社会史学界方兴未艾，其影响力甚至逐渐超出了史学界。学界涉及区域社会史研究的评述文章已有数篇①，对区域社会史研究兴起的原因，区域社会史的内涵及区域划分标准，整体史、地方史与区域社会史的关系均有所论述，增进了对区域社会史的认识。然而，中国区域社会史研究在学术脉络中如何蜿蜒前行，它又是如何以整体史、地方史为参照来实现学术定位，均有深入探讨的空间。中国区域社会史兴起的流脉仍有不够清晰之处，不少文章探讨的时段侧重于 20 世纪 90 年代之后，其实 80 年代社会经济史等领域的区域性研究、地方史研究与 90 年代的区域社会史研究之间有内在承续性，纳入同一脉络进行分析才能准确寻找到传承与创新。区域社会史与整体史、地方史的关系是学界讨论的热点、重点问题，一些学者提出了从整体史到区域社会史、

---

* 唐仕春，中国社会科学院近代史研究所。

① 如宋元强《区域社会经济史研究的新进展》，《历史研究》1988 年第 3 期；万灵《中国区域史研究理论和方法散论》，《南京师范大学学报》1992 年第 3 期；常建华《中国社会史研究十年》，《历史研究》1997 年第 1 期；赵世瑜、邓庆平《二十世纪中国社会史研究的回顾与思考》，《历史研究》2001 年第 6 期；李玉《中国近代区域史研究综述》，《贵州师范大学学报》（社会科学版）2002 年第 6 期；行龙《二十年中国近代社会史研究之反思》，《近代史研究》2006 年第 1 期；黄国信、温春来、吴滔《历史人类学与近代区域社会史研究》，《近代史研究》2006 年第 5 期；王先明《"区域化"取向与近代史研究》，《学术月刊》2006 年第 3 期；王先明《新时期中国近代社会史研究评析》，《史学月刊》2008 年第 12 期；行龙、胡英泽《三十而立：社会史研究在中国的实践》，《社会科学》2010 年第 1 期；张小也《历史人类学：如何走得更远》，《清华大学学报》（哲学社会科学版）2010 年第 1 期；戴一峰《区域史研究的困惑：方法论与范畴论》，《天津社会科学》2010 年第 1 期。

从地方史到区域社会史等看法，区域社会史与整体史、地方史之间似乎发生了离异或断裂。这种对不同时期学术研究之间起承转合关系的观察是有一定片面性的。本文以中国社会史学界既有的理论探索和论述为对象，追溯中国区域社会史兴起的过程与原委，重新检讨区域社会史与整体史、地方史的关系，以期深入理解区域社会史及其在推动历史研究方面的贡献和限度。

## 一　从区域性研究到区域社会史

何为"社会史"在学界存在几种不同意见，关于区域社会史的内涵也有不同的看法。行龙等先生认为，对区域社会史的学科定位大致形成两种意见：一种观点主张区域社会史是社会史的一个分支，另一种观点认为区域社会史是一种研究视角或方法。① 戴一峰先生指出，大陆学术界存在着两种不同的区域史观：一种是方法论取向的，即将区域史研究视为一种新的研究方法、研究范式或研究取向；另一种是范畴论取向的，即将区域史研究视为一个新的研究领域、新兴学科或学科分支。范畴论者大多直接或间接从地理学、区域学或区域经济学汲取理论养分，均主张区域范围应有明确界定（但并非固定不变的），并应对划分的依据和标准给予充分说明。而持方法论者则大多汲取历史人类学养分，强调区域的无界和流动。② 行龙和戴一峰等学者的观察反映了目前社会史学界的基本共识，区域社会史大体呈现分支说和视角说两种研究取向。值得注意的是，在具体的区域社会史研究实践中，分支说取向的论著居多，但理论反思方面则以围绕研究视角、方法而展开的探讨最为活跃。本文将侧重分析作为研究视角的区域社会史，看在理论方法等方面有哪些重要的思考和探索。

要深入理解区域社会史，除了从内涵、特征等方面分析区域社会史，还须将其置于相关学术流脉中进行定位。

中国古代地方志书较为发达，它主要是记载地方上各方面情况的资料性文献。区域社会史则属于现代学术研究，它是基于地方史、区域性研究

---

① 行龙、胡英泽：《三十而立：社会史研究在中国的实践》，《社会科学》2010 年第 1 期；行龙：《二十年中国近代社会史研究之反思》，《近代史研究》2006 年第 1 期。

② 戴一峰：《区域史研究的困惑：方法论与范畴论》，《天津社会科学》2010 年第 1 期。

与社会史相结合而逐渐发展起来的。民国时期，地方史研究得到初步发展，如彭子明先生的《台湾近世史》，傅斯年先生的《东北史纲》，金毓黻先生的《东北通史》等。① 另外，也不乏区域性的专史研究，如冀朝鼎先生的《中国历史上的基本经济区与水利事业的发展》等。② 20 世纪 50～70 年代，地方史研究方面高质量的学术成果并不多见。80 年代后，中国地方史、区域史研究得到空前的发展。直至 90 年代之前，区域性研究与社会经济史等领域相结合取得的成果较为突出。

　　20 世纪二三十年代之后，区域社会经济史研究逐步兴起。90 年代之前已经取得不少成绩。如梁嘉彬先生对广东十三行的研究；傅衣凌先生对福建农村经济和徽商、江南市镇的研究；全汉升先生对各地粮食价格变动等问题的研究；洪焕椿先生对浙江地方史尤其是对社会经济史的研究；叶显恩先生对徽州、广东等地的商业、商人、宗法结构和佃仆制度的探索；章有义先生对明清徽州土地关系的研究；丛翰香先生对华北农业和农村社会的研究；吴天颖先生对四川井盐的探索；罗仑先生对山东地主经济结构的研究等。③ 90 年代之后成为区域社会史研究中坚力量的学者，在 80 年代已经纷纷投身社会经济史等领域的区域性研究，并开始崭露头角。除了学者个人的实证研究，在一些学术会议上，学者们开始倡导进行区域社会经济史研究。如 1982 年，中国社会科学院历史研究所、《中国史研究》编辑部、中国社会科学出版社和中山大学历史系联合举办了"中国封建社会经济结构、特点及其发展道路学术讨论会"。会上，吕作燮等先生提倡运用区域性研究方法，加强区域经济史研究。他们认为，中国封建社会各地经济发展很不平衡，笼统地说中国封建社会经济落后或先进并不科学，应该进行区域经济史的研究。④ 1987 年 12 月在深圳举行了"国际清代区域社会经济史暨全国第四届清史学术讨论会"。会后出版了《清代区域社会经济研究》（论文集），对区域社会经济研究进行了阶段性的总结。⑤ 80 年代史学

① 彭子明：《台湾近世史》，福州鸣出版社，1929；傅斯年：《东北史纲》，中央研究院历史语言研究所，1932；金毓黻：《东北通史》，三台东北大学，1941。

② 冀朝鼎：《中国历史上的基本经济区与水利事业的发展》，朱诗鳌译，中国社会科学出版社，1981。该书译自 1936 年的英文版。

③ 参见韦庆远《清代区域社会经济史研究概况》，《学术研究》1988 年第 2 期。

④ 参见黄启臣《中国封建社会经济结构学术讨论会综述》，《中山大学学报》1983 年第 1 期。

⑤ 参见叶显恩主编《清代区域社会经济研究》，中华书局，1992。

界特别是社会经济史领域内已经频频使用"区域性研究"之类的词汇了。

　　不过，90 年代中期之前，"区域社会史"作为专用名词尚很少出现在学者的论著中。在"晚清民国期刊全文数据库"中以"区域社会史"为关键词没有搜索到相应的文章。在"中国知网"上使用"区域社会史"进行全文检索，1996 年前一共不足 10 篇文章中使用了"区域社会史"一词。较早提及"区域社会史"的是何平先生。1986 年，他在第一届中国社会史会议上指出，中国社会史研究可从以下八个方面入手，即制度社会史、意识社会史、物质文化社会史、区域社会史等。① 1992 年，蔡少卿先生提出，研究城市社会史、农村社会史、区域社会史等，就可加深对社会历史不同方面的认识。② 1993 年，乔志强先生指出，加强区域社会史研究，对当前社会发展中战略方针的制定是有借鉴意义的。③ 另有两篇书评中使用了"区域社会史"，《辛亥革命与四川社会》被认为是从区域社会史去探讨辛亥革命史④，《跨出封闭的世界——长江上游区域社会的研究（1644—1911）》被定性为是一部区域社会史著作。⑤ 虽然一些文章开始使用"区域社会史"一词，但并没有对其内涵进行详细阐释。1997 年开始，使用"区域社会史"的论文明显增多，"区域社会史"的丰富内涵逐渐被清晰揭示出来。

　　在 90 年代以前，国家制订的"六五""七五"社会科学规划中，都把开展区域社会经济史研究作为重点方向。在 90 年代以来，区域社会史的研究开始逐渐取代区域社会经济史研究成为研究的重点。"八五"期间社会科学规划项目中的区域研究已开始由社会经济史向社会史转移，重要的项目有华北和华南的农村社会研究，社会史的研究取向是明显的。"九五"规划更把区域社会比较作为课题指南的重点，是典型的区域社会史题目。⑥

　　1994 年 8 月，在西安召开了中国社会史学会第 5 届年会暨"地域社会与传统中国"的国际学术会议，"地域社会"成为社会史学界的重要议题。

---

① 宋德金：《开拓研究领域促进史学繁荣——中国社会史研讨会述评》，《历史研究》1987 年第 1 期。
② 欧炀：《锐意开拓史学研究的新领域——著名社会史学家蔡少卿先生访谈录》，《东南文化》1992 年第 1 期。
③ 乔志强：《深化中国社会史研究》，《历史研究》1993 年第 2 期。
④ 李喜所：《新领域·新特色——〈辛亥革命与四川社会〉评介》，《近代史研究》1992 年第 3 期。
⑤ 无为：《1993 年中国经济史研究述评》，《中国经济史研究》1994 年第 2 期。
⑥ 常建华：《中国社会史研究十年》，《历史研究》1997 年第 1 期。

1996 年的重庆年会将"区域社会比较"作为会议主题。这些都表明社会史学界对区域社会史的关注。有关的中小型会议也不断召开，如以香港科技大学人文学部、中山大学历史系等单位为核心的华南研究团队举办了多次以华南地域研究为主题的学术讨论会。从这些会议的主题不难看出区域社会史在社会史研究中的突出地位。

20 世纪 90 年代之后，区域社会史方面的研究成果不断涌现。如魏宏运、朱德新、苑书义、乔志强、行龙、张利民、郑起东、赵世瑜等学者出版了华北区域社会史研究方面的论著。江南史的开拓者为傅衣凌、洪焕椿等，徐新吾、段本洛、邹逸麟、樊树志、王家范、蒋兆成、李伯重、唐力行、范金民、钱杭、承载、王卫平、吴建华、朱小田、马俊亚、龙登高、曹幸穗、包伟民、单强、张海英、冯贤亮、陈江、徐茂明、马学强、陈国灿、洪璞、夏维中等学者对江南社会展开了研究，取得丰硕成果。周少泉、栾成显、阿风、唐力行、张海鹏、赵华富、卞利、王振忠、刘淼等学者对徽州展开研究，徽学成为社会史研究中的重要组成部分。闽粤区域社会史研究以陈支平、郑振满、陈春声、罗一星、刘志伟等学者的成绩较为突出，其中一些学者倡导进行历史人类学研究，推动了区域社会史方法创新和理论建构的发展。张建民、鲁西奇等学者对两湖地区的区域社会史展开研究，取得不少成果。王笛等学者对长江上游区域社会展开了研究。

区域社会史的新发展，不论是关注区域的整体社会史，还是以区域社会为研究空间探索国家与社会的互动过程，都极大地有利于中国社会史研究向全面、整体、深入的方向发展。这使学者越来越注意将整个中国的广阔地域置于研究的视野之内，注意区域的整体研究，进而探讨传统中国社会的历史整合过程，为社会史研究提供了新的解释框架，体现了学者们新的问题意识。①

久已存在于社会经济史领域的区域性研究汇入到蓬勃发展的社会史研究潮流之中，两者相互激荡、相互融合，在 20 世纪 90 年代中期催生出区域社会史这一学术潮流，它不仅具有更加丰富的研究内容，而且在研究方法和问题意识方面也获得了新的发展。

早在 20 世纪 80 年代中后期，几乎与社会史复兴相当的时间段中，中国社会经济史学者就已经注意到区域性研究成为国际性的学术潮流，并提倡

---

① 赵世瑜、邓庆平：《二十世纪中国社会史研究的回顾与思考》，《历史研究》2001 年第 6 期。

进行区域性研究。明确提出这种主张，而且影响比较深远的是 1987 年"国际清代区域社会经济史暨全国第四届清史学术讨论会"上傅衣凌先生所致开幕词。他指出，近几十年来，社会经济史的区域性研究已成为国际性的学术潮流，它的出现有着深刻的科学、哲学和社会背景。该潮流与西方科学研究出现的从一元到多元、从绝对到相对、从确定性到不确定性、从精确到模糊等变化趋势，与或然性规律的认识、选择论科学思想的确定，与近代殖民体系的崩溃，出现各个国家、各个地区走向不同的历史发展道路，以及欧洲中心主义史观的破产等有着密切的联系。在中国，由于社会历史发展在地域上严重的不平衡性，区域性研究尤其必要。区域性研究不仅可以发现中国各地区社会发展的特殊性，而且通过对这些特殊性的研究，有助于更好地说明中国乃至整个人类社会的发展进程。区域研究还可深入地方社会，广辟资料来源，避免研究工作中存在的以偏概全、内容空泛、拼凑史料等弊病。[①] 会上热烈讨论了加强研究区域社会经济史的几个理由。[②] 从傅衣凌先生的致辞到会议讨论，可以看到学者们对区域性研究兴起的原因达成了共识。如各地区的现实建设需要；国际学术和社会变迁的影响；发现中国各地区社会发展的特殊性；通过对这些特殊性的研究，有助于更好地说明中国乃至整个人类社会的发展进程；有利于发掘地方史料等。

　　90 年代之后，不少追溯区域社会史研究兴起原因的文章多沿着傅衣凌等人的思路展开分析，国际影响方面补充了较多具体的论证，而且强调中国社会史复兴的推动作用。

　　随着学术交流的日益频繁，国外区域社会史研究的理论、实践性成果的引进，对中国区域社会史的发展产生了积极的推动作用，其中尤以法、美、日等国学者的影响较大。70 年代末，黄宗智等到中山大学访问，向叶显恩等学者介绍了年鉴学派和美国的区域史研究。[③] 80 年代初，中国的期刊对年鉴学派有不少介绍。黄宗智先生的《华北的小农经济与社会变迁》和柯文先生的《在中国发现历史：中国中心观在美国的兴起》在 80 年代后期已有中译本。[④] 1981 年，森正夫先生提出了作为方法论概念的"地域社会

① 叶显恩主编《清代区域社会经济研究》，中华书局，1992。
② 宋元强：《区域社会经济史研究的新进展》，《历史研究》1988 年第 3 期。
③ 叶显恩、邓京力：《我与区域社会史研究——访叶显恩》，《历史教学问题》2000 年第 6 期。
④ 黄宗智：《华北的小农经济与社会变迁》，中华书局，1986；柯文：《在中国发现历史：中国中心观在美国的兴起》，林同奇译，中华书局，1989。

论"。80 年代初，森正夫先生曾到复旦大学、厦门大学等单位进行合作研究和学术交流，其"地域社会论"传入中国。[①]

90 年代初期，中国社会史学界捕捉到区域性研究的国际学术潮流，意识到国外区域社会史研究的理论探讨和实证研究成果将会对中国区域社会史产生重要的推动作用。乔志强、行龙等先生主张借鉴法国年鉴学派、美国区域研究的成果在中国展开地域社会史研究。[②] 常建华先生撰文介绍了森正夫等日本学者倡导的地域社会论。[③] 一些大陆学者与海外学术界进行学术交流，特别是一起开展历史人类学的田野调查，进行不同学科之间的对话，推动了中国区域社会史的研究，如中山大学、厦门大学的陈春声、刘志伟、郑振满等与萧凤霞、科大卫、丁荷生、陈其南等学者的合作研究。[④] 有学者总结区域社会史兴起的国际因素时做了更加细致的区分，认为中国大陆学术界的区域史研究，受美国汉学界的影响远大于受年鉴学派的影响，美国汉学界的区域史研究对中国学术界影响最大、最直接的，还是施坚雅在中国城市史研究中阐释的宏观区域理论。[⑤]

区域社会史研究兴起的原因多种多样，各种因素产生影响的时间和力度也参差不一。比如有些本土研究在不知国际学术大势的时候已经开始进行独立探索了，研究的过程中才逐渐了解到相似的国际学术发展趋势。总体上看，中国社会史学界对国际上区域社会史的研究有比较全面、深入的了解，是在 20 世纪 90 年代大量国外区域社会史书籍翻译成中文出版之后。

20 世纪 80 年代中期中国社会史研究开始复兴，90 年代之后社会史研究不断深入、渐成气候，越来越多的学者意识到区域社会史的研究是伴随着社会史的复兴而兴起的。乔志强等学者注意到，进行地域社会史研究，冲破以行政管理区划以及用朝代断限来研究社会史的局限，以社会及其发展来确定社会史的研究空间范围和时限，可以拓展社会史的研究视角，有利

---

① 《中日学者共同探讨明清史》，《复旦学报》（社会科学版）1984 年第 2 期。
② 乔志强、行龙：《近代华北农村社会变迁刍论——兼论地域社会史研究的理论与方法》，《史学理论研究》1995 年第 2 期。
③ 常建华：《日本八十年代以来的明清地域社会研究述评》，《中国社会经济史研究》1998 年第 2 期。
④ 常建华：《中国社会史研究十年》，《历史研究》1997 年第 1 期。
⑤ 戴一峰：《区域史研究的困惑：方法论与范畴论》，《天津社会科学》2010 年第 1 期。

于多角度、多层次地研究社会史。① 常建华、赵世瑜等学者指出，区域社会史把特定地域视为一个整体，全方位地把握它的总体发展，这既是一种整体社会史在特定区域内的研究尝试，又可以在实践中推动整体社会史研究的深入发展。②

90 年代之前社会经济史等领域的区域性研究和之后的"区域社会史"研究兴起的原因大致相同；它们都关注华北、江南、徽州、闽粤等区域，并涉及社会经济、社会生活、社会治理等主题；两个时期研究同一区域的一些学者之间往往有师承关系；一些学者的区域社会史研究横跨两个时期，前期发表了一些论文，后期出版了专著，成果更为丰富。80 年代一些以区域性研究为名或者没打任何旗号的实证研究虽然没有使用"区域社会史"这个词，但其研究内容及方法视角完全可以归入"区域社会史"之中。社会经济史等领域的区域性研究与"区域社会史"研究之间存在直接的承续关系，应该放在同一历史脉络中加以理解。在此背景下，以 90 年代中期为界，发生了从社会经济史等领域的区域性研究向"区域社会史"研究的转向，一方面将区域性研究的范围从社会经济史等领域扩展到整个社会史；另一方面，提炼了"区域社会史"这个产生广泛影响的概念，其内涵阐释更为丰富、深刻。

## 二　从区域重构整体史

区域是以整体为参照的，两者如影随形。区域社会史往往把较大的单位如全国、全球、人类作为整体史、总体史的研究范围，更小的单位作为区域史研究的对象。中国的区域社会史研究中多以全国史为整体史、总体史，并以此为前提来讨论区域及其与整体史的关系。20 世纪 90 年代之前，学界热衷讨论地方史、区域史与全国史、整体史、总体史的关系。其原因，除了在学理上需要厘清两者关系外，一个可能的因素是要在全国史占绝对统治地位的情况下为地方史、区域史争得一席之地。

---

① 乔志强、行龙：《近代华北农村社会变迁刍论——兼论地域社会史研究的理论与方法》，《史学理论研究》1995 年第 2 期。

② 常建华：《中国社会史研究十年》，《历史研究》1997 年第 1 期；赵世瑜、邓庆平：《二十世纪中国社会史研究的回顾与思考》，《历史研究》2001 年第 6 期。

　　很多学者把区域研究作为构建整体史、总体史的手段和方法。傅衣凌先生称，"我自三十年代起，便采取地志学的研究方法，先从搜索史料入手，以个别地区社会经济的调查与分析为出发点进行解剖，然后在这一个基础上陆续撰写一些论文，以探求总的发展规律"。① 傅衣凌先生强调了地域研究的价值，不过，这种价值主要不是针对地域研究本身，而是为了更好地探索总的规律。台湾中研院的张朋园先生认为，若循中央入手之研究方式，固然可以得到整体综合性的观察，然了解难于深入，不如从地区入手，探讨细节而后综合，或可获得更为具体的认识。② 20 世纪 70 年代，张朋园等中研院近代史学者开展的"中国现代化区域研究"项目，其目的不是为区域而区域，而是为了解决从中央入手难于深入认识历史的困境，转而从地区入手，变的只是研究策略、手段等，最终目标仍在得出整体综合性的历史认识。

　　在一些学者的心底里，"区域研究"只能作为"整体史"的附属品才有存在的价值，或者只能为"整体史"的解释做基础准备。有学者提出了与此不大相同的观点。如叶显恩等学者反对把区域性研究置于全国性研究的附庸地位，贬低区域性研究的价值。③ 他认为，没有区域性的研究，就很难做全国总体史的研究。他不是把区域性的研究视为总体史研究的铺垫，也不是把总体史看作区域性研究的叠加，而是认为区域性的研究和总体史的研究，既是互相参照、互相促进的，又是可以互相并存的。两者各有其功能，彼此是不能互相替代的。④ 杨念群先生指出，在"什么是整体"这个问题无法厘清之前，把"区域史"与"整体史"对立起来，且抬高"整体史"地位，并以"整体史"研究作为史学最高境界和终极目的的想法在具体的历史叙述中根本无法实现。"区域社会史"研究从剖析各个微观地域特质的角度出发理解中国历史作为一种变通选择是有一定道理和依据的，不应该被讥为"碎片化"倾向的源头，或简单评定其研究价值就一定低于

---

① 傅衣凌：《集前题记》，《明清社会经济史论文集》，人民出版社，1982。
② 张朋园：《中国现代化的区域研究：湖南省（1860—1916）》，中研院近代史研究所，1983。
③ 叶显恩、陈春声：《论社会史的区域性研究》，叶显恩主编《清代区域社会经济史研究》，中华书局，1992。
④ 叶显恩、邓京力：《我与区域社会史研究——访叶显恩》，《历史教学问题》2000 年第 6 期。

"整体史"一等。①

关于区域社会史与整体史地位孰高孰低有不同的看法，不过学界多以整体史、总体史相标榜，鲜有学者反对将整体史、总体史作为学术研究追求的重要目标，区域社会史常常作为认识整体史的手段和方法而存在。那么，如何实现从区域重构整体史？

一些学者认为，区域社会史应该将更多的精力放在揭示社会、经济和人的活动的"机制"上面，通过地域空间观察到中国历史更长时段的变迁，力求复原国家和上层政治在地方社会运作的复杂性。陈春声先生认为，对传统中国区域社会研究的目的之一，就是要努力了解由于漫长的历史文化过程而形成的社会生活的地域性特点，以及不同地区的百姓关于"中国"的正统性观念，如何在漫长的历史过程中，通过士大夫阶层的关键性中介，在"国家"与"地方"的长期互动中得以形成和发生变化的。在这个意义上，区域历史的内在脉络可视为国家意识形态在地域社会的各具特色的表达，同样的，国家的历史也可以在区域性的社会经济发展中"全息地"展现出来。② 赵世瑜先生指出，区域社会史研究关键在于如何从地方的视角去重新理解中国和世界，而不是用具体领域的研究去印证或者填塞宏大叙事的框架结构；新的中国通史将是建立在"地方性知识"基础上的通史，而不是在一个"宏大叙事"或在某种经验指导下形成的"国家历史"的框架内进行剪裁的地方史的总和。③ 陈春声、赵世瑜等提倡历史人类学的学者认为，区域社会史研究的目的之一，就是要突破原来大通史的局限，不仅在国家的层面思考中国历史，而且要在地方社会发现更多元的发展脉络。④

除了解析地方社会而达致对整体史的建构，区域比较、区域互动也是构建整体史的重要路径。唐力行先生指出，在区域史的研究中一方面必须守住疆界，另一方面又必须超越疆界，进行区域的比较。在比较中关注互动区域间的相互沟通、相互作用和相互知觉，有助于我们更好地把握区域

① 杨念群：《"整体"与"区域"关系之惑——关于中国社会史、文化史研究现状的若干思考》，《近代史研究》2012 年第 4 期。

② 陈春声：《历史的内在脉络与区域社会经济史研究》，《史学月刊》2004 年第 8 期；陈春声、谢湜：《以史学为业，求内在超越——访陈春声》，《历史教学问题》2015 年第 1 期。

③ 赵世瑜：《作为方法论的区域社会史——兼及 12 世纪以来的华北社会史研究》，《史学月刊》2004 年第 8 期。

④ 张小也：《历史人类学：如何走得更远》，《清华大学学报》（哲学社会科学版）2010 年第 1 期。

的特质，揭示区域之间的内在联系，更为深入、全面地认识社会运动的规律和社会的结构。① 吴宏歧先生认为，区域化的中国社会史研究要避免碎化现象回归整体史研究的正途，仅靠区域比较研究是远远不够的，还应该积极开展区域互动研究，亦即用辩证统一的观点来考察区域社会现象之间相互影响、相互作用的关系。②

地方社会能全息地展现国家的历史吗？区域研究是否具有"典型性"与"代表性"真的不再成为困扰年轻学人的问题了吗？杨念群先生指出，对某一区域历史考察的目的即在于能够较为有效地辨析出"国家"的在场对某一特定区域的意义，却并不能指望这个意义的发现可以自然挪用到另外一个地区，或者说无论转换一个什么样的区域环境，"国家"仍能以同样的面貌呈现出来。这样的看法给人的最大困惑在于，无法印证某一地区性政治运行的状态就一定与整个王朝的治理规划相一致，抑或只不过是其某种局部的有限表征和实践。③ 由此看来，以区域重构整体史仍是有限度的。

从事田野调查、发掘民间文献等在以区域构建整体史的过程中扮演了重要的角色，时常为从事区域社会史研究的学者津津乐道。田野调查有利于读懂文献，激发灵感，萌生新的问题意识，搜集文献等成为他们的共识。不过，区域社会史研究中也存在传统史料少人问津，典章制度束之高阁，资料堆砌大于问题意识，田野调查代替学术训练等问题。④ 一些提倡历史人类学的学者强调，研究传统中国社会应当由典章制度入手，一则是因为从王朝典章去说明社会制度，在中国学术传统上有长久的渊源；二则是因为中国历史上的国家制度常通过不同的机制直接或间接影响、制约社会生活形态和社会关系的结构，地方发展的一个主要过程，就是把国家制度变成一个社会化的资源，而且是最主要的资源。⑤ 制度条文与实践之间有内在的

---

① 唐力行：《超越地域的疆界：有关区域和区域比较研究的若干思考》，《史林》2008 年第 6 期；《从徽学研究看区域化的中国近代史研究》，《学术月刊》2006 年第 3 期；《从区域史研究走向区域比较研究》，《上海师范大学学报》（哲学社会科学版）2008 年第 1 期。
② 吴宏歧：《历史地理学视野下的中国近代社会史研究》，《学术月刊》2006 年第 3 期。
③ 杨念群：《"整体"与"区域"关系之惑——关于中国社会史、文化史研究现状的若干思考》，《近代史研究》2012 年第 4 期；《"新典范"和"旧史学"的冲突与调适——对中国现当代史学变革的一个贯通性解释》，《中国人民大学学报》2012 年第 6 期。
④ 行龙、胡英泽：《三十而立：社会史研究在中国的实践》，《社会科学》2010 年第 1 期。
⑤ 张小也：《历史人类学：如何走得更远》，《清华大学学报》（哲学社会科学版）2010 年第 1 期。

不一致，各地的人们在推行、利用国家制度的过程会衍生出种种变通的做法，通过长期的累积就会形成新的"制度"。区域社会史的一个重要目的就是，从人们的观念、认知结构、行为规范等层面发现制度生成的内在原理，重构整体史。

区域社会史针对宏大叙事的不足，意图从区域出发重新理解整体史，重写整体史。做出一些精彩的区域社会史个案研究，对理解、重构整体史无疑是有价值的，但这些个案如何整合进整体史，如何用斑驳的碎片勾勒出整体画卷，仍有漫长的路要走。

## 三　以整体区隔地方史

区域社会史从宏大叙事中挣脱出来，将视角转向地方，又将面对地方史的纠缠。20世纪80年代，区域性研究或者区域社会史研究，与地方史研究的区隔并不明显，甚至混同一体。90年代之后，区域史与地方史相安无事的状况开始被打破，批评地方史之声不绝于耳。

直到90年代初期，叶显恩等提倡区域性研究的学者在论著中对地方史与区域性研究仍没有严格的区分，他们往往把区域性研究等同于地方史。1981年，叶显恩先生撰写《明清徽州农村社会与佃仆制》的序言时称，该书是"地方史"研究的一个尝试。他指出，全国性的综合研究，自当以各地区的研究为基础；同样，地区的研究，也不能局促于狭窄的小天地，而必须放眼于全国历史发展的整体；在"地方史"的研究中，这是一个值得重视的问题。[①] 1992年，叶显恩、陈春声等认为，年鉴学派创始人之一费弗尔的名著《腓力普二世与法兰西康德地区》就是一部典型的"区域性研究"著作，为巴黎大学后来的"地方史研究"作了开创性工作。[②] 显然，在叶显恩等学者那里，无论是《明清徽州农村社会与佃仆制》，还是《腓力普二世与法兰西康德地区》，既是区域史著作，也可称之为地方史著作，区域史与地方史是可以混用的。

---

① 叶显恩：《明清徽州农村社会与佃仆制》，安徽人民出版社，1983。
② 叶显恩、陈春声：《论社会史的区域性研究》，《中国经济史研究》1988年第1期；叶显恩、陈春声：《论社会史的区域性研究》，叶显恩主编《清代区域社会经济史研究》，中华书局，1992。《腓力普二世与法兰西康德地区》一书有不同译名，此处用叶显恩、陈春声上述论文中的译名。

　　20世纪90年代中期以后，越来越多的学者开始强调区域社会史与地方史的区别，并对地方史的缺陷展开批判。1999年，《首都师范大学学报》发表了郑振满、刘志伟、梁洪生等区域社会史研究者的一个访谈纪要。刘志伟先生说："我们从一开始就与单纯的地方史研究不同，这主要是由于我们所关注的问题与地方史不同。地方史一般关注的是地方特色、地方的特殊性，而我们所关注的问题不是地方，是带有普遍性的东西。"① 梁洪生先生指出，做地方史研究的学者一般存在两个基本特征：首先是从区域上先划出一个地方来，确定为自己的研究对象，除此以外的其他地方就可以放在视野之外，即所谓"画地为牢"；其次，按照中国通史的传统模式，再搞出一个省际范围的东西，这就是地方史。这种地方史最大的缺陷在于，它把地方与国家脱离开来，就地方来谈地方；而且，认为地方史的功绩就在于研究地方特点、地方典型，研究那些地方独有而"别无分号"的特色。实际上，这是一个很大的误区。② 郑振满先生认为："我们搞的区域社会史最为关注的恰恰不是这种地方特点，而是在中国历史上乃至人类历史上带有普遍性的、规律性的问题。对于地方特点的问题，我们所要考虑的是在大的普遍性中为什么会有这样的变异。"③

　　刘志伟、郑振满、梁洪生等学者强调了区域社会史与地方史的问题意识不同，一个关注地方特点，一个关注中国历史上乃至人类历史上带有普遍性的、规律性的问题。他们认为，地方史有两个特征，一是就地方谈地方的特点，二是通史的地方化或通史的地方版。他们对地方史的特征及其缺陷的看法在此后十几年里被学者们反复描述，地方史与区域社会史之间的鸿沟越来越深。

　　陈春声先生指出，许多研究成果在学术上的贡献，仍主要限于地方性资料的发现与整理，并在此基础上对某些过去较少为人注意的"地方性知识"的描述加以补充归纳，实际上只是几十年来常见的《中国通史》教科书的地方性版本。赵世瑜先生认为，当地方史的编写成为既定的国家史、

---

① 史克祖：《追求历史学与其他社会科学的结合——区域社会史研究学者四人谈》，《首都师范大学学报》（社会科学版）1999年第6期。

② 史克祖：《追求历史学与其他社会科学的结合——区域社会史研究学者四人谈》，《首都师范大学学报》（社会科学版）1999年第6期。

③ 史克祖：《追求历史学与其他社会科学的结合——区域社会史研究学者四人谈》，《首都师范大学学报》（社会科学版）1999年第6期。

甚至世界史等宏大叙事的地方版时，无论它是以省为界、以市为界还是以村为界，都与作为方法论的区域社会史分道扬镳了。① 王先明先生指出，地方史、地方志虽然具有区域性，但其研究理念、视野和方法与区域史并不相同，它们不过是通史内容的"地方化"，或者通志的地方化而已。区域史也不应该是研究主题的地方化。② 行龙先生注意到，研究者强调区域社会史不等同于地方史，区域社会史虽然限定在某一区域，但它决不是地方史，或者说通史的地方化，不是中国历史区域化投影的地方版。③ 戴一峰先生归纳了学术界对本土地方史研究的两点批判性反思：第一，本土的中国地方史研究深受中国方志学的影响，大多将地方史视为国家（或王朝）历史在地方的展开，因而使地方史处于从属、附庸的地位，甚至使地方史成为国家（王朝）历史的复制版；第二，以往本土的地方史研究秉持国家－地方二元对立的思维模式，忽视了中国传统社会中国家与地方之间复杂多元的互动，因而无从准确把握区域历史的内在脉络。④ 张利民先生认为整体性观照要规避两种倾向：其一是通史区域化，将大通史变成了地方版；其二是区域史地方化，描述那些过去鲜为人知的地方性知识。⑤ 最近，陈春声先生还对区域研究作品充满了担忧。他指出，大量的区域研究作品中对某些过去较少为人注意的"地方性知识"的描述和仍旧套用常见的通史教科书写作模式，谈不上思想创造之贡献，对所谓"地方特性"的归纳，一般难免陷于学术上的"假问题"之中。这样的做法再泛滥下去，将会使中国社会经济史研究的整体水平，继续与国际学术界保持着相当遥远的距离。⑥

对地方史一波又一波的批评声中，区域社会史完成了对地方史的区隔。首先，二者的区隔围绕区域的历史与整体史是否有关联而展开。一项研究如果直接从地方切入讨论问题，第一步要了解区域的内在脉络，对地方社

---

① 陈春声：《历史的内在脉络与区域社会经济史研究》，《史学月刊》2004 年第 8 期；赵世瑜：《作为方法论的区域社会史——兼及 12 世纪以来的华北社会史研究》，《史学月刊》2004 年第 8 期。

② 王先明：《"区域化"取向与近代史研究》，《学术月刊》2006 年第 3 期。

③ 行龙、胡英泽：《三十而立：社会史研究在中国的实践》，《社会科学》2010 年第 1 期。

④ 戴一峰：《区域史研究的困惑：方法论与范畴论》，《天津社会科学》2010 年第 1 期。

⑤ 张利民：《近代华北区域史研究现状与展望》，《河北广播电视大学》2011 年第 3 期。

⑥ 陈春声、谢湜：《以史学为业，求内在超越——访陈春声》，《历史教学问题》2015 年第 1 期。

会进行整体考察。很多地方史论著都在进行"地方性知识"的描述，它们的主要贡献就是这个层次的。有的问题主要是地方性的，与国家关系不大，也没有太多普遍性、规律性，把这些问题研究清楚了，不仅可以增强对地方历史的理解，也让我们注意到全国历史之下，还有多样性的历史存在，其实也能增进对全国史的理解。在这个意义上，地方史有其存在的价值。一些学者的能力只能进行第一步，兴趣也在此，他们完成这样的工作也无可厚非。地方上的问题有的可以寻找到与国家的联系，有的可以带普遍性、规律性，因此，可以进行第二步研究工作，寻找与整体史的关系。一些区域社会史的研究者认为，意识不到第二步，仅仅停留于第一步的研究是地方史，进行第二步研究才有可能成为区域社会史。

满足于"地方性知识"的描述使地方史研究专注地方掌故，不知有国家。其不足主要在于问题意识太小，对话的平台太小，对理解大的历史与社会问题不能作出更多贡献。正如陈春声先生所认为的那样，"作为一个学者，做任何课题，最后还是希望在更广泛、更深刻的意义中，在学术发展的道路上，留下一些痕迹。特别是我们这些做中国史研究的人，做中国社会和文化研究的人，总是希望我们这样的研究，最终对整个中国历史的重新建构或者重新理解，会有一些帮助。同时，我们也希望在辛辛苦苦做了那么多的研究之后，这样的工作可能与整个人文社会科学发展的主流，可以有一些对话，可以参与到一个更大的学术共同体的一些共同关注的问题中去"。① 有志向、有能力在更大平台对话的学者，应把研究视野超越地方为其职责和使命。

其次，区域社会史与地方史的区隔在于区域的历史与整体史到底怎样进行关联。区域社会史的研究者不仅把不关注整体史的那部分论著划归地方史，而且把另一部分虽关注整体史，但仅仅为通史、国家史教科书翻版的论著也列为地方史。作为通史、国家史教科书翻版的地方史，其缺陷主要在于没有凸显地方的主体性，不能体现国家与地方之间的互动，不能通过地方来增进对通史复杂性的理解。这样的地方史对全国史的理解没有太多新贡献，自然在批判之列。作为通史、国家史教科书翻版的地方史也可能导致本土性知识的流失。程美宝指出，中国地方史的叙述，长期被置于

---

① 陈春声：《从地方史到区域史——关于潮学研究课题与方法的思考》，《潮学研究》第11辑，汕头大学出版社，2004。

一个以抽象的中国为中心的框架内，也是导致许多具有本土性的知识点点滴滴地流失，或至少被忽略或曲解的原因。①

从地方的角度寻找到与全国史的描述一样或者不一样的内容，讨论在大的普遍性中为什么会有这样的变与不变，分析地方的点滴变化如何积累而创造新的制度，无疑会丰富全国史和地方史的复杂面相，对历史的理解将更加有新意。近代中国，国家治理的触角越来越多地渗透到社会各个层面，没有国家在场的地方史领域越来越少。区域社会史更要警惕的是地方史变成通史翻版，更应重视在古今中外的视野下讨论地域社会利用国家资源的空间发生了怎样的变化，区域社会与国家转型互动的途径和方式又有哪些演变。

区域社会史关注区域历史与整体史有联系的部分，通过二者的互动丰富对整体史的理解，把那些与整体史无关，以及虽有关联但仅仅是通史、国家史教科书翻版的内容划归地方史，于是在整体性上实现了与地方史的区隔。

# 结　论

20世纪80年代社会经济史等领域的区域性研究已经有一定声势。傅衣凌、叶显恩等学者认识到了区域性研究的价值，并积极倡导从区域重构整体史。中国的区域社会史研究在90年代，特别是进入21世纪之后发生了重要的变化。它以整体区隔地方史，并逐渐越出社会经济史等领域，提炼了"区域社会史"这个概念，大量实证成果被发表并引起学界广泛关注，从而成为社会史研究中最为引人瞩目的研究视角或方法。

区域社会史是整体史的一脉。无论是从区域重构整体史的努力，还是以整体区隔地方史，都表明区域社会史并没有远离整体史，而是心系整体史。以区域重构整体史，有助于解决宏大叙事的不足。以整体区隔地方史某种程度上有利于解决研究的碎化、提升研究成果的对话空间。区域社会史为史学繁荣做出了巨大的贡献，不过任何研究视角、方法都有其限度。区域的历史与整体史之间关联常常是微弱的，以此微弱的关联进行区域比

---

① 程美宝：《地方史、地方性、地方性知识——走出梁启超的新史学片想》，杨念群、黄兴涛、毛丹主编《新史学：多学科对话的图景》，中国人民大学出版社，2003。

较或者重构整体史，有可能导致不能承受之重。即便是区域的历史与整体史的关联足够强大，通过各具特色的区域如何重构整体史亦非易事。

　　现在，越来越多的研究者加入区域社会史研究的行列。前辈学者开启了区域社会史之门，其研究渐渐成为一种模式，年轻一代学者不断模仿、注释。享受便利的同时，后学们无形中也可能给自己戴上了枷锁。比如年轻一代学者从事区域社会史研究很容易亦步亦趋地讨论王朝的影响，强调士大夫化，乃至他们的研究最后都可以归结为一句话："这个地方变成了中国。"① 年轻一代学者在不断证明或者修正前辈所提出论题、所得出结论的过程中，如何建立自己的问题意识，则是未来努力的一个方向。

---

　　① 张小也：《历史人类学：如何走得更远》，《清华大学学报》（哲学社会科学版）2010 年第
　　　 1 期。

# 日常生活：社会史研究的对象、视角与跨学科对话<sup>*</sup>

李俊领<sup>**</sup>

80 年前，作家茅盾主编的《中国的一日》一书以 1936 年 5 月 21 日为时间点，记录了这一天中国各地日常生活的多样化的社会图景。从这个社会"横断面"式的记录中，人们可以深刻感知和了解当时社会各阶层的活动、心情、体验和境遇。他们每一个人的存在都具有不可替代的独立的个体意义，而不是作为模糊不清的可有可无的政治舞台背景。他们的日常生活，既是蕴含自身生命意义的主要载体，也是衡量当时中国社会文明的基本尺度。事实上，民国时期人们的生活意识较过去更为显著，也更为丰富。

民国时期，普通民众的日常生活虽已进入历史研究的视野，但相关研究多停留在民族风俗志式的记述上。20 世纪 80 年代以降，随着欧洲日常生活史研究的兴盛，海内外学界对中国近代日常生活史的研究逐步展开。十年前，有学者提出"日常生活史是否能突破旧的研究框架，为中国史开出一条新路"<sup>①</sup> 的问题，着重讨论了日常生活史对于中国近代史研究的可能性及方法论上的贡献。十年过去了，学界对中国近代日常生活史的探讨和日常生活史视角下的近代中国史研究都有一定的收获，

\* 在社会史领域，日常生活研究即日常生活史研究，日常生活视角即日常生活史视角。海内外史学界在运用这些概念时并无歧义。本文为叙事方便，间或交替使用这些概念，祈请谅解。

\*\* 李俊领，中国社会科学院近代史研究所。

① 连玲玲：《典范抑或危机？日常生活在中国近代史研究的应用及其问题》，（台湾）《新史学》第 17 卷第 4 期，2006 年 12 月。

但远未达到预期的目标。① 迄今为止，相关的学术成果侧重于呈现近代中国底层群体和个人的日常生活表象及其特征，较少借鉴西方日常生活史研究的理论、方法与经验，更缺少将日常生活史作为一种研究视角的自觉。有学者回顾近年来民国日常生活史研究的状况，指出"这些研究大致涵盖了日常生活史的各个主要方面，一定程度上改变了民国史研究中日常生活史的失语状态。但就总体来看，自觉地以日常生活的视野进行研究者较少，尤其是缺乏个人经历、心灵体验以及对生活表象背后的意义的挖掘"。② 即使是作为研究对象的日常生活，也是言人人殊，鲜有深入的讨论和对话。

本文拟在继承和借鉴海内外相关研究的基础上，讨论作为近代中国社会史研究对象和视角的日常生活，并促进以日常生活为中心的可能的跨学

---

① 日常生活史与社会生活史在研究内容上多有重叠，甚至有学者主张对二者不必细作区分，将其并称为"社会日常生活"，但从实际的研究状况看，二者的研究路径与旨趣仍有明显的差异。尽管这样，学界对中国社会生活史研究的理论探讨与一些综述性文章对于日常生活史研究确有启发意义。于此一并将相关论文以发表时间为序，分类列举如下：（一）理论与方法。1. 杜正胜：《什么是新社会史》，（台北）《新史学》第 3 卷第 4 期，1992 年 12 月；2. 雷颐：《"日常生活"与历史研究》，《史学理论研究》2000 年第 3 期；3. 连玲玲：《典范抑或危机？"日常生活"在中国近代史研究的应用及其问题》，《新史学》第 17 卷第 4 期，2006 年 12 月；4. 常利兵：《日常生活研究的理论与方法——对一种社会史研究的再思考》，《山西大学学报》（哲学社会科学版）2009 年第 2 期；5. 王鸿泰：《社会图像的建构》，胡晓真、王鸿泰主编《日常生活的论述与实践》，（台北）允晨文化实业股份有限公司，2011；6. 常建华：《从社会生活到日常生活》，《人民日报》2011 年 3 月 31 日；7. 常建华：《日常生活与社会文化史——"新文化史"观照下的中国社会文化史研究》，《史学理论研究》2012 年第 1 期；8. 常建华：《中国社会生活史上生活的意义》，《历史教学》2012 年第 2 期；9. 常建华：《历史人类学应从日常生活史出发》，《青海民族研究》2013 年第 4 期；10. 常建华：《他山之石：国外和台湾地区日常生活史研究的启示》，《安徽大学学报》（哲学社会科学版）2015 年第 1 期。（二）研究历程回顾。1. 黄正建：《关于唐代日常生活史研究现状的思考》，《中国社会科学院院报》2004 年 9 月 14 日；2. 胡悦晗、谢永栋：《中国日常生活史研究述评》，《史林》2010 年第 5 期；3. 常建华：《明代日常生活史研究的回顾与展望》，《史学集刊》2014 年第 3 期；4. 李金铮：《众生相：民国日常生活史研究》，《安徽史学》2015 年第 3 期；5. 孙立群、常博纯：《魏晋南北朝日常生活史研究回顾》，《许昌学院学报》2015 年第 6 期。（三）相关的社会生活史研究理论探讨与综述论文。1. 彭卫：《近五十年中国古代社会生活史研究述评》，（东京）《中国史学》第六卷，1996 年 12 月；2. 金大陆：《非常与正常——"文革"社会生活史研究的理论范式》，《史林》2011 年第 5 期；3. 杨卫民：《新时期社会生活史研究述略——以中国近代社会生活史为中心》，《焦作师范高等专科学校学报》2012 年第 1 期；4. 王秋月：《邓之诚的社会生活史研究》，《史学史研究》2015 年第 2 期；5. 李长莉：《中国近代生活史研究 30 年：热点与走向》，《河北学刊》2016 年第 1 期。

② 李金铮：《众生相：民国日常生活史研究》，《安徽史学》2015 年第 3 期。

科对话，阐释日常生活史对于近代中国社会研究可能具有的历史认识论和历史本体论的意义。

## 一　日常生活史的研究领域

日常生活进入史学研究的视野，始于民国时期。古代中国史学有"常事不书"①的传统，因此传统史书的记述重视记录体现变化的事件与人物，尤其是像王朝更替这样的重大事件，而对于日复一日且貌似平淡无奇的日常生活很少关注，至多将其作为重大事件的背景而已。民国时期，梁启超受西方史学观念的影响，倡导"新史学"，开始重视民众生活对社会与时代共同心理、习惯形成的作用。他指出，匹夫匹妇的日用饮食活动，对于"一社会一时代之共同心理、共同习惯"的形成"皆与有力"，肯定其具有不可忽视的意义。②20 世纪 20~40 年代，学界从风俗史研究的角度关注民众生活。50~70 年代，只有个别学者涉及生活史，如陈直的《汉代人民的日常生活》《汉代戍卒的日常生活》等文章。③

社会史研究复兴以来，大陆学界越来越多地探讨中国近代社会生活，且以普通民众的生活为主体。相关的通史性著作以《20 世纪中国社会生活变迁史》④与《中国近代社会生活史》⑤为代表。从已有的相关研究成果来看，学界讨论的中国近代社会生活侧重于普通民众的生活，在具体叙述时包含了其日常生活。2000 年，雷颐明确提出平民日常生活史的研究意义，认为"最能反映一个时代、社会特点和本质的，其实并不是这个时代、社会中那些轰轰烈烈的重大事件，不是那些政治领袖、英雄豪杰的升降浮沉，

---

① 刘尚慈译注《春秋公羊传译注》，中华书局，2010，第 64 页。
② 梁启超：《中国历史研究法》，中华书局，2009，第 3 页。
③ 有学者认为，民国以来大陆学界对于日常生活史的研究经历了四个阶段，即民族风俗志式描述（清末民初）、经济—社会史研究（20 世纪 20~40 年代）、新经济—社会史研究（20 世纪 80 年代）及当前在新文化史及交叉学科影响下走向独立化与多元化研究（20 世纪 90 年代至今）。见胡悦晗、谢永栋《中国日常生活史研究述评》，《史林》2010 年第 5 期。严格说来，20 世纪 90 年代之前，中国学界对日常生活史的研究只有零星论文，大多数以生活为主题的史学研究冠以"社会生活"似更为贴切，而社会生活与日常生活是两个不同的概念。
④ 严昌洪：《20 世纪中国社会生活变迁史》，人民出版社，2007。
⑤ 李长莉、闵杰、罗检秋、左玉河、马勇：《中国近代社会生活史》，中国社会科学出版社，2015。

而是无数平民百姓日常生活中的'细节'";在历史研究中,平民大众的"日常生活"终由"稗史"成为"正史"的转变其实是历史观的重大转变,意义深远。① 两年后出版的李长莉著《晚清上海社会的变迁:生活与伦理的近代化》② 一书以"社会文化史"为视角,从"西器流行与近代工商观念""尊卑失序之风与社会平等观念"等五个方面,较为细致地勾勒了晚清上海普通民众的日常生活与生活方式的变迁图景。作者敏锐地注意到,普通民众的生活是仍未引起当时学界重视的中国近代史研究领域;从既有社会史研究成果中看不到有生气、有活动、有感情、有思想的活生生的人。③ 郭于华对过去重精英而轻草根的历史批评说:"在以往的历史中,会发现大多数的情况下人就是作为数字而存在的,比如说某一次战役牺牲了多少人,某一次灾难伤亡了多少人,甚至很多时候人作为数字都不存在。作为人在历史当中,经常是面目不清,没有形象,没有声音,就像历史长河中的一滴水,在长河中就消失了,连一丝痕迹都没有留下,大多数人都是这样的历史命运。"④ 复兴后的社会史研究在史学领域率先以"眼光向下"的视角,关注和探讨历史上普通民众的日常生活,这对于"重构"中国历史、反思既有的历史认识论无疑具有不可替代的重要意义。

　　什么是日常生活?对于日常生活的界定,言人人殊。从其内容上看,吃穿住行、冠婚丧祭、生老病死、休闲劳作、人际交往等等,都是日常生活。有学者指出,从西方的日常生活史研究历程看,日常生活的内容十分丰富,只能"软界定"为"日常行为",其包括工作行为和非工作行为两大类。按照这种界定,"衣食住行、人际交往、职业与劳动、生与死、爱与憎、焦虑与憧憬、灾变与节庆,都属于日常生活史的研究内容;而日常行为所牵涉的所有制关系、财产继承、人口变化、家庭关系、亲族组织、城市制度、工人运动、法律争讼等等,也可以作为背景进入日常生活史的研究范围"。⑤ 可见,西方的日常生活史研究领域几乎涵盖了整个社会的常态活动。

　　日常生活与社会生活是两个不同的概念,二者在内容上多有重复之处,

---

① 雷颐:《"日常生活"与历史研究》,《史学理论研究》2000 年第 3 期。
② 李长莉:《晚清上海社会的变迁:生活与伦理的近代化》,天津人民出版社,2002。
③ 李长莉:《晚清上海社会的变迁:生活与伦理的近代化》,第 3 页。
④ 郭于华:《社会记忆与历史权利》,《南方都市报》2012 年 12 月 16 日。
⑤ 刘新成:《日常生活史:一个新的研究领域》,《光明日报》2006 年 2 月 14 日。

以至于学界对二者少有区分。有学者表示，"人们一般不太强调区分'日常生活'与'社会生活'，二者的使用往往糅合在一起，讨论生活问题时不易将二者严格区分开来"。① 也有学者认为，"'日常生活史'的内容，一般指人们衣食住行等日常生活，有的也包括日常休闲、娱乐、消费甚至风俗习惯等内容。'社会生活史'则是一个更为宽泛的概念，内容不仅包括上述内容，还可扩展为社会交往、家庭宗族、婚丧嫁娶、社会风俗、民众信仰、大众文化、社会观念，甚至社会阶层、社会关系等内容"。② 还有学者主张："广义的社会生活包括政治生活、经济生活、文化生活，日常生活。而狭义的社会生活是指一般性的日常生活。"③ 从普通民众生活史的层面而言，作为中国近代社会史研究对象的"社会生活"与"日常生活"这两个概念几乎可以互相替换，确实不易区分。应说明的是，社会史学界讨论的社会生活与日常生活在内容上限于狭义的"社会"范围内，几乎不涉及政治、军事、外交等领域。

2005 年以来，西方学界对生活史的研究论著被介绍到中国，在一定程度上促进了大陆学界的相关研究。是年，山东画报出版社推出了"日常生活译丛"，包括《中世纪有关死亡的生活：13—16 世纪》《凡尔赛宫的生活》《莫里哀时代演员的生活》等十余部译著。2007 年，上海人民出版社也开始推出"日常生活译丛"，同年出版了《中世纪劳动史》《拿破仑时代法国人的生活》《第一次世界大战时期士兵的日常生活（1914—1918）》等译著。在这两套"日常生活译丛"推出之间，有学者撰文介绍了西方日常生活史研究兴起的社会背景、理论来源、发展脉络与学术特征等，提出日常生活史是一个新的研究领域。④ 30 多年来西方日常生活史研究的特色即以"他者"的立场、微观史的视野与整体史的追求，注重讨论社会大众（特别是弱势群体）的日常生活，着力揭示其中政治、经济、社会与文化诸因素的有机联系。在不断引入西方日常生活史研究成果的过程中，中国本土日常生活史的研究开始受到日渐增多的关注，并逐渐与过去的社会生活史研究相区别。大致以 2008 年召开的主题为"日常生活与政治变动"的中国社

---

① 常建华：《明代日常生活史研究的回顾与展望》，《史学集刊》2014 年第 3 期。
② 李长莉、闵杰、罗检秋、左玉河、马勇：《中国近代社会生活史》，引言第 1 页。
③ 梁景和：《关于社会文化史的几对概念》，《晋阳学刊》2012 年第 3 期。
④ 刘新成：《日常生活史：一个新的研究领域》，《光明日报》2006 年 2 月 14 日。

会史学会第十二届年会为标志，大陆学界的"日常生活史"开始形成独立的研究领域。从"社会生活史"向"日常生活史"的研究重心转移，反映了生活史研究趋于深化与细化，更加注重社会底层的有血有肉的个人。

随着社会史研究的深入和国际学术对话的加强，社会生活史与日常生活史在研究路径、观察视角等方面逐渐呈现出差异。2012 年，常建华提出，"社会生活史"是以人的生活为核心联结社会各部分的历史；生活史研究的最大价值，应当是建立以人为中心的历史学，立足于民众的日常活动，镶嵌于社会组织、物质生活、岁时节日、生命周期、聚落形态中。① 这一提法委婉指出既有的社会生活史研究存在着"见物不见人"的缺陷。几乎同时，他也提出，生活史应当从社会生活向日常生活转移，"日常生活应当成为文化史、社会史、历史人类学研究的基础，……应更加明确与自觉地把日常生活作为社会文化史研究的基本内容"。② 目前，南开大学中国社会史研究中心已将日常生活史作为重点研究，自 2011 年起连续三年举行了以"中国日常生活史的多样性""日常生活史视野下的生命与健康""中国史上的日常生活与地方社会"为主题的学术研讨会，旨在推动社会史学界的日常生活史研究。经过学界近几年的努力，日常生活不仅成为新的史学研究领域，而且成为一种观察历史的视野，具有与过去的"社会生活史"研究明显不同的研究旨趣（下文将专门讨论作为研究视角的日常生活）。

当然，日常生活史研究的异军突起，是史学界对当前中国物质生活水平不断提高与生活意识不断觉醒的时代回应。"在现代社会中，随着物质的极大丰富，人的异化和人生的悖论愈来愈明显，对生活的价值以及由此产生的生活质量的追问成为学术研究不容回避的课题。历史学面临着同样的挑战，而日常生活史就是对这一挑战的回应"。③ 对于今天的普通民众而言，日常生活就是最大、最直接的政治问题。历经几十年的社会变革，国家政治已不再停留在宏大响亮的口号上，而是渗透进社会各阶层的日常生活里，更切中每一位公民的欢喜与忧愁。可以说，在改革开放的新时代，社会治理的重心已经从阶级斗争转变为建设美好的现代生活，尤其建设好占人口

① 常建华：《中国社会生活史上生活的意义》，《历史教学》2012 年第 2 期。
② 常建华：《日常生活与社会文化史——"新文化史"观照下的中国社会文化史研究》，《史学理论研究》2012 年第 1 期。
③ 刘新成：《日常生活史与西欧中世纪日常生活》，《史学理论研究》2004 年第 1 期。

大多数的普通人的日常生活。

　　学界对社会生活史转向日常生活史的倡导与实践，并不在于研究旨趣与路径上的刻意求新，而是在于对日常生活研究内容与取向之优越性的真切体会。

　　其一，日常生活包括社会各阶层的日常生活，而社会生活则不具有这样的覆盖范围。日常生活史研究具有三个特性：一是凸显生活的"日常性"，即重视重复进行的"日常"活动；二是注重以"人"为中心，不以"物"为中心；三是强调研究的综合性，主张在单项研究的基础上进行综合研究。① 尽管社会生活史研究不乏后两种特性，但在凸显生活的常态性与具体生活情景中的人的感受与体验上则略显不足。更重要的是，日常生活较社会生活具有更广泛的覆盖范围，不仅包含后者，而且还包括社会各阶层的个人生活和社会各领域的常态活动。过去学界讨论的社会生活通常不包含社会各阶层具有私密性的个人（家庭）生活，更少涉及政治、经济、军事、外交等领域。既有的社会生活史不会讨论政治精英人物的个人生活，或者说很难将具有私密性的个人生活纳入社会生活的范围，而日常生活史则可以理所当然地研究这些问题。比如，近年来蒋介石的个人和家庭生活受到学界的关注，吕芳上与罗敏分别主编了题目同为《蒋介石的日常生活》② 的论文集，讨论了蒋介石的旅游、行馆、阅读、自我省克、观赏电影、医疗保健、空间与时间等问题，旁及政治与社会结构意义的考察，"甚至还从蒋与宋美龄关系的政治文化层面来探讨蒋的生活政治观"。③ 可以说，上述研究在一定程度上把蒋介石从"神"与"人民公敌"还原为"人"，呈现出作为历史人物的蒋介石的新面相。像蒋介石这样的精英人物的个人生活与家庭生活，显然是狭义的社会生活不能涵盖的。进而言之，若将前述两部同名的论文集易名为《蒋介石的社会生活》，难免会给人以文不对题的感觉。

---

① 常建华：《中国社会生活史上生活的意义》，《历史教学》2012年第2期。

② 吕芳上主编《蒋介石的日常生活》，（台北）政治大学出版社，2012；罗敏主编《蒋介石的日常生活》，社会科学文献出版社，2015。事实上，民国时期政治人物的日常生活就已成为人们关注的对象，当时问世的关于蒋介石、孙科等人日常生活的出版物有《蒋总裁的日常生活》（武扬编著，上海华光书局民国30年版）、《孙副主席的革命工作与日常生活》（孙副主席竞选副总统助选委员会民国37年编印）等。

③ 吕芳上主编《蒋介石的日常生活》，序言。

　　既有的社会生活史研究不仅很少涉及精英人物的个人生活，而且对于近代中国士兵的个人生活和集体生活也无人问津。似乎社会史学界不自觉地将这一问题归入军事史研究范围，与己无关。而在既有的军事史研究中，普通士兵只是历史舞台上无名无姓的"跑龙套"者，连配角都算不上，很少有人在意他们的吃穿住行、喜怒哀乐之类的日常行为与情感。相反，冯小刚导演的电影《集结号》似乎比那些以"宏大叙事"见长的军事史著作更接"地气"，更富有历史温情。事实上，这些"战壕中的人"并不只是作战的工具，他们也是有血有肉的人，只不过战争极大地改变了士兵的生活状况，使之与普通意义的日常生活截然不同。他们的战地日常生活，更直接、更深刻地呈现出战争的野蛮与残酷。以抗战时期中国军队的伙食而言，迄今未见专门的研究论著，后人不了解当时中日两国军队给养上的差距，而这个差距对于战争胜败的重要性而言当不亚于战略、战术与武器。对于此问题，今天也仅能从萨苏的《抗战时期日军国军伙食的真实对比》[①] 一文略窥一斑。在近代士兵日常生活史研究上，海外学界已有成功的范例，比如《第一次世界大战时期士兵的日常生活》[②] 一书，它描述的是 1914~1918 年间法国那些没有特权、生命得不到保障的普通士兵的战地生活，为研究士兵心理状态做出了重要贡献。

　　可见，日常生活较之社会生活更具有覆盖性，更有利于拓展社会史的研究视野。

　　其二，日常生活包括政治领域的常态活动（即日常政治）。日常生活史研究涉入政治领域，乃是题中应有之义。杜正胜在建构其"新社会史"的研究架构时指出，"任何人群皆离不开政治，人类社会只要到达稍稍复杂的阶段，产生统治者与被统治者的关系，就构成一种政治形式，舍弃政治，实在没有多少社会史可言。但现在我们只是不特别将过去政治史的课题，如变幻的政治斗争或固定的行政制度作为新社会史研究的直接对象而已。政治史旧课题姑且不说它对新社会史研究具有背景的意义，就某种层次而

---

① 萨苏：《抗战时期日军国军伙食的真实对比》，铁血网，http://pic.tiexue.net/bbs_ 6658178 _ 1. html2013/4/10，2016 年 6 月 26 日访问。

② 〔法〕雅克·梅耶：《第一次世界大战时期士兵的日常生活（1914—1918）》，项颐倩译，上海人民出版社，2007。

言，二者也是非常贴近的"。① 诚然，大陆既有的日常生活史研究论著不乏对介入日常生活的政治或国家因素的讨论，但只有极少数论文以政治的常态活动作为研究对象者。在大陆学界，"以往对中华帝国统治的研究或专注于重大事件与重要人物，或致力于职官制度的渊源、演变，极少注意帝国统治的日常状态"；事实上，"帝国统治的基调是反复出现的各种日常活动，包括各种文书的处理，巡行视察活动、定期举行的仪式性与非仪式性活动"，"而重大事件只是基调上突显出来的极少数的高音"；"欲更为全面地认识中华帝国的形态与统治机制，不能不对作为基调的日常统治加以研究"。② 就近代中国而言，只有深入了解了其常态与基调，才能深入理解其变态和高音。不过，像对待近代中国士兵日常生活一样，大陆社会史学界也是不自觉地将日常政治排除在自己的研究范围的。

　　台湾学者率先以日常生活史的研究意识涉足明代日常政治，比如邱仲麟《点名与签到——明代京官朝参、公座文化的探索》一文，借由官员的签到问题，具体考察明代官员的上班文化与时间态度，从日常生活的层面讨论明代官僚文化与朝廷神圣性的变迁，由此透视帝国的沦落过程。这种由日常生活史角度讨论政治史议题的尝试，所观察的不是抽象的权力机制或操作之道，而是颇具人性与生活趣味的现实问题。其对于社会史研究打开自己的学科藩篱确有启发意义。

　　其三，日常生活研究可以等同于对一个社会或时代的常态的研究。史学研究"过度关注变化，会目迷五色，忽视变动背后的不变"③，不了解常态，就难以准确把握变化、理解个别事件的意义与影响。邱捷对同治、光绪年间广东首县日常公务的探讨，可称是探讨近代中国社会常态的典型例证。其依据同治、光绪年间曾任南海知县的杜凤治的日记，揭示出清朝后期地方政府对省会城市管理体制的实际运作、日常政务处理、官员之间的公私交往以及城市社会生活的很多细节，从中可以看到鸦片战争后中国社会"变"与"不变"的两个方面。④ 若不存学科壁垒之见的话，此文既属

---

①　杜正胜：《什么是新社会史》，《新史学之路》，（台北）三民书局股份有限公司，2004，第29页。

②　侯旭东：《传舍使用与汉帝国的日常统治》，《中国史研究》2008年第1期。

③　侯旭东：《近观中古史：侯旭东自选集》，中西书局，2015，自序第4页。

④　邱捷：《同治、光绪年间广东首县的日常公务——从南海知县日记所见》，《近代史研究》2008年第4期。

于政治史的研究，也属于日常生活史的研究。或者说，日常政治不是政治史的自留地，它也是社会史的耕作区。

社会史不只是要研究狭义的社会，还要研究广义的社会，或者说是社会各个领域。日常生活就是社会史研究向狭义的社会之外的政治、经济、军事、外交等领域扩展的急先锋。这样的生活史研究面向社会的全体成员，不以阶层、民族、种族、职业与地域等因素自我设限。至此，不妨把"日常生活"看成是为人们为维系自身存续、政治体制、社会秩序与文化模式而反复进行的常态活动。日常生活在基本的结构与秩序上具有稳定性，但在具体的微观情景中又充满了种种干扰和不确定性，从而成为"声音纷杂、充满竞争与协商的权力场域"。①

## 二 日常生活史视角的特质、运用及其局限

近年来，随着日常生活史研究的逐步拓展，大陆社会史学界开始将日常生活史视为一种新的研究视角。2012 年 7 月南开大学中国社会史研究中心承办的"日常生活史视野下中国的生命与健康"国际学术研讨会的主题即凸显此意。在此之前，有学者提出，"生活史的研究带来视角与方法的变化，可以从习以为常发现历史，从日常生活来看国家"，可以"进行不同文明比较，阐述社会变迁"。② 按照这一看法，日常生活史为社会史研究提供了一个全新的视角，在该视角下可以发现被遮蔽的历史面相，甚至可能建立解释国家、文明比较与社会变迁的新的历史叙事方式与话语体系。

2012 年至今，大陆学界自觉以日常生活史作为研究视角的论著实不多见。人们禁不住要问，日常生活史能成为一种研究视角或研究范式吗？

从事日常生活史研究的海外学者对这一问题一直保持着学术警惕性。有学者指出："如果日常生活研究只专注于描写中下阶层的生活细节，殊难超越原有的研究框架，形成一新的典范。"③ 显然，日常生活史是否能成为一种研究范式，取决于治史者的全局眼光与问题意识，但这确实是一个带

① 连玲玲：《日常生活的权力场域：以民国上海百货公司店职员为例》，《"中央研究院"近代史研究所集刊》第 55 期，2007 年 3 月。
② 常建华：《中国社会生活史上生活的意义》，《历史教学》2012 年第 2 期。
③ 连玲玲：《典范抑或危机？"日常生活"在中国近代史研究的应用及其问题》，《新史学》第 17 卷第 4 期，2006 年 12 月。

有风险的挑战。还有学者不无忧虑地说："所谓'生活史'，庞杂无端，难有章法，真是谈何容易，弄个不好，既无骨架，更易血肉模糊，难免成为历史杂碎。"① 上述两位学者对日常生活史视角（或范式）的学术预期与审慎态度，令人深思。

通过日常生活史视角揭示社会变迁的深层机制诚非易事。近年来学界对该研究视角的理论思考及其在中国近代社会史研究领域中的实际运用取得了一定的成果，主要表现在以下四个方面。

第一，日常生活史视角的特质与研究路径。

回望30多年来西方的新社会史研究历程，日常生活史作为一种研究视角的特殊价值已经得到较为广泛的认可。这一视角"研究的重点不是整个社会的基本价值取向，而是每个人、每个群体的价值观以及这些人们公开或掩盖、实施或抑制其愿望的方式，最终说明社会压力与刺激怎样转化为人们的意图、需求、焦虑与渴望，人们在改造世界的同时是怎样接受和利用外在世界的"。② 可以说，该视角的特质在于揭示具体的微观历史场景中个人或群体的感受、体验、情感、心理，及其与社会的互动机制和进程，以克服宏大叙事的历史"见物不见人"的缺陷。日常生活史"除了讲述鲜为人知的故事外，更重要的是展现故事背后的文化逻辑"，探讨究竟哪些制度、物质、心态等方面的因素促使市井小民的日常生活以特定的方式呈现出来，这些因素又如何说明日常生活中复杂的权力关系。③

大陆学界在认同海外日常生活史视角特质的同时，又作了进一步阐释。李金铮认为："日常生活是人类尤其是普通民众惯常的经历和感受"；日常生活史主要强调"站在日常生活经历与体验的立场上观察历史、叙述历史"，这是它与其他历史领域的区别所在；对于日常生活的"微观研究除了描述具体现象之外，还要突破碎片本身，将小问题与大脉络、大意识联系起来，尽量寻求现象背后的重要意义，也即从日常生活史中发现和理解时代社会的变迁"。④ 常建华认为，日常生活史研究应当"建立日常生活与历

① 王鸿泰：《社会图像的建构》，胡晓真、王鸿泰主编《日常生活的论述与实践》，（台北）允晨文化实业股份有限公司，2011，第50～51页。

② 刘新成：《日常生活史：一个新的研究领域》，《光明日报》2006年2月14日。

③ 连玲玲：《日常生活的权力场域：以民国上海百货公司店职员为例》，《"中央研究院"近代史研究所集刊》第55期，2007年3月。

④ 李金铮：《众生相：民国日常生活史研究》，《安徽史学》2015年第3期。

史变动的联系"；其操作路径是"挖掘日常生活领域的非日常生活因素"。①
前辈学者邓之诚虽没有明确以日常生活史为旗帜，但"特别重视通过考察
民众的生活与疾苦来验证朝廷的制度、政策施行的效果，以期最大限度地
接近历史的真相"；对社会各阶层的生活面貌都有所涉及，"自觉的从社会
下层发掘反映时代变动的轨迹"。② 上述对日常生活史视角特质的讨论在核
心内容基本一致，旨在通过日常生活史研究让被建构的历史图像的线条更
清晰，色彩更生动。

在将日常生活史视角运用于中国近代社会史研究上，海外和中国台湾
学者的相关学术成果引人注目。台湾学界的日常生活史研究"重视生活情
景背后的文化心态，设法从这一问题在时间中的发展看出文化性格的常与
变，并且设法与该社会的整体结构取得联系"。③ 比如，连玲玲探讨了店职
员的日常生活以及背后的文化逻辑和权力斗争，也即百货公司业主、报纸
文人、共产党人与店职员的利益关系，以及型塑店职员日常生活的支配力
量。④ 陈元朋以日常生活为视角，揭示了窝窝头素材的生态特性与物性、食
用者的身体感受、食用者的社会阶层、食品的社会形象以及食品的记忆等
问题，认为研究窝窝头其实是一种可以转录与转译各种自然与人文影响的
物质载体。⑤ 程为坤探讨了 20 世纪初期北京的城市空间与女手艺人、女佣、
女乞丐、女演员等底层女性的日常生活，细腻描绘了她们面对城市急剧变
化而产生的焦虑与痛苦，捕捉到了她们利用城市公共空间的各种途径，并
基于女性的日常生活经验，揭示出当时北京社会中交织的性别、商业、谋
生、休闲等观念的冲突与现实的利益矛盾。⑥ 卜正民选取江南五城（嘉定、
镇江、南京、上海、崇明）为例，描述了日军占领期间这些城市的日常生
活及其秩序的重建过程。尽管作者在历史分析上的"去道德化"做法并不

---

① 常建华：《从社会生活到日常生活——中国社会史研究再出发》，《人民日报》2011 年 3 月
　　31 日。
② 王秋月：《邓之诚的社会生活史研究》，《史学史研究》2015 年第 2 期。
③ 蒲洲主编《生活与文化》（台湾学者中国史研究丛书），中国大百科全书出版社，2005，导
　　言第 5 页。
④ 连玲玲：《日常生活的权力场域：以民国上海百货公司店职员为例》，《"中央研究院" 近代
　　史研究所集刊》第 55 期，2007 年 3 月。
⑤ 廖大伟：《彰显被遮蔽的面相和细节——"近代人物研究：社会网络与日常生活国际学术
　　研讨会"综述》，《史林》2011 年第 3 期。
⑥ 〔美〕程为坤：《劳作的女人：20 世纪初北京的城市空间和底层女性的日常生活》，杨可
　　译，生活·读书·新知三联书店，2015。

可取，但其细致辨析生活其间的个人的心态、处境与选择，以求揭示一个复杂的战时社会的研究方式，在相当程度上契合了日常生活史的研究视角。① 可以说，日常生活史视角下的历史研究有力地克服了过去史学"见物不见人"的缺陷，修正了历史宏大叙事的简单化倾向。

第二，日常生活史视角的整体史追求。

学界在自觉运用日常生活史视角时，既着力探索事件在具体的历史场景中的意义，又保持着整体史的追求。前述学界主张的将个体经验与社会变迁相关联的研究路径已为日常生活史研究避免"碎片化"提供了借鉴。还有学者明确提出日常生活史研究追求的是整体史（或曰总体史）。万晋指出，"治日常生活史者所主张和期待的，大抵是从包括文本、图像在内的浩如烟海的史料中爬梳古人'在具体生活情境中的日常经历'，跳出笼统的、大而泛之的对衣食住行'风俗通览'式的描述，而以'人'为基点，通过缀合'琐碎'与'片段'，关注微观个案和私人领域，以达到建构'整体'与'全面'之目的"。② 王鸿泰在评析杜正胜的"新社会史"框架时称，"生活史不但成为历史研究的重要领域，且可能作为建构社会图像之起点与核心。至于其建构社会图像之方法，并无固定方式为依归，而只是寻绎其中之可能关联，尽力贯通各种不同层面，使之联结成有机之图像"。③ 这里所言的"社会图像"即一种贯通社会各领域、各层面并在其间建立有机联系的新的整体史。余新忠认为，"对于微观史和日常生活史视野下地方和个案研究来说，需要追求的应是'总体史'或'全面史'的研究路径"。④ 这种整体史不是宏观史，而是对历史局部或片段的综合性研究方式，即在具体的生活情境中，建构以人为中心的社会网络，将政治、经济和文化等因素作为社会网络中彼此平等而又相互交错的线条与环节，揭示它们之间的有机联系，进而分析概括出一个时代和地区中人们生活的"常识"与"常态"，并由此透视区域社会乃至整个社会的基本样态、精神风貌及其变迁机制。

---

① 〔加〕卜正民：《秩序的沦陷——抗战初期的江南五城》，潘敏译，商务印书馆，2015。
② 万晋：《城居的日常：唐代城市日常生活相关研究述评——兼论在城市史研究中探讨日常生活的路径》，《河北学刊》2016年第1期。
③ 胡晓真、王鸿泰主编《日常生活的论述与实践》，第47~48页。
④ 余新忠：《个人·地方·总体史——以晚清法云和尚为个案的思考》，《清史研究》2014年第3期。

海内外学界已有在日常生活史视角下追求整体史的研究案例。余新忠通过梳理晚清时期他的一位在京城有一定书法声名的族人法云和尚的个体生命史，并借由法云通过书法活动展开的社会交际网络，分析概括出当时北京社会的生活"常识"，进而从这些"常识"透视和捕捉晚清北京的时代风貌和特性。① 这种研究方式实现了个人史、地方史与整体史三个层面的贯通与有机联系。美国学者梅尔清著《浩劫之后：太平天国战争与19世纪中国》一书，以日常生活史的角度重新审视了太平天国战争，将其作为一个社会事件，着重讨论其社会影响，而非政治层面的影响与意义。② 在该书中，作者避开了"革命""农民起义""现代化"等传统宏大政治史主题，从战争亲历者的切身体验出发，凸显了生活层面的个人、社区、情感、身体、记忆、意义等一系列与日常生活紧密关联的主题，透视了当时受战争直接影响的地方日常生活中政治、军事、经济、文化等各方面的复杂关联。③ 这一研究完全不同于政治史或革命史视野下的太平天国研究，呈现出亲历这场战争的普通民众的心灵与命运，令人耳目一新。

第三，从日常生活中发现被遮蔽的历史场景。

在日常生活史的视角下，常会发现基于宏观研究的高度概括性结论与微观层面的具体事实相互冲突。换言之，微观层面的历史场景常被宏观历史的叙事与结论所遮蔽。李长莉在讨论晚清上海社会变迁时指出，"我们需要回到民间社会，回到历史上普通人的日常生活里，去探寻中国社会生活近代化的实态，从中追寻中国社会近代化变革的内在源流"。④ 可以说，如果不贴近社会底层看历史，不扎根于民众的日常生活，任何关于社会变迁的整体性结论都难免存在大而无当的风险。

以日常生活史视角考察近代中国社会，总能发现新的历史面相。学界

① 余新忠：《个人·地方·总体史——以晚清法云和尚为个案的思考》，《清史研究》2014 年第 3 期。

② Tobie Myer-Fong. "*What Remains: Coming to Terms with Civil War in 19th Century China*", Stanford, CA: Stanford University Press, 2013. 中文书名直译为《何物留存：审思 19 世纪中国内战》。作者与为其撰写中文书评的张笑川商议后，采用了符合中文学术语境和语言习惯的新书名《浩劫之后：太平天国战争与 19 世纪中国》。

③ 张笑川：《日常生活史视野下的太平天国战争研究——评梅尔清〈浩劫之后：太平天国战争与 19 世纪中国〉》，《清史研究》2014 年第 1 期。

④ 李长莉：《晚清上海社会的变迁：生活与伦理的近代化》，天津人民出版社，2002，引言第 4 ~ 5 页。

已有的研究成果较为充分地体现了这一点。其一，关于民国初年北京旗人家庭礼仪生活的讨论。传统中国社会的礼俗互动、精英主导城市宗教礼仪生活等特征为学界所熟知，赵世瑜依据一本佚名的旗人日记，从普通人的日常生活情境入手，发现了民国初年北京内城存在略为有别的情形，旗人的礼仪生活虽然几乎贯穿于他们生活的全部，但更多的是与家庭、亲友和邻里发生关系，从中难以看到前人强调的精英分子的核心作用、"象征性资本"作用和"权力的文化网络"。[①] 其二，关于近代江南女性日常地位的探讨。"传统中国妇女地位低下"的论断几乎成为学界的常识，但如果深入近代中国社会的具体场景中，则会发现这一论断存在以偏概全之嫌。小田、张帆以民国时期苏州轿妇为例，在日常生活世界中观察民国时期女性的地位，并将其称为"日常地位"。他们发现，在影响女性日常地位的诸多变量中，声望是指特定共同体中体现"妇道"的村妇名声；财富是指村妇兼任多种劳作而获得的家庭收入；特权主要是指在家庭关系中村妇决定自身权利、义务的主体资格（或称为人格）；内在的人格最终决定着村妇的日常地位。这一讨论表明，"所谓传统中国妇女地位低下"的命题至少在民国社会并不成立。[②] 其三，关于近代北京小贩与城市管理的研究。在日常生活的情景中，"国家与社会"并非一种抽象的统治与被统治的关系，而是一种现实的有多种可能走向的互动关系。徐鹤涛注意到，清末北京出现了以警察为核心的小贩管理体制，形成了警察与小贩和谐相处的新的城市日常生活秩序。他由此指出，不应把"国家—社会"关系仅仅理解为一种抽象结构，而注意到它其实是具体的管理者与被管理者间的日常互动；现代国家建设并不必然落入"政权内卷化"或"社会规训化"，日常生活中各方的不同选择会产生很不一样的后果。[③] 这启发研究者改变以往单一的结构化视角，真正去进入日常生活，或许能发现一些之前未注意的东西，甚至可能会对近代中国有一个不同于以往的认识。

　　第四，日常生活史视角的研究局限与未来的可能走向。

--------

① 赵世瑜：《民国初年一个京城旗人家庭的礼仪生活——一本佚名日记的读后感》，《华中师范大学学报》（人文社会科学版）2009 年第 5 期。

② 小田、张帆：《论平民女性的日常地位——基于民国时期苏州轿妇案例的研究》，《北京社会科学》2015 年第 2 期。

③ 徐鹤涛：《日常中的国家——晚清民国的北京小贩与城市管理》，（台湾）《中研院近代史研究所集刊》第 87 期，2015 年 4 月。

　　日常生活史视角在社会史研究领域的拓展与研究方法的改进上确有其长，但因为受到史料本身与解读史料功夫的限制，目前海内外对于中国近代日常生活史的研究还远没有达到预期的目标。直接记录这一时期日常生活（尤其是平民日常生活）的文字并不算多，像刘大鹏《退想斋日记》这样能长期记录个人感受、反映社会变迁的乡村私塾先生日记少之又少。即使是打破常规文字资料的限制，充分运用碑刻、信函、诗歌、民间传说等"无意识史料"，展开对历史的想象力，但因为对史料信息"解码"能力不足的限制，也不容易准确而完整地捕捉到当事人的感受、体验、心理与情感等信息。比如，田汝康发现明清时期男性因科举失败而普遍产生的挫败感、道德焦虑、情感压抑及其对女性造成的致命伤害等现象①，他的这一研究固然主要依据明清方志等地方史料，但解读这些史料的功夫却离不开其在大学时期的心理学专业基础。

　　除了上述两种限制外，还有一个重要原因在于过去的日常生活史研究"在方法论上没有明显的突破，只是'与主体有关的环境分析'，而没有深入主体的心灵，更没有说明主体的感受，因此也就不能解释生活价值所在以及生活质量如何的问题"②。有学者反思这一研究状况，认为"近代中国日常生活史并没有提出令人满意的答案，而这也是学界争论不已的课题，但日常生活研究必须比其它领域更严肃地反省这个问题，毕竟它最大的野心便是呈现底层社会的面貌，并从他们的角度观看世界"③。显然，日常生活史研究在视角（范式）建构与研究路径上都到了需要重新审视的时候。

　　"草鞋没样，边打边像"。随着中国近代日常生活史资料的不断发掘，相关问题意识的不断提升，实证研究的不断丰富，日常生活史学仍有可能成为一种新的研究典范。有学者指出，"尽管目前国内学界具有理论自觉意识的日常生活史方面的具体研究成果还十分稀缺，但作为一种新的史学流派和研究范式，已经引起了一定的关注"④。还有学者乐观地预言："生活史

---

① 田汝康：《滇缅边地摆夷的宗教仪式　中国帆船贸易与对外关系史论集　男权阴影与贞妇烈女：明清时期伦理观的比较研究》，复旦大学出版社，2015。
② 刘新成：《日常生活史与西欧中世纪日常生活》，《史学理论研究》2004 年第 1 期。
③ 连玲玲：《典范抑或危机？"日常生活"在中国近代史研究的应用及其问题》，《新史学》第 17 卷第 4 期，2006 年 12 月。
④ 余新忠：《回到人间聚焦健康——新世纪中国医疗史研究刍议》，《历史教学》2012 年第 22 期。

的充分发展意味着一种对历史知识体系的全盘重组，是对历史知识的性质、意义、价值的重估。"① 有理由相信，日常生活史研究具有广阔的发展前景，而要实现日常生活史的预期目标，还需要治史者自觉融会贯通不同学科的理论与方法，不断完善自己的智力结构与知识体系。

## 三  日常生活研究的跨学科对话

自 20 世纪 90 年代以来，日常生活在哲学、史学、社会学、政治学、心理学等学科范围内得以广泛的探讨，并非哪一学科的独家研究对象。不过，由于当前知识分科、教育体制、认识路径等因素的影响，学界以日常生活为中心的跨学科对话并未真正开始，何况大陆的日常生活史研究获得相对的独立性也只有短短数年时间。即使如此，日常生活史研究想要获得新的发展动力，提升研究的水准与境界，就需要认真考虑如何进行跨学科的对话。这种对话，既包括历史学内部不同学科之间的交流与贯通，也包括历史学与社会学、政治学、心理学、哲学等一级学科的互相借鉴。

### （一）日常生活史与不同专史学科的对话

中国日常生活史研究在社会史学界开展较早，甚至已成为社会史的分支，而在其他专史研究领域内也开始受到关注。由此，日常生活史可成为历史学内部各分支学科进行对话的中心议题。

在社会史研究领域内，作为交叉学科的社会文化史重视贴近底层看历史，尤其关注社会底层民众的日常生活及其背后的文化意义。在这一点上，社会文化史与西方的新文化史相当接近。另外，西方新文化史研究似乎还有一个特点，即关注多种权力（不只是政治的权力）的博弈关系，正如姜进所言："如果说新文化史有什么一以贯之的目标的话，那也许就是通过对各种文化（representation）系的调查去研究话语、仪式、再现中的权力运作的机制、所使用的技术手段，以及所达到的成效，从而揭示权力是如何通过控制新文化史知识的生产来展开博弈的。"② 前面提及的连玲玲对民国时期上海百货公司店职员的日常生活以及背后的文化逻辑和权力斗争的分析，

① 蒲洲主编《生活与文化》（台湾学者中国史研究丛书），导言第 23 页。
② 〔美〕林·亨特：《新文化史》，姜进译，华东师范大学出版社，2011，总序第 7 页。

在一定程度上体现了新文化史的研究特色。可以说，日常生活史研究与社会文化史研究在研究旨趣上多有契合之处。鉴于此，余新忠在反思当前中国医疗史研究时，倡言未来该领域的研究若能融通社会文化史和日常生活史研究，从社会文化史和日常生活史的双重角度出发来探究中国历史上的生命与健康，应是一条可行的路径。① 进而言之，日常生活史与社会文化史融通，可能会在社会文化史突破当前的理论瓶颈上发挥一定的启发作用。②

以往的中国思想史研究几乎是完全以文本为中心，讨论精英或思想家的思想，与普通民众的日常生活几乎没有关联。不过，在葛兆光等人的努力下，思想史研究开始关注小人物的观念世界和介于精英思想与草根生活之间的"一般知识、思想和信仰的世界"。③ 刘志琴进一步提出，中国思想史研究"应该突破观念史的局限，贴近社会生活考察，从礼俗互动中把握中国思想的发展脉络，这是历史的实际，也是对中国思想史价值的重新评估"。④ 这一看法凸显了传统中国思想重视礼俗教化与日常生活实践的特质，也表明传统思想（尤其是儒家思想）须落实到人伦与日用常行上才具有真实的生命力。今天，学界的中国思想史研究面对来自新文化史、后现代史等方面的挑战，已经开始走出文本诠释的研究套路，走进社会底层的日常生活，将思想的影响力放在具体的日常生活场景中进行考察。王汎森探讨清初思想时，"既注重'探索思想家深微的思想世界'，复扩充到社会、生活的面相，关注'思想与日常生活世界的联系，观察思想的流动、接受、扩散'"；充分发挥了从"生活"看"思想"、从"思想"看"生活"的特点。⑤ 在这样的研究理路上，"'思想史'与'生活史'便有了联结，思想也成了一种生活方式"。⑥

不只是思想史，政治史、经济史、文化史、军事史、外交史等都可以与日常生活史联结，互相扩展研究的领域与视野，使自身更贴近现实生活，

---

① 余新忠：《回到人间聚焦健康——新世纪中国医疗史研究刍议》，《历史教学》2012 年第 22 期。

② 李俊领：《社会文化史研究的瓶颈与未来走向——读梁景和等著〈现代中国社会文化嬗变研究（1919—1949）〉札记》，《徐州工程学院学报》（社会科学版）2015 年第 5 期。

③ 葛兆光：《一般知识、思想和信仰的世界》，《读书》1998 年第 1 期。

④ 刘志琴：《礼俗互动是中国思想史的本土特色》，《东方论坛》2008 年第 3 期。

⑤ 罗志田：《权力的毛细管作用：清代的思想、学术与心态》（书评），（台北）《中国文哲研究集刊》第 44 期，2014 年 3 月。

⑥ 周月峰：《捕捉清代大风势》，《东方早报》2016 年 3 月 27 日。

更贴近普通民众。在一个民主社会中，公民存在的目的不是政治上所谓的宏大主题，也不是宗教上所谓的彼岸世界，而是个体的人在现实社会中的自身权利得到保障的基础上让日常生活更美好。有学者指出，评价历史事件与人物的历史价值与意义，"只能以其对社会生活的改善与进步、民众意志的提升与实现具有怎样的价值来进行评判"。① 这里的"社会生活"无疑包含了民众的日常生活。就近代中国史研究而言，日常生活史视野对于弥补"革命史"与"现代化"研究范式缺陷的新意不言而喻。

### （二）日常生活史与社会学的对话

社会学及其涵盖的民俗学、人类学在日常生活研究理论上已经积累了较为丰富的成果，这对日常生活史的理论建构有一定的借鉴意义。

1. 社会学对于日常生活的讨论

"日常生活"是现当代社会学理论关注的一个重要领域，被视为继社会机制与系统的"社会学第一势"，行为与行动的"社会学第二势"之后出现的"社会学第三势"，在社会学界产生了较大的影响。社会学的日常生活理论研究从特定的角度揭示了人嵌套于社会关系网络之中的从"自由"转向"依赖"的连续进程。有学者对 20 世纪 30 年代以来社会学关于日常生活理论的探索进行了回顾，并以 20 世纪 70 年代为界分为前后两期，认为前期的日常生活理论以现象学社会学、符号互动论、常人方法论等为代表，突出人的自由，通过人对自身的掌控进而构建社会世界，改变了过去理论研究对日常生活"微观"的忽视；后期的日常生活理论以赫勒、列斐伏尔、波德里亚、塞托、法兰克福学派等的批判理论为代表，突出对"依赖"的抗争，过度的"依赖"控制着日常生活，甚至型塑成人们的日常习惯，让人们难以反思这种"异化"的行为，这种戕害进一步加固了"依赖"的必然。②

社会学界从生活的具体情境出发，尝试建构一套讨论日常生活的社会学理论框架。这一框架的基本要点如下：其一，日常生活是在社会生活中对于社会行动者或行动群体而言具有高度的熟悉性和重复性的奠基性实践

---

① 李长莉、闵杰、罗检秋、左玉河、马勇：《中国近代社会生活史》，引言第 3 页。
② 张学东：《"日常生活"的理论嬗变及其对社会管理的"隐喻"——基于社会学理论的梳理与思考》，《广西社会科学》2014 年第 2 期。

活动。它并非只是一个令人乏味的平淡无奇的领域，只不过其中更多的是暗流涌动，而非波澜壮阔。其二，日常政治的实质是利益、权力和知识的问题。在日常生活的实践中蕴含着力量的差异、知识的运作和利益的争夺，以及由此带来的隐蔽的暴力和不平等。其三，日常生活世界内部的多样性和复杂性依然导致了不同利益群体之间的张力的存在，由此在日常生活中展开的准意识的反抗构成了狭义政治革命的重要基础之一。其四，官僚政治的合法化机制从来就没有停止过对日常生活的征服，国家行政力量总是试图通过日常生活的政治动员来奠定自身存在的合法性基础。其五，一项改革政策获得有效性的一个基本前提，是该政策倡导的观念真正扎根于民众的日常生活，在民众广泛的共同实践中不断被重复，从而转化为人们高度熟悉并共享的信念。① 尽管这一分析框架的逻辑起点仍是将日常生活视为狭义社会领域的生活实践，但其基本要点与新文化史对日常生活的研究路径有相通之处，有助于增强日常生活史研究的理论诠释力度。

有学者认为，日常生活不只是研究对象，还是一种研究视角。这一视角既非"自上而下"的视角，也非"自下而上"的视角，而是一种强调均衡和整合前面两种视角的新视角；实现这种均衡和整合的关键，就是关注作为国家和民众相遇并互动舞台的日常生活。② 可以说，日常生活视角是将日常生活视为普通人与国家互动的场域。该视角的提出，在一定程度上克服了过去研究中国社会的两种理论模式的弊端：一是整体论模式，强调国家中心论，认为国家无处不在；二是本土性模式，认为普通人的生活是完全自主的领域，基本不受国家的控制。即使从近代中国社会看，这两种理论模式也不能契合当时的实情。

2. 民俗学对日常生活的讨论

近20年来，大陆民俗学界积极努力突破理论瓶颈，尝试将民俗学建成以公民日常生活为中心的文化科学。民俗与日常生活密不可分，甚至被视为"日常情景中的中国人的精神生活"。③ 自20世纪90年代起，民俗学在应对现代化所带来的学科合法性危机时，"生活世界"这一哲学概念的引入推动了中国民俗学学科研究对象的重新定位，呈现出以日常生活为对象的

---

① 郑震：《论日常生活》，《社会学研究》2013年第1期。
② 孙立平：《转型与断裂改革以来中国社会结构的变迁》，清华大学出版社，2004，第386页。
③ 陈勤建：《民俗——日常情景中的中国人的精神生活》，《民俗研究》2007年第3期。

整体性研究范式的转型，给中国民俗学注入了一股活力。① 高丙中倡导中国民俗学研究转向"日常生活"和整体性研究范式，将"民间文化"变为"公共文化"，继而建构"公民文化"，让民主和自由首先以文化方式在社会内得到实现。② 这种学科发展的新趋向将为民俗学开创一个新时代。在具体的研究路径上，将从过去的从文本到文本的静态"民俗"研究转向具体的、动态的"语境中的民俗"研究，克服只见"俗"而不见"民"的研究缺陷，细致呈现普通人的日常生活文化。③

在讨论普通人日常生活的问题上，日常生活史与民俗学的研究对象颇为一致，但后者明确指向"公民文化"，具有更直接的现实关怀。二者之间的对话，有助于日常生活史研究增强自己的问题意识。

3. 人类学对于日常生活的讨论

部落社会的日常活动本身即为人类学倾心的重点内容。近年来，有学者提出"日常人类学"，着力从生活世界的深处探求人类活动的特征。④ 作为交叉学科的历史人类学尤其重视在日常生活史的研究中回答人类学提出的问题。"年鉴"学派的代表人物布罗代尔提出关于历史发展的"长时段"理论，直接奠定了历史人类学的理论基础。近年来，有大陆学者明确倡言"历史人类学应从日常生活史出发"，并将历史人类学视为一种研究和方法。⑤

以人类学的视野观察中国日常生活礼俗的研究实践，确能启发我们重新审视近代中国礼俗的变迁。张原对贵州屯堡村寨人的日常生活进行了人类学的研究。他发现，这些自称是明朝军队后裔的屯堡人的礼俗活动具有高度象征化、深度混融性以及内在超越性的特征，从而使其日常生活本身成为神圣进行自我表证的一个路径；"神圣"已非人们日常生活的"在外

---

① 吕微、高丙中、户晓辉等：《定位于现代社会日常生活的民俗学——"国际比较视野下的民俗学前景"笔谈》，《民俗研究》2013 年第 4 期。

② 高丙中：《民俗文化与民俗生活》，中国社会科学出版社，1994；高丙中：《中国人的生活世界：民俗学的路径》，北京大学出版社，2010；高丙中：《中国民俗学的新时代：开创公民日常生活的文化科学》，《民俗研究》2015 年第 1 期。

③ 刘晓春：《从"民俗"到"语境中的民俗"——中国民俗学研究的范式转换》，《民俗研究》2009 年第 2 期。

④ 松田素二：《日常人类学宣言：生活世界的深层へ/から》，（京都）世界思想社，2009。

⑤ 常建华：《历史人类学应从日常生活史出发》，《青海民族研究》2013 年第 4 期。

者"，而是内化于其中。① 换言之，神圣的仪式活动与世俗的日常生活之间的界限在很大程度上被消解。贵族屯堡人的日常生活礼俗因地处偏远而未受近代战争侵扰，并得以延续至今，具有文化活标本的意义。这或许是人类学者的兴趣之所在。其实，自宋代"礼下庶人"以来，普通百姓的人伦与日用常行被纳入了礼的范围，同时也被赋予了天道的意义。由此，原本基于地方风俗的民众日常生活在一定程度上具有了礼的神圣性。这种神圣性以经过官方改造的儒家伦理道德为中心，体现在"天地君亲师"的祭祀、贞女烈妇的旌表等诸多生活方面。经过近代欧风美雨的荡涤和内外战争的冲击，民众日常生活的传统神圣性逐渐陨落、破碎，而基于现代文明的新的神圣性却迟迟没有到来。当然，日常生活史研究主要从人类学那里借鉴"他者的目光"，由"他者的目光"透视日常生活中的"常识"，再由"常识"揭示社会构成的原理。要注意的一点是，不可轻易用人类学关于仪式的理论来解释中国传统的礼俗。

### （三）日常生活史与心理学的对话

日常生活史研究者要实现对日常生活的深度解读，确实需要具备一定的心理学基础。从心理学的角度看，日常生活就是"晕轮效应""破窗效应""鸟笼理论"等心理学定律展演自身的大舞台。由于这些现象司空见惯，即使当事人也未必意识到受此心理学定律的影响和塑造。进而言之，日常生活中的诸多不良现象都与心理疾病有关。或者说，焦虑、忧郁、压抑等心理疾病会引发、激化多种家庭问题与社会问题。如前文所提，若没有心理学专业基础，恐田汝康对于明清时期男权阴影与贞妇烈女的问题不会有令人耳目一新的分析。海外学者的日常生活史研究不乏对心理学理论的借鉴。英国学者罗宾·布里吉斯（Robin Briggs）的《与巫为邻：欧洲巫术的社会和文化语境》一书，以巫师为切入点，透过施巫术者的内心，考察欧洲16、17世纪普通民众在日常生活中的感受与心态，着重分析了欧洲个人和群体中广泛存在的巫术信仰，以及人们在社会压力与刺激下如何通过巫术迫害来掩盖、实施其愿望的心理机制——巫术的发生机制问题。这一研究在相当程度上契合了心理学上关于压力转移和宣泄的解释。该书

---

① 张原：《礼仪与民俗：从屯堡人的礼俗活动看日常生活的神圣化》，《云南民族大学学报》（哲学社会科学版）2012年第4期。

被视为欧洲近代早期社会研究的代表性作品，"心理—日常生活史研究的杰作"。①

　　若借鉴心理学的某些理论，可以更深入地探讨近代中国日常生活中的消费、交往、信仰等现象。比如中国的鬼神崇拜，是人们熟知的生活现象，但既往研究极少从日常生活中所谓亡灵"托梦""附体"的经验与心理角度去考察。季羡林先生在《忆往述怀》一书中讲了其亡母的魂灵附体在自家一位女亲戚身上说话的故事，直觉到民间所谓的"邪病"是一种客观存在的精神意识状态。② 顾颉刚在 1943 年 6 月 1～12 日的日记中数次记载其骤亡之妻殷履安在家中造成的种种"灵异"现象，并感叹"鬼神之事竟如此彰著"。③ 这些现象从民俗学的角度不易解释，但从荣格的集体无意识和原型理论来看，都不是神秘难测的问题，可以得到较为清晰的解释。日本学者河合隼雄关于"濒死体验"的心理学研究解释了有关死亡的某些奇特现象④，对于解释近代中国民间的丧葬文化不无启发。因此，治日常生活史者确需要了解一些心理学的知识与理论。

### （四）日常生活史与哲学的对话

　　从提升研究的高度与境界出发，日常生活史研究需要关注、吸收哲学界关于日常生活理论的营养成分。自 1970 年阿格妮丝·赫勒的《日常生活》一书问世以来，海内外哲学界基于马克思主义的日常生活理论建构已经取得了较为丰富的系统性研究成果。其关注的一个重点是日常生活与非日常生活的区分。阿格妮丝·赫勒认为，日常生活是"那些同时使社会再生产成为可能的个体再生产的集合"⑤，是人类自在的类本质对象化活动，包括日常交往、日常消费等方面，而非日常生活则是人类自为的类本质对象化活动，包括政治、科学、艺术、哲学等方面。衣俊卿主张以活动图式来区分这两个领域：由习俗、经验、常识、本能、情感等自发活动图式主

---

① 孙义飞：《心理—日常生活史研究的杰作：评〈与巫为邻：欧洲巫术的社会和文化语境〉》，《史学理论研究》2007 年第 1 期。
② 季羡林：《寸草心》，《忆往述怀》，陕西师范大学出版社，2008，第 33～37 页。
③ 顾颉刚：《顾颉刚日记》第 5 卷，1943 年 6 月 12 日，中华书局，2011，第 89 页。
④ 〔日〕河合隼雄：《灵魂自然死亡：宗教与科学的接点》，公克、晓华译，辽宁大学出版社，1991。
⑤ 〔匈〕阿格妮丝·赫勒：《日常生活》，衣俊卿译，重庆出版社，2010，第 1 页。

宰的是日常生活；由自觉的理性精神活动图式所主宰的是非日常生活。衣氏对日常生活的理论思考并非停留在哲学层面上，而是着眼于中国现代化问题的现实关怀。他在1993年提出要"走向中国日常生活的批判重建"的论断，认为百年来的文化激进主义"没能使文化启蒙走向深层，未能触及传统文化的根基和寓所——日常生活世界"，因而要将传统文化向现代文化的转型推向日常生活层面，实现日常生活的批判性重建。① 应当说，从赫勒到衣俊卿对于日常生活的界定，基本限于狭义的社会生活与个人（家庭生活），与社会史通常讨论的日常生活在覆盖范围上具有一定的相似性，但尚未涉及日常生活的本体论意义。

　　诚然，已有学者探索了日常生活的本体论意义。杨国荣认为，日常生活具有积极的意义，主要体现在对生命价值的确证和维护，以主体间的交往行为扬弃对人的工具性规定，参与并担保文化的延续，使个体不断融入并认同这个世界等方面；同时，日常生活的自在性、既成性，容易使人习惯于接受已有的存在形态和因循守旧的行为模式，从而抑制人们对存在方式及其意义的反思，也构成了对人的自由发展的某种限制。② 这种对日常生活的分析，从人的存在方式与存在意义上揭示了日常生活的长与短，对于深入认识近代中国日常生活不无启发。李泽厚更是从历史本体的角度赋予日常生活以前所未有的高度，他认为，"所谓'历史本体'或'人类学历史本体'并不是某种抽象物体，不是理式、观念、绝对精神、意识形态等等，它只是每个活生生的人（个体）的日常生活本身"。③ 由此推论，人类的政治、经济、文化、军事、外交等活动都是以更美好的日常生活为目的，而日常生活绝不是它们任何一项的私有物或附属品。这一主张肯定了全体社会成员中每个人的存在权利与价值，也强调了日常生活对于人存在的特殊重要性。从这个角度出发，可以重新审视整个中国近代的社会变迁及其成效。

　　就近代中国日常生活史研究而言，不能回避与日常生活密切相关的儒

---

① 衣俊卿：《中国文化的转型与日常生活的批判重建——百年现代化的深层思考》，《河北学刊》1993年第2期。

② 杨国荣：《日常生活的本体论意义》，《华东师范大学学报》（哲学社会科学版）2003年第2期。

③ 李泽厚：《历史本体论己卯五说》（增订本），生活·读书·新知三联书店，2003，第19～20页。

学现代化。有学者从生活实践的角度思考了传统儒学在现代中国的生命力，认为在现代社会中，"儒学要想获得生命力，不是在讲堂上，也不是在研究院，也不是在研究所，它必须根据自己的原则去创造一个优于自由主义的生活方式，让人们认为这种生活方式更好，生活得更舒服。这是全部问题的核心"。① 从这个意义上观察近代中国的日常生活与礼俗互动、儒学教化等问题（尤其是以儒学思想为指导的"新生活运动"），将获得不同于以往相关研究的新印象。

除上述跨学科对话外，日常生活史与法学、医学、政治学、宗教学等科学的对话也同等重要，无须赘言。

通过跨学科对话，积极尝试从多个学科角度审视原本丰富多彩的日常生活，这将有助于日常生活史的研究者减少因学科封闭而造成的思维僵化和想象力匮乏的局限。尤其是在对话中吸收民俗学、人类学等科学的长处，走进田野，回到历史现场，于无声处听惊雷，亲身体验民众日常生活的酸甜苦辣、悲欢离合。以旁观者的立场，将内部视角与外部视角相结合，自觉去除拘泥于传统文献资料的"书卷气"，最终呈现出富有"烟火气"的日常生活图景。

# 结　语

回顾既有的中国近代日常生活史研究，它距离实现自身的使命还很遥远。为使自身获取更强劲的学术活力，日常生活史在研究对象上不妨从狭义的个人（家庭）生活和社会生活，拓展到社会各个领域的常态生活，包括日常政治、日常军事等内容。以见微知著的方式，在社会的常态生活中发现其走向非常态的量变过程与机制，比如邱仲麟从明末京官的点名与签到现象中透视明朝政治神圣性的陨落。通过对社会常态的了解，增进对社会非常态的认识与把握，尤其在日常生活的层面上更细致地洞察近代中国社会的变与不变、历史性与共时性，进一步揭示同一个研究对象在不同维度下呈现出的不同的面相。

作为一种研究视角，日常生活可以在一定程度上弥补"革命史"与

---

① 王学典：《中国向何处去：人文社会科学的近期走向》，《清华大学学报》（哲学社会科学版）2016 年第 2 期。

"现代化"研究范式在历史认识与历史叙事上存在的局限。从日常生活的视角出发，可以更深入地呈现近代中国民众的境遇、体验、渴望、地位与尊严等事关民主与科学的似小实大的诸多问题。对于追求民族复兴与民主政治的近代中国而言，革命、现代化都是手段，一个根本目的是让占人口绝大多数的国民享有符合现代文明尺度的生活保障、知识水准、政治权利与人格尊严。以此而论，没有民众日常生活的现代化，也就无所谓国家与民族的现代化。在这个层面上，日常生活具有一定的历史本体意义。

要实现对日常生活史的深入讨论，确有必要进行跨学科对话。现在的学科分类在一定程度上限制了人们对问题的发现、分析和解决。有学者倡言："应该以问题为平台整合学科，而不是以学科为平台切割问题。……所谓跨学科研究、交叉研究已经成为潮流。问题在哪里？问题就在于现行的学科壁垒影响了人们对真实问题的追求。"① 日常生活史的跨学科对话、交叉学科研究，本身是对现代中国社会转型和日常生活重建问题的回应。通过跨学科对话，才更好地将日常生活置于社会的总体脉络中进行考察，而以日常生活为中心的跨学科对话也将有助于打破学科间的壁垒，改变当前人们对生活世界的认知与解释流于"片面的深刻"的缺陷。

日常生活史研究，不只是学者之间的小众对话，还应进入当下大众的生活世界。比如，邓之诚所著《骨董琐记》一书即有此意。张中行对该书称赞说，《骨董琐记》中不少人和事物平凡、细微，可是读后的印象却是"思念"，"于考史之外，它还有以雨露滋润生活的大用"。② 未来的日常生活史研究也应有"滋润生活的大用"，这是学界内外的期待。且用《浮士德》中的一句话结束本文——一切理论都是灰色的，"而生活的金树长青"。③

---

① 王学典：《中国向何处去：人文社会科学的近期走向》，《清华大学学报》（哲学社会科学版）2016 年第 2 期。

② 张中行：《常翻看的〈骨董琐记〉》，《张中行作品集》（第 6 卷），中国社会科学出版社，1997，第 579 页。

③ 〔德〕歌德：《浮士德》，董问樵译，复旦大学出版社，2001，第 105 页。

# 女性意识与炎黄文化

刘志琴[*]

## 一 创世纪的女性始祖

人类来到世界上都对自己的本源进行过追究和探索，不论在东方、西方都有创世纪的神话，中国也不例外。创世纪的人包括男人和女人在西方和中国的社会地位却不一样，在西方盛行的说法是，男人亚当抽出一支肋骨就成了女人夏娃，这就意味着女人只是男人身上的一个部件，是男性的附属品。而在中国参与创世纪的女人是女娲，此女娲可不同凡响。

传说在天地开辟之初，水神共工与火神祝融交战，共工失败，急得用头撞支撑世界的不周山，导致天崩地裂，在这千钧一发的危难之际，是女娲挺身而出，炼石补天，填补了这一大窟窿，这世界才得以平安运行。这一传说写进《红楼梦》《封神榜》等文学名著和市井小说中成为脍炙人口的故事。

这女娲不仅炼石补天，拯救世界，还用泥土仿照自身形象，抟土成形，制造人类，《淮南子》记述女娲造人时，众神都来帮忙，经过七十次试验，用藤条在泥潭中抽打，溅出泥浆，一一点化成人。有了人又创立婚姻制度，使人类繁衍，世代绵延不绝。为了丰富人的精神生活，发明笙簧乐器，给人以文化娱乐。《淮南子·览冥训》表彰说："女娲炼五色石，以补苍天；断鳌足，以立四极；杀黑龙，以济冀州；积芦灰，以止淫水。"天破补天、鳌来断足，水来治水，由于她能化生万物，救苦救难，具有开世造物之功

---

\* 刘志琴，中国社会科学院近代史研究所。

勋，被称为大地之母，这可谓中国之始母神和创世神。

女娲的后继者也有女性，传说中"精卫填海"的精卫，就是一女子。《山海经·北山经》说，炎帝女儿"女娃游于东海，溺而不返，故为精卫。常衔西山之木石，以堙于东海，漳水出焉，东流注于河"。以小小精卫的绵薄之力，立下填充汪洋大海的志向，知其不可为而为之，这是何等的勇气和魄力！

这样的历史功绩怎能不为后世所缅怀？明代杨慎在《同品》中说："宋以正月二十三日为天穿日，言女娲以是日补天，俗以煎饼置屋上，名曰补天穿。"至今在洪洞侯村有女娲陵，天水有女娲洞、女娲庙，山西晋城有女娲园，种种风俗遗存充分表现了人们对女娲的景仰。

三皇五帝历来就被奉为炎黄子孙的人文初祖，这三皇的传说中就有女性的份额。清代学者宫梦仁在《读书纪数略》中指出三皇有五种说法：《史记》认为是天皇、地皇、泰皇；郑玄认为是伏羲、女娲、神农；《白虎通》认为是伏羲、神农、祝融；《风俗通》认为是遂皇、戏皇、农皇；此书作者认为是伏羲、神农、黄帝。而在汉代不仅有郑玄，在《春秋纬》中，明确记载三皇乃是伏羲、神农和女娲。在民间本就有"娲皇"的称号，由于男尊女卑的社会制度与意识形态的干预，殃及远古的传说，淡化了女娲为"皇"的作用。

如今应该扫清历史的尘埃，恢复传说中原生态的形象，这就是女娲，中华文明创世女神的至尊地位！

## 二　女性自古多豪杰

中国自古以来就有"巾帼不让须眉""女中丈夫"之谓，现在通行的女性尊称"女士"，原出自《诗经》："厘尔女士"，是指女子而有男士的作风。女郎之称最早见于古乐府《木兰辞》："同行十二年，不知木兰是女郎。"这女郎即女中之郎。男女有别是天然的性别意识，用男子的作为来比喻女子的行事却是社会对女子的评价，是女子的敢作敢为，改变了男强女弱的社会观念。

称誉是社会现实的反映，裙钗中自有勇冠天下的女强人，中国第一位女将军，是三千多年前商代的王后妇好，在她的墓葬中出土许多刀斧剑戟各种兵器，随葬品多达 1928 件，在商代征伐和祭祀是头等国家大事，甲骨文中有关她率领征伐和祭祀的活动就有 200 多条，这在史册中不见记载的女英雄，由于有殷墟的发掘证实了她生龙活虎般的存在。在安阳殷墟博物馆有她一座全身戎装的塑像，那威震四方、雄视天下的气概，足以表现她指挥千军万马的威力。可出乎意外的是，在她的墓葬中，竟然发现精美的玉笄有二十多件，雕花骨笄多至四百九十余件，这是多大的妆匣！想不到在她战盔下，也有美妙的发髻和簪钗。这使人想起从军的花木兰也有"对镜贴花黄"的故事，原来中国女人并非"不爱红装爱武装"，在妇好的随葬品中簪钗多于战刀，恰恰说明，巾帼英雄爱武装更爱红装。

明末抗清名将秦良玉是一个秀外慧中的女强人，她用比武招亲觅得如意郎君，夫妇长年驰骋沙场，直到马革裹尸，荣归故里，被誉为"鸳鸯袖里握兵符"。至于窦太后、武则天、慈禧太后等等女皇帝、女政治家的权谋和魄力，威震青史，代不乏人。在民众喜闻乐见的神话小说中更多这样的传说，战国时期李寄的《搜神记》生动地描绘一名13岁的少女李寄，为民除害，不惜以身作诱饵，引蛇出洞，一剑斩杀了七八丈长的蟒蛇。穆桂英挂帅，佘太君出征的飒飒英姿被人津津乐道。农民战争中的英雄红娘子、洪宣娇虚虚实实的故事在民间长诵不衰。观音菩萨在印度是男性，来到中国成为女性，不是中国女性的强势，何以引来观音的变性？

在男女不平等的封建社会制度下，拥有这样的业绩和称誉，是不可多得的人才，不常有的事件。对广大妇女群体来说，更多的是以男子风貌，展现自己的追求和个性。

身为女子着男装，是中国古代社会的另一种景观。

在社会生活中，衣冠服饰是衣食住行之首，它最显著、最充分地表现人们的身份地位，封建社会的等级制度在衣冠服饰上有显著的表现，这在中外概不例外。但是着装在中国又与礼制相结合，成为礼制的重要内容。历代王朝都以"会典""律例""典章"或"车服制""舆服制""丧服制"等各种条文律令，规范和管理各阶层的服装，从质料、色彩、花纹和款式都有详尽的规定，不遗琐细地区分君臣士庶、男女服装的差别，森严的等级管制深入到穿衣戴帽，违者要以僭礼逾制处以重罚，这是中国服饰制度的重要特色。

然而，自古以来中国女性就不乏违背服制、身着男装的事例，中国第一个朝代夏朝国君桀的宠妃末喜，公然身穿男子衣冠，招摇天下，《汉书·外戚传》说她："女儿行，丈夫心。"《晋书·五行志》说："末喜冠男子之冠。"

唐朝声名赫赫的太平公主，偏爱男子服饰，常常身穿紫袍，腰围玉带，头戴折巾，随身的佩戴也是男子用物，如砺石、佩刀、刀子、火石等，昂首挺胸，一付雄赳赳的气概。清朝光绪的爱侣珍妃，经常身穿男装在后宫嬉戏，赢得皇帝的欢心。

不仅是宫廷或官宦人家的女性有此行径，即使民间女子亦有着男装的事例，明代秦淮河名妓柳如是初会大儒钱谦益，"常衣儒服，飘巾大袖"。这一身男子装束，竟然使这江南才子一度退缩，交谈之下终为柳的才智和美貌感动，相约终身，结为夫妇，按规定妓女只能为妾，可柳如是却被扶为正室，成为夫人。明亡后，柳如是自尽，临终前嘱咐"悬官而葬"，表示生为明朝人，死为明朝鬼，不践清朝之地，她的风貌和气节为一代文人所标榜，为此，当代著名学者陈寅恪挥笔写下《柳如是别传》的皇皇巨著。

这些都是贵妇人或文人雅士的逸事，生活在最底层的妇女只求吃饱穿暖，穿衣着装追求保温、方便，很少有着男装的闲情雅趣，但却以民歌的形式喊出女性内心的呼声，渴望与男性同等的爱情追求。试看几首明清之际的流行歌曲：

《同心》："你是男，我是女，怎知我二人合一个心肠，若将我二人上一上天平也。你半斤我八两。"

《姐儿生得》："姐儿生得滑油油，遇着子情郎就要偷，正像个柴擦上火烧处处着，葫芦结顶再是圆圆头。"

《不希罕》："想当初，这往来，也是两相情愿，又不是红拂私奔到你跟前，又不曾央媒人将你来说骗。你要走也由得你，你若不要走，就今日起你便不来缠，似雨落在江心也，那希图你这一点。"

《偷》："结识私情弗要慌，捉着子奸情奴自去当，拼得到官双膝馒头跪子从实说，咬钉嚼铁我偷郎。"

《小尼姑》："小尼姑猛想起把偏衫撇下。正青春，年纪小，出什么家？守空门便是活地狱，难禁难架，不如蓄好了青丝发，去嫁个俏冤家。念什么经文也，守什么的寡。"①

---

① 均见《明清民歌时调集》上册《私部》，上海古籍出版社，1987。

众所周知，明清时代是提倡妇女守节最严酷的时期，仅徽州一地明清两代所立的节妇牌坊就有六千多座，然而就在这禁锢最深的地方，女性要求自主择偶，不畏谤议，走出家门，与情人私奔，出了事勇于承当的勇气，就令人惊叹。这些民歌没名没姓，但民歌中的女性都敢于冒人言之大不韪，为争取爱情，献身亡命，敢于传唱者何尝没有豪杰的胸怀？这与正史宣扬的节烈观形成强烈的反差。

这自发生成的民间吟唱，不加修饰地把女性的情欲发挥得淋漓尽致。这种景象是不入正史的，可这又是活生生的存在，是与官方意识形态相悖的另一种存在，这一存在是以女子性意识的自白出现，正如郑振铎在《中国俗文学史》中所说："中国妇女们的心情，也只有在这里才能大胆的、称心的不伪饰的倾吐着。"这是与正史记载不同的另一种社会景象，另一种妇女群像。

## 三　女性意识在社会转型中的沉浮

中国素来是讲究男女大防的国度，防什么，是防男女情事的公开化，尽管谁也离不开男欢女爱，此种防范甚至扩大到儿童，所谓男女"七岁不同席"，可见禁忌之深重。正是因为如此，所以"五四"时期的新文化运动，争取男女社交公开，婚姻自由，成为反封建的号角，对中国人起了振聋发聩的作用。

20世纪初，婚姻自主、妇女解放形成社会思潮，这是在知识界的层面。实际上早在19世纪的80年代，沿海一些大城市就有一批处在社会下层的女性，以自己的行动勇敢地突破礼教的禁区，争得自己的社交自由和自主择偶，并出现了台基——中国最早的情人旅馆，尽管对这一形式的男女幽会，舆论各有评说，毫无疑问的是，这是容留男女私情的产物。

台基，是19世纪80年代在上海、苏杭和天津等地开设的专供男女偷情的"小客寓"，又称"花客栈""转子房"。起初是从小戏班子借台演戏，租借的基地发展而来，所以有"台基"这一名称，像这类的小客栈在上海英法租界多至二三百家，这一行业的兴旺反映社会需求的盛行不衰，这在中国是前所未有的现象。

台基与妓院不同的是，活跃其中的女性并不是妓女，多是良家妇女，当时人记述说："小客寓俱系妇女辈开设，苟痴男怨女未获遂其欲者，即可借此为安乐窝，每夕只须赁值二百文。"① 这些女子来到台基，约见相好，"携手同行，入室相叙"，"一度春风，默然以去"。其数量不容忽视，据称"中人之家，其妇之堕行于此中，与夫不知根由被诱被哄者岂少也哉！"② 这是小台基的情景。设备好一些的称为大台基，往往受到大家妇女的垂青，来此幽会的男女，"男则冠玉之貌，翩翩年少；女则舆仆而至，金饰翠翘，明珠满髻"。③ 出入台基的虽不乏暗娼，但主要是良家男女偷情或是寻求婚外情的场所，其中也有令人动情的故事，据当时报纸记载，上海有一烟花女子与小裁缝相好，但这裁缝苦于穷困，没有钱进妓院，相约在台基相会，不料情事不密，被妓院老鸨跟踪，抓回来打得体无完肤，这事发生在明代可以写入《三言两拍》传为美谈，何以到近代却被指责为淫事呢？主要是因为台基为追求婚外情和自主择偶的女性提供了方便，这点最遭世人的谴责，认为"娼家之妓女有限，良家之妇女无穷"。④ 指斥情人旅馆比妓院更坏。

自古以来，男性可以妻妾成群，更有妓院寻欢作乐，女性被禁锢在家庭，如今女性有了台基与情人幽会的场所，这是大逆不道的行为，官方三令五申加以禁止，可在上海这样的大都市又呈现不可扼制的趋势。这在当时的中国又怎能容忍这一现象？只要看一看近代新式学校开办以后，为了男女能不能同校读书的问题，屡遭诽谤，几多非难，几番起落，可知道男女大防在中国仍然是一大禁区。1917 年京师万牲园开放，这是中国第一座西式动物园，游览规则规定男女不同游，一、三、五、日对男性开放，二、四、六对女性开放，可见男女壁垒之森严。到五四以后，有的女校还要检查女生的信件，规定男教师要年满 50 岁，留胡须，讲课时双目仰视，不准看女学生，争取婚姻自由更是难中之难。所以从男女社交自由和自主择偶来看，当社会制度、传统观念束缚重重难以突破的时候，社会下层却我行我素，无法无天地敞开了大门，出现了台基现象，高压之下出现畸变，这是一个很奇特的社会现象。

这种现象的复杂性在于，首先闯入这一禁区的，是一批处于社会底层的人士，这从小台基的简陋和兴旺，可以知道它们的常客大都是被上层社

---

① 《安乐窝》，《申报》1874 年 10 月 14 日。
② 《论禁令宜申》，《申报》1877 年 6 月 16 日。
③ 《论禁令宜申后》，《申报》1877 年 6 月 18 日。
④ 《论禁令宜申》，《申报》1877 年 6 月 16 日。

会所贱视的阶层。19世纪后期随着城市化和商业化的发展，农民进城谋生的日益增多，大量单身男女流入城市，造成夫妻关系的空隙和寻求爱情的渴望。在传统的小农生活中，男耕女织，足不出户，就可以自给自足，生活范围狭窄，眼界短小，家庭稳定，夫妻关系稳固。农民进城市谋生，扩大了生存空间和社会交往，生活方式的变化，城市生活的刺激，单身男女的情感饥渴，促使他们突破礼教的约束，追求婚外情的，自由恋爱的，出入公共场所找寻娱乐和消遣的日渐其多，台基成为"露水鸳鸯"的栖身之地。有的就是为争取婚姻自主流入城市的，这种情况报纸时有披露说："小家碧玉，年甫破瓜，假佣趁之名来上海，以自选婿者，渐染既久，父母不能拘束。"① 也有进入城市后变化的："乡间妇女至沪佣工，当其初至时，或在城内帮佣，尚不失本来面目。略过数月，或迁出城外，则无不心思骤变矣。妆风雅，爱打扮，渐而时出吃茶，因而寻妍头，租房子，上台基，无所不为，回思昔日在乡之情事，竟有判若两人者。"②

这种一年土，二年洋，三年寻找新伴郎的心态，是不能用简单的道德价值观念来评判的。生活在下层的民众，由于文化水平的限制，很少看书读报接受文化影响，主要从生活境遇的变化中，改变自己的行为和观念。露水鸳鸯的出现对传统家庭和社会伦理具有一定的破坏性，这被时人指责为世风败坏的行为，虽然也有道德问题，重要的是经济生活的发展，生活方式的变化必然会带来两性关系的新变动，不论这种变动是如何为舆论所不容，也不论当事人如何意识，实际上这是自主择偶的欲望长期被压抑的冲撞，是背弃传统礼教的挑战性行为，客观上汇入争取婚姻自由的潮流。虽然这是发生在少数大城市的现象，但也说明在性意识解放问题上，社会下层与上层并非是同一轨道，女性往往比男性更勇敢。

从传统社会向现代社会演进中，第一波当是五四新文化运动，女性常有惊世骇俗之举，身先士卒的往往抹杀性别的区分以向男性挑战，五四时期涌现了一批女作家，那时出版社要组织"女作家专号"向丁玲约稿，被她拒之门外，原因是她认为作家就是作家，干吗要加一个"女"字，断然否定女性文学的存在。

女性意识的觉醒不仅要求男女平权，在性爱意识上也有与男子同享的

---

① 《书乐陈氏愿归原夫事》，《申报》1883年8月7日。
② 《论男女无耻》，《申报》1879年9月21日。

渴望，与男性相比甚至有过之而无不及。在这方面研究较多的是自主择偶的社会意义，殊不知对传统贞节观冲击最大，也是对社会震荡最大的是性的放纵，当初流行一句话叫"杯水主义"，亦即是男女上床做爱，就像喝一杯水那样简单。这观念来自十月革命后的苏联，提倡者是苏联第一个女部长柯伦泰，在她看来，恋爱不足道，满足性欲才是人生的需要，男男女女可以随意上床，女性应和男性一样获得做爱的乐趣，这被西方女权主义者奉为先驱女革命家，将性爱还原成单纯的生物学，这一观念在当时盛行一时，并传播到中国。20世纪初在中国知识分子中出现试婚、同居现象就与这一思潮有关，这在茅盾小说中屡有表现。在文学作品中最有代表性的是丁玲的《莎菲女士日记》，将女性玩弄男子的心态表现得淋漓尽致。1927年3月8日的武汉，国民政府举行纪念三八妇女节游行，有的女性认为最革命的解放运动就是敞开女性身体的隐秘，举行裸体游行，因而有女子脱光衣服，裸体高呼"中国妇女解放万岁"的事件。这说明在苏联和中国都是女性冲在最前面成为性解放的弄潮儿。

这种勇于实践的精神，还表现在革命活动中，走出家门投身社会事业，在辛亥革命时期，女子北伐队、女子敢死队、女子军团遍地开花，他们身着戎装，佩戴长枪，或是参战、救护，或是募饷、宣传，种种事迹得到孙中山的高度评价，盛赞她们是"最高尚纯洁者""最灵活美妙者""最强固坚韧者"。红军长征中一代女杰的艰苦卓绝更是举世瞩目。新中国成立后女性最崇尚的思潮是，"中华儿女多奇志，不爱红装爱武装"。列宁装、红卫兵服风行一时。从"男女都一样"到不分性别地工作、着装，表现了中国妇女翻身空前未有的力度，甚至超越男女不同性别的分工，从着装到心理，性别意识淡化，女子男性化成为社会时尚。

改革开放是中国社会的又一次大转型，在20世纪80年代，随着思想解放的深入，各种新生事物蓬勃兴起，新旧交替、方兴未艾。这时期有关性爱的数据，虽然没有统计数据，但女性思想意识已有深刻的变化，这从大学生有关择偶标准的民意测验中就已显出端倪。中国第一个漂流长江的勇士尧茂书成为80年代女大学生心目中的白马王子，男大学生钟情的更多是山口百惠。尧茂书是中华民族中少有的富有开拓精神的冒险家，得到女大学生的青睐，反映女性的择偶观念从看重门第、地位的传统向追求个性和知音的转化。山口百惠一如中国传统女性的相夫教子，得到男性的青睐。在社会的大转型中女大学生的婚恋观比男性更为敏感地反映了时代潮流的趋向。这一倾向在离婚现象中也有表现，据刊载于《前沿》杂志 2011 年第 6 期的向月波文章披露，在 2009 年中国的离婚案件中，由女方提出离婚的比例高达 70%～80%，调查说明女性离婚率最高的群体是国家公务员、党群组织和企业单位的高级管理者，其共同的特点是受过良好教育，有一定的社会地位和经济能力的知识分子。这表明女性比男性更注重婚姻的质量，因而更容易意识到婚姻的裂痕，追求婚恋的幸福。2011 年 9 月 18 日《北京青年报》报道，在一场大型单身青年相亲大会上，大多为女方约男方，女性比男性更主动。

在社会流行时尚中，不论男女都热衷于女性选美，何曾想到首先举起反旗的是女性！2012 年 9 月 18 日《北京青年报》报道，武汉高校女生于 9 月 16 日在某高校门口，将"大眼睛""水蛇腰""高鼻梁"等美女标签，贴在一个大花瓶上，高喊"不做花瓶，只做自己"的口号，砸破花瓶。

复杂的是，当社会向更高文明形态演进的时候，女性的自我意识并非是直线上扬，当初被丁玲不屑冠以"女"的女性作品，现在不仅以"小女人"自称，还以"美女"招揽，用所谓"美女作家"加以包装，作家本当以作品取胜，又何以用美女作推销，这样的女性意识是前进还是后退？更有甚者，提出"干得好不如嫁得好"的问题，梦想找一个有钱有势的丈夫作为人生的归宿，难以预料的是，这也可能是一厢情愿，女性如果丧失自我，依附丈夫，一旦被抛弃岂不有更大的失落？在社会转型之际前进与倒退、革新与保守、光明与黑暗的矛盾在女性观念上有敏锐的反映。正因为如此，这才有武汉女生砸花瓶的事态。

再一件事是海宁万宁市第二小学校长和一名政府官员到旅馆开房，6 名小女生遭到性侵犯，这一事件暴露后，广西民间女权工作室创办人叶海燕到校门口抗议，高喊："校长开房找我，放过小学生！"却横遭殴打，被警方拘留。广东中山大学教授艾晓明要求保护女权，释放叶海燕，用自身脱光上衣的半裸照片传至网络，声称："这是我生过养过的身体，为了叶海燕，我豁出去了，救救小学生，反抗性暴力。"这是中国女教授第一次以性意识，反抗权力强暴的事件，这是无奈，也是勇敢的壮举。

为什么百年中国妇女解放的过程，女性往往用性意识的觉醒向社会的不公进行最后的冲击？在性意识思潮中女性比男性更勇敢？原因又在哪里？

从社会文化史的角度看女性群体，有些值得注意的社会现象，值得中国妇女史研究者深思。

# 抗日战争时期的奈良女子
# 高等师范学校留学生

〔日〕杉本史子*

从清末以来日本曾不断地侵略中国，使中国各地饱受灾难。特别是从九一八事变到日本战败的一共 14 年里，中国国内的战祸尤其严重。受害范围不仅限于中国国内，当时在海外生活的中国人也多多少少蒙受其害。那时候在日本学习的留学生也受到了战争的种种影响。九一八、七七等事变发生后，很多中国留学生陆续回国，且再也没有返校。但是，一部分留学生仍选择了留在日本继续深造。日本占领中国东北地区，于 1932 年建立了伪满政府后，在日本，来自东北的学生都被称为"满洲国"留学生。

1937 年抗日战争开始后，住在沦陷区的有些学生也开始来到日本就读。当时的日本政府忽视沦陷区的教育，甚至企图控制当地人受教育的机会。日本的教育方针导致当地的教育制度不健全，尤其是中等以上的女子教育受到很多限制。因此，希望受高等教育或者将来要就专门职业的女生不得不选择去日本留学。不仅如此，日本还企图进行"日满一体"化等殖民政策。应日本政府的要求，伪满等傀儡政府设置了官费日本留学制度。结果，中层阶级家庭的女生也参加了官费留学的考试。她们不一定来自富裕家庭，她们的留学目的在于将来就业后援助家庭经济。①

当时在日本还没有正式的女子大学，只有两所女子高等师范学校，相当于女性的最高学府。一所是东京女子高等师范学校，即现在的御茶水女子大学。但该校很少接受所谓的"满洲国"留学生。另一所是奈良女子高

---

\* 杉本史子，日本立命馆大学。

① 周一川：《「満洲国」における女性の日本留学（在"满洲国"的女性的日本留学）—概况分析—》《中国研究月报》2010 年 9 月号。

等师范学校（以下简称奈良女高师），即现在的奈良女子大学。该校跟东京女子高等师范学校相反，积极接纳伪满地区和沦陷区的留学生。在奈良女高师上过学的东北留学生特别多。

在学校里她们基本上都是为了掌握专门技术和知识而刻苦读书，但心理上承受了很大的压力。1941年太平洋战争开始后，日本对言论自由的限制越来越严重。临近战争结束时期，日本国内物资极度匮乏。在这样的情况下，留学生的生活也日益艰难。加上这个时期日本的主要城市都不断遭受到美军的空袭。奈良女高师毕业的中国留学生当中，有5名留学生曾在广岛文理科大学（现在的广岛大学）进一步深造。其中甚至有被原子弹轰炸而死的留学生。[①]

关于抗日战争时期女留日学生的研究已经有数篇文章。本文的主要目的在于根据奈良女子大学所收藏的《校史关系史料》和最新的研究成果[②]，在从前的研究基础上补充一些具体的例子，并从性别的观点来加以简单的分析。本文的构成分为以下三个主题。第一章介绍奈良女高师和伪满的关系；第二章介绍当时留学生的具体生活；第三章根据少量的记录来推测留学生的复杂心理；最后进行探讨的是日本女校所负的战争责任和留学生的受害问题。

## 一　奈良女高师和伪满的关系

奈良女高师接受了很多来自东北的留学生，而且极为重视和伪满的关系，并积极地接触伪满政府。其他日本女校和伪满的关系并没有奈良女高师如此密切。其中一个原因在于奈良女高师作为培养女教师的师范学校，企图派毕业生到中国东北地区当教师。实际上，奈良女高师的不少日本和中国的毕业生都到过东北进行执教。在东北，她们还建议当地的优秀学生

---

① 周一川：《奈良女子高等師範学校における「満洲国」留学生（奈良女子高等师范学校的"满洲国"留学生）》，神奈川大学人文学研究所《人文学研究所报》第45号，2011。

② 奈良女子大学アジア・ジェンダー文化学研究センター（奈良女子大学亚洲性别文化学研究中心）编《奈良女子高等師範学校とアジアの留学生（奈良女子高等师范学校和亚洲留学生）》，敬文舎，2016。这本书基于以奈良女子大学野村鮎子教授为代表的研究班从2009年到2013年进行的"帰国留学生のキャリア形成とライフコースに関する調査（有关归国留学生的职业形成和经历的调查）"结果。

去日本留学。虽然她们每个人都是责任满怀、热心工作的女教师，但遗憾的是，她们的大部分都没有意识到自己的教育活动是否有利于日本帝国的殖民政策。

伪满政府也为了培养女教师，很重视女子师范教育。但当地的女子师范学校和中等以上的女子教育机构还不够充分。因此培养教师不得不依靠去日本留学，并设置官费留学制度鼓励当地的女生去日本就读。① 当时在东北地区，奈良女高师作为名校而闻名，向往奈良女高师的女生也不少。而且奈良是个保留日本传统文化的古都，这一点也很有吸引力。② 在这样的情况下，来奈良女高师的东北留学生越来越多。1937 年以来，伪满的官费女留学生中，前往奈良女高师的人数最多。到 1940 年以后，伪满的官费女留学生当中，奈良女高师的留学生一直占 60% ~ 90%。③ 据奈良女子大学亚洲性别文化学研究中心的调查，在奈良女高师本科就学的"满洲国"留学生一共有 49 名，其中有 25 名拿到了文凭。在该校"特设预科"④ 学过的"满洲国"留学生一共有 51 名，其中 43 名拿到了结业证。⑤

奈良女高师建校以来一直采取全部寄宿制度，基本上不允许学生在校外租房。⑥ 然而，到了 30 年代末，随着留学生的增加，学校的宿舍容纳不了所有的留学生。于是学校当局打算建设新的留学生宿舍，因此要求伪满政府捐款。1939 年的年末，学校派西田与四郎教授去东北地区出差，让他们跟伪满政府商量建设费用的问题。⑦ 结果，1940 年 2 月奈良女高师收到了

---

① 周一川：《奈良女子高等師範学校における「満洲国」留学生》。

② 《评议会记录》，1940 年 4 月 17 日。奈良女高师的会议分为两种：一种是整体教师都要参加的"教官会议"，主要讨论学生的教学问题等比较琐碎的事情。另一种是只有校长和几个领导人参加的，叫"评议会"。"评议会"主要讨论有关学校管理的重要事情。这两种会议记录都收藏在奈良女子大学图书馆的《校史关系史料》里面。

③ 周一川：《奈良女子高等師範学校における「満洲国」留学生》。

④ 1925 年该校设置的"特设预科"是针对想上本科的中国留学生而进行一年准备教育的留学生制度。按规定，完成"特设预科"一年课程的留学生都能上本科学习。因此设置该制度以后，中国留学生陆续来到奈良女高师就读。

⑤ 《奈良女子高等師範学校とアジアの留学生》，第 31 页。为了保护隐私，本文中除了已被公开的资料外，各个留学生的名字不予公开。

⑥ 关于该校留学生宿舍里的生活，参见拙稿《民国时期留日女学生的留学生活——以奈良女子高等师范学校为例》，《第三届中国近现代社会文化史国际学术研讨会论文集》2015 年9 月。

⑦ 《评议会记录》，1939 年 11 月 21 日。

以补助留学生教育为名义的费用 1 万 5 千日元。① 此后学校也继续跟伪满政府交涉，到 1941 年为止，奈良女高师一共拿到了 3 万日元。② 这个金额相当于现在的一千几百万日元，并不算少。但学校依然不满足，此后还坚持要求更多的捐款。对于学校的要求，除了伪满政府以外，住在大阪的实业家柳原吉兵卫也捐了 1 千日元。③ 但学校当局依然不满意。然而到了战争末期，当时战局形势越来越紧迫的情况下，学校也无暇顾及这个问题。建设新宿舍的计划最终未能实现，计划本身也化为泡影。战争结束后，学校募集的 3 万 1 千日元到底用在了何处，至今仍然不明。

奈良有很多有名的神社和寺庙，其中跟历代天皇有关的神社也不少。因此，除了一般的观光游客以外，日本的皇族和外国贵宾也经常来到奈良参拜神社和寺庙。当时，伪满的重要人物也来过奈良数次。他们每次访问奈良，奈良女高师的学生们都要前去迎接。1935 年伪满的皇帝溥仪第一次访问日本，4 月来到奈良。1940 年他又再度访问了日本，行程如上次一样，顺便前往奈良。溥仪访问奈良之前，学校预先开会讨论表示欢迎的方法，并决定了以下内容：迎接的人须手举日本或伪满的国旗欢呼"万岁"。（学生排成一排进行迎接，）而东北留学生特意被安排在最引人注目的地方。④

1940 年，为了宣扬日本的民族主义，日本全国各地都进行了庆祝"皇纪 2600 年"的纪念仪式。与此仪式相关，同年访问奈良的来宾特别多。根据"特设预科"班的班级记录，同年 11 月伪满的妇人会长也曾访问奈良。她离开奈良时，"特设预科"班的全体学生都前往车站送行。1941 年 1 月伪满的驻日大使李绍庚也到访过学校。⑤

除了迎接伪满的重要人物以外，学校还举行了数次有关伪满的纪念仪式。每次举行仪式，学校里都挂着日本和伪满的国旗表示庆祝。比如说，每年 3 月 1 日举办的庆祝伪满建国仪式，1941 年 9 月 15 日举办的日本承认"满洲国"的纪念会，等等。其中规模最大的是 1942 年 3 月 1 日举行的庆祝伪满建国十周年的纪念活动。据会议记录，当天留学生的时间表安排很紧。早上 7 点半阅读有关"建国神庙"的翻译书。白天，前往大阪参加实业家

---

① 《评议会记录》，1940 年 2 月 6 日。
② 《评议会记录》，1941 年 4 月 14 日。
③ 《评议会记录》，1942 年 2 月 24 日。
④ 《评议会记录》，1940 年 6 月 24 日。
⑤ 《奈良女子高等師範学校とアジアの留学生》，第 149～150 页。

柳原吉兵卫主办的"满洲国"学生会和日"满"学生联欢会。晚上回学校后，学校里还举办了以留学生为中心的晚宴。① 笔者认为，通过这一系列的仪式，表明了学校当局特意向日本政府表示"日满友好"的态度。

除了以上几个例子以外，奈良女高师还积极地和有关伪满的人员进行交流，并参观过各地的伪满设施。1940 年该校的桑原讲师曾去东京参观了"满洲国"留学生会馆、日"满"帝国妇人会等设施，并且回校后，在"评议会"上报告了感想。1942 年为庆祝伪满建国十周年，在长春（当时被改称为新京）举行了东亚教育大会。在此之前，学校决定派两名教授到长春去参加大会。②

奈良女高师还带着日本学生到东北地区和朝鲜半岛去参观旅游。这趟旅行称"大陆旅行"，其目的在于让日本学生了解伪满的情况。比如 1939年，5 名教师带着 67 名日本学生去牡丹江、哈尔滨、长春、大连、沈阳（当时被改称为奉天）、抚顺、平壤等地，参观有关伪满和日本的设施。③ 旅费的一部分由伪满政府负担。④ 这次旅行的主要对象是日本学生，所以中国留学生没有参加。但，学校另外准备了专门以留学生为对象的旅行。留学生的修学旅行有两种：一种是以"特设预科"学生为对象的旅行，参观日本关西地区的各个观光地。另一种是以本科四年级的留学生为对象的修学旅行，主要到日本九州地区去参观。这两种旅行的目的都在于让留学生体会"日满一体"的必要性。⑤ 旅行回校后，留学生要写作文并提交给学校。奈良女子大学的图书馆现在还保留着当时留学生所写的旅途见闻。

从以上几个例子我们可以看出，奈良女高师当局欢迎东北留学生的理由。奈良女高师的教师们希冀得到国家的援助，并趁机向日本和伪满政府表示"日满友好"的态度。他们一方面欢迎来自东北的留学生，另一方面将本校的毕业生送往中国东北地区执教。当时在日本到处都有政治投机的

---

① 《评议会记录》，1942 年 2 月 24 日。

② 《评议会记录》，1942 年 6 月 30 日。

③ 《校史关系史料》《昭和十四年度大陆旅行ニ関スル书类（1939 年度有关大陆旅行的资料）》关于日本学校的伪满旅行，参见长志珠绘《『满洲』ツーリズムと学校・帝国空间・战场（"满洲"旅游和学校・帝国空间・战场）》《帝国と学校（帝国和学校）》株式会社昭和堂，2007 年。

④ 《评议会记录》，1939 年 6 月 6 日。

⑤ 《第五章　留学生の修学旅行》，《奈良女子高等师范学校とアジアの留学生》，第 254～310 页。

类似倾向。虽然这样的倾向一半是国家强迫的结果，但学校还是应该担当其一半的责任。当然奈良女高师的各个教师都为了留学生的教育竭尽全力，他们的教育对留学生的职业意识起了一定的作用。[①] 但遗憾的是他们几乎都没有意识到此举对中国的侵害，而且把结成伪满关系当作己任。当时从小学到大学，日本几乎所有的学校都被卷入战时体制，不得不服从日本政府的方针。有的学校还主动支持日本帝国主义。无论被动还是主动，这样的教育态度都导致了参与侵略战争的后果，女校也不例外。日本的近代教育逐渐地变成了一个扩大帝国的工具，我们应该反思这个过程。

## 二　战时的留学生活

奈良虽然是个日本古都，但后来渐渐地变成了一个悠然的小城市。到了抗日战争时期，在奈良的军事设施极少。因此战争时奈良免于受到大规模的美军空袭。跟其他学校的留学生不同的是，在奈良女高师学习的留学生并没有陷于性命攸关的危机。尽管如此，她们还是遭受到了重重困难。

奈良女高师对学生的管理很严格。因为该校以培养出优秀而又合乎国家规格的女教师为己任，所以教师们尽可能地努力掌握各个学生的学业成绩、学校生活等等。宿舍里也有舍监一直监视学生的行为，收到的书信也要通过老师们的检查，对留学生的管理比日本学生更严格。管理留学生不仅仅限于学校当局，日本警察也参与其中，警察经常来学校进行视察。抗日战争开始后，对留学生的管理变得更加严格。尤其是来自东北的留学生属于伪满管辖，她们的休学、退学、转科都需要得到伪满政府的许可。学校的会议上也经常提及每个留学生的生活态度。比如说，有一位教师就发言："跟去年比起来，今年留学生的态度认真程度上差很多。尤其是从中华民国来的最引人注目。"[②]

留学生的教育也反映了日本政府的方针，因此受到了各种限制。1939年"特设预科"教员会议上有一位教师论及思想方面的教育说："现在我们

---

[①]　很多留学生回国以后，在各地的学校执教。《第二章　留学生の進路》，《奈良女子高等師範学校とアジアの留学生》，第46～58页。

[②]　《评议会记录》1940年4月17日。

最优先考虑的是培养日满合作的精神。"① 1938 年 12 月教授会议上，校长对留学生的情况感到忧虑并发言说："很多老师们说，对如何对待留学生感到困难重重。从教育的观点来看，我们应该采取最恰当的措施。在思想方面，我们应当依据我国的极东政策来指导她们。现在希望废园艺科的留学生很多，但鉴于'满洲国'的新教育方针是以劳作为中心，我们以后尽量不允许'废课'。"②

上述校长的发言，加以如下解释。日本进入明治时代后，把园艺科作为近代女子教育的重要学科，因为教育家认为家庭妇女就应当把屋子周围的院子打扫干净、装饰漂亮。于是园艺技术便被当做知识女性应该学会的家务技能之一。奈良女高师的课程也包括园艺科。③ 但园艺科并不受留学生的欢迎。究其原因，园艺科注重室外实习，而且园艺科的实习跟干农活毫无两样。而且留学生都属于中层以上的家庭，对她们来说，受教育的中国女性不应该干这种粗活。因此她们陆续通过所谓"废课"的手续，得到了免除上园艺课的许可。但很多教师把园艺科看做勤劳教育的一部分，所以留学生的"废课"现象引起了纷纷议论。1937 年伪满建立了新学制，并于第二年予以施行。新学制的学校教育纲要里面有这样的项目。"注重劳作教育培养勤劳爱好的精神，期冀免陷于偏知（偏重知识）教育的弊端"。④ 也就是说，校长的上述发言是以伪满的新学制为契机，企图加强对留学生的管理。

到了 20 世纪 40 年代，战争的色彩越来越浓。随着战况日益紧迫，出现了轻视一般学科、重视劳动的现象。1941 年奈良女高师遵从文部省（相当于中国的教育部）的方针组织了"报国队"。"报国队"是以军队的模式所构成的。以校长为队长，并分成各个营、连、排、班。"报国队"的主要任务是在校外参加义务劳动和军训。⑤ 由于留学生不是日本人，本来不用成为"报国队"的队员，但有一位教师提出意见："只有留学生不参加这种劳动

①　《会议事项录》，1939 年 1 月 10 日。
②　《会议事项录》，1938 年 12 月 17 日。
③　水島かな江：《明治期の家政書から見た庭と家族に関する研究（明治时期家政书中所见庭院和家人的研究）》《生活学论丛》15，2009。
④　《满洲年鉴》5，1939 年，332 页。1999 年复刻版。原文"勞作教育を重んじて勤勞愛好の精神を養ひ偏知教育の弊に陷ることなからしめんことを期す"。
⑤　《奈良女子大学六十年史》，第一法规出版株式会社，1970，第 104 页。

的话，从教育的观点来看，并不恰当。（日本学生参加劳动时）叫她们练习武道。或者把留学生编成另一个班，也让她们参加劳动如何？"① 总之留学生也要或多或少从事各种义务劳动。

到了战争末期，日本全国都弥漫着战争的气息。虽然奈良没有受到大规模的空袭，但还是卷入了战时体制。学校当局也要求留学生挖防空洞，参加防空演习等等。当时在日本，服装也受到限制。日本女性都要穿宽腰窄管的裤子［日语说もんぺ（monpe）］。从当时的照片来看，留学生也穿着同样的裤子。②

1944 年 8 月，日本政府公布了"学徒勤劳令""女子挺身队令"。这些法令意味着在战况日益紧迫的局势下，年轻的学生也要在军需厂劳动。基于这些法令，同年 10 月文部省下令指派奈良女高师的学生到舞鹤海军工厂从事义务劳动。③ 舞鹤是位于日本海边的港口城市，离奈良 100 公里左右。从 11 月起大部分的日本学生执行命令，陆续离开奈良到舞鹤去参加劳动。很多教师也带领学生离开了学校。留在学校宿舍的只有患病的身体虚弱的学生和留学生。由于留学生是外国人，所以不受约束。但留在学校里的学生们也经受了各种困苦。空荡的学校里，她们无法正常上课，即使想钻研学业也无从下手，难以达到留学的目的。另外加上交通上的限制，她们也无法回国，因此只能留在学校。但是她们遇到的重重困难中，最大的问题还是粮食不足。

该校毕业的高素威女士回忆当时说："最辛苦的回忆就是后来粮食严重缺乏，尤其是日本的同学们去舞鹤海军工厂后，就得不到粮食了。我亲自背着背包去法隆寺那边，（向农民请求）把柿子让给我们。"④ 另一位毕业生王兴荣女士则讲了更详细的情况：

> 日本学生去工厂后，留在学校的学生因粮食不足饿得很。（中间省略）配给有是有，但是很少。比我小一岁的刘士仪，她从家里带来了

---

① 《评议会记录》，1941 年 9 月 30 日。
② 《奈良女子高等師範学校とアジアの留学生》第 393 页。
③ 《奈良女子大学六十年史》，第 116～117 页。
④ 《奈良女子高等師範学校とアジアの留学生》，第 384 页。研究人员采访时，她们是用汉语讲的。但后来被翻译成日语出版了。这次又把日语重新译回汉语。所以跟原来的语句上有些出入。

砂糖和一些肥皂。当时日本很长时间没有肥皂的配给，所以对日本人来说肥皂很珍贵。如果被警察发现以物换物的话，马上就被抓住，当作经济犯。尽管如此，我们还是带着切成两半的肥皂去农村。（当时）日本男人都上战场了，因此留在农村的只有女人和孩子们。我们把肥皂交给她们，她们没等我们说起来，就（了解情况）用手指着说"那边那边"。到那边果然找到了甘薯。我们连挖掘的工具也没有，不得不用手挖出。因为不能带走①，所以我们在当场吃了生甘薯。我们饿得要命，没有别的办法。（这样得到的食物中）最好的是桃子。有一次咬过生萝卜，觉得太辣，这也没有办法。②

从以上的例子可以看出，战争末期的粮食问题相当严重。虽然这两位毕业生现在都已经到了90岁左右，但讲得很明白，记得很清楚。留学生几乎都是属于中等阶层以上的女性。她们留学之前未曾经历过如此艰辛，而到日本后却遇到粮食不足的危机。这些难以承受的经历一定给她们留下了难以磨灭的印象。

当然，留学生的困难不仅仅是粮食问题，她们还要参加各种劳动。如前所述，从1944年11月起大部分日本学生离开了奈良，去舞鹤海军工厂参加义务劳动。留学生虽然不用去工厂，但还是需要在学校里参加各种各样的劳动。比如说，她们要缝补军用的蚊帐。另外还要捡金属类。当时日本物资短缺，制造战斗机的金属也不够。所以让国民收集金属，把收集的金属类提供给国家。留学生也被卷入了这个活动。她们把走路时捡到的钉子、自己的铝制饭盒儿等交给舍监。有时甚至特意前往校外找铁屑。根据王兴荣女士的回忆，她连自己的小刀也交给舍监了。③ 其实，这样的活动对日本的战况并没有多大影响，更不用说一把小小的刀子了。

到了40年代，她们还需要干各种农活。根据1944年"特设预科"班的班级记录显示，她们经常要参加有关农活的劳动。有时候在校内参加薅草等，有时候参加开垦。到了秋天，她们还要去临近的农村帮助田间劳作。平均每个月有两三次这样的劳动。到了战争末期，因疲劳过度而得病的学

---

① 当时法律禁止配给以外的粮食买卖。
② 《奈良女子高等師範学校とアジアの留学生》，第391～392页。
③ 《奈良女子高等師範学校とアジアの留学生》，第392页。

生也频频出现。①

　　总而言之，这些劳动给留学生带来了很大的痛苦。她们本来要深造而特意来到日本就读，却被强迫参加各种劳动，遭受了难以忍受的痛苦。其实，她们痛苦的原因不仅仅限于身体上、学业上的问题，她们参加劳动的同时，也念念不忘跟日本进行战争的祖国。对于她们的复杂心理，下一章将进行探讨。

## 三　复杂心理

　　抗日战争时期，有的留学生勇敢地参加了抗日运动。总的来说，东京一带留学生的政治运动比较活跃。过去奈良女高师的留学生当中也有参加这种政治运动的，但只是极少数。而且这种活动一经学校发现，马上就会被开除。当时至少从表面上看，奈良女高师的留学生都服从管理。1940 年在"评议会"上，刚从东京出差回来的桑原讲师报告说，"来到我们学校的留学生都比较善良，但听说在东京学习的留学生当中有管不了的学生"。②为什么奈良女高师的留学生不敢参加运动呢？笔者认为其原因有以下几点。一个是奈良在离东京较远的偏僻地区，跟其他学校的留学生来往不便。一个是官费留学生占多数，跟私费留学生比起来，她们的自由活动受到限制。另一个原因在于该校的寄宿制，如上所述，奈良女高师的学生管理很严格。还有一个原因在于她们的家庭背景，一般地说，女留学生的家庭经济状况比男生好一些。加上当时有一部分留学生的父亲当过傀儡政府的高官，他们不允许自己的女儿参加政治活动。

　　那么，奈良女高师的留学生是否真正服从学校当局的方针？抗日战争时期，日本国内完全没有言论自由，所有的活动、行为、思想、文章都受到日本政府的限制。因此，她们无处倾诉所思所想，写文章更不用说。以至于现在很难找到她们吐露真情的记录，只能从极少的记录中来推测。

　　首先介绍她们坎坷经历的一端。奈良女高师为了培养身体健康的女教师，建校以来很重视体育运动。整个学校的学生每星期三下午都要参加网球、排球、武道等体育活动，留学生也不例外。这些活动本身只不过是纯

---

① 《奈良女子高等師範学校とアジアの留学生》，第 162～167 页。
② 《评议会记录》，1940 年 4 月 17 日。

粹的体育活动。然而从 1938 年起，每周参加活动时，学校强迫教师和学生们都向日本皇宫进行遥拜，祈祷日本战争的胜利。① 对留学生来说，这点很难容忍。

1938～1945 年，每年 7 月 7 日举行纪念七七事变的仪式。学校当局强迫留学生参加。每次举行仪式，都有校长对学生的训话，有时候特意对留学生进行训话。训话内容也反映出了当时日本的社会情况。战况愈激烈训话内容愈偏向于帝国主义。1939 年举行的七七事变两周年"纪念会"时，校长对中国留学生这样讲："你们应该熟悉现在的实际情况，一心一意努力培养实力。有一天你们毕业衣锦还乡的时候，希望你们作为'日满一体'的一员，为了建设东亚乐土而竭尽全力。"② 参加仪式给留学生带来了很大的痛苦，有时甚至引起了留学生们的愤怒。

日本占领东北地区也影响到留学生的认同意识。奈良女高师有个出生于延边（当时被称为间岛省）的朝鲜族留学生。日本侵略该地区后，延边一带被编成伪满的一部分。因此她被看做"满洲国"留学生。其实她不怎么会说汉语，风俗习惯也跟汉族留学生不同，所以她显得和其他汉族留学生格格不入。在教师的眼里来看，她倒是认同日本的。③ 她独自一人一定感到很孤独。

留学生的教育内容也受到了战争的影响。当时日本教师天天进行以天皇为中心的"爱国主义"教育。他们特别尊崇万世一系的皇统历史观，连历史事实也加以篡改。尤其是修身科（相当于现在的道德教育）和历史科受到的影响最大。修身科除了一般的道德观念以外，还要讲这种日本独特的历史观。对很多留学生来说，上修身课的时间毫不轻松。留学生本来就不太熟悉日本历史，又加上还要学习被歪曲的历史观念。当然她们对修身科并没有太大的兴趣，甚至反感。结果，一般留学生修身科的成绩并不能说好。1937 年 12 月 "教官会议"上，一位教师评价一位中国留学生说："她完全没有日本历史的素养，所以几乎无法掌握修身科的内容。"④ 留学生的不良成绩有时会引起教师们的怀疑，他们怀疑中国留学生是否保持着反日情绪。

---

① 《奈良女子大学六十年史》，第 100 页。
② 《奈良女子高等師範学校とアジアの留学生》，第 140 页。
③ 《会议事项录》，1942 年 3 月。
④ 《会议事项录》，1937 年 12 月。

　　留学生虽然在日本学习，但总是关注祖国的情况。根据毕业生口述，她们悄悄收集到有关中国的信息，有时看禁止阅读的书籍。高素威女士回忆当时说："我们留学生在宿舍里传看《西行漫记》①等，（这些书包括）还没成为正式书籍。所以大家都知道延安的情况。我们没让日本学生看，只有中国留学生悄悄地看。"

　　研究留日女学生的日本大学的周一川教授也在她的论文里面提到了她采访的结果。有一位奈良女高师毕业生叫洪深源。她离开奈良时，把意味深长的句子写在她朋友王兴荣女士的本子上。"暴风雨终有平静的时候，曙光就要出现了"。暴风雨意味着日本的侵略。据王兴荣女士给周教授的信，这个句子的意思就是"中国快要胜利了"。洪深源女士回国后，参加红军了。②

　　还有一个很明显的例子。有一位日本毕业生写的文章里面提及有关留学生的回忆。据她的文章，到了战争末期的 1944 年，有一位留学生叫金蕊珠，她每天晚上在宿舍里跟她的同胞朋友一起讨论。讨论的内容是这样："日本快要打败仗了，到那时候我们中国应该跟哪个国家联合才好。"③ 总而言之，她们在学校里表面上假装听从学校当局，其实她们却冷静地看穿了日本的败局，并期待着祖国的胜利。

　　最后要介绍一位奈良女高师毕业的东北女作家。她叫田琳④（笔名叫但娣），出生于黑龙江省，1937 年她作为伪满的官费留学生上了奈良女高师文科班（历史地理专业），于 1942 年毕业。她上奈良女高师时在日本发行的中文报纸《华文大阪每日》上发表过不少作品。这些作品并不是巴结讨好日本的作品，都详细地描述了东北地区的受害情况。其中《安荻和马华》是入选得奖的代表作品。这个作品描写了一对东北夫妻被卷入侵略战争后遇到灾难的悲剧。可以说，田琳的创作活动就是一种抗日运动。但她的活动却一直没有被学校当局发现。这是为什么？原来她为人沉稳，学校成绩也没有太大问题，因此在学校里她并不是很显眼的学生。加上她的作品都

---

① 埃德加·斯诺：《Red star over China（红星照耀中国）》，董乐山译。
② 周一川：《奈良女子高等師範学校における「満洲国」留学生》。
③ 《奈良女子高等師範学校とアジアの留学生》第 225 页。
④ 田琳（1916～1992）的代表作是《安荻和马华》《忽玛河之夜》等。本文中有关田琳的部分都基于羽田朝子《満洲国女性作家·但娣の日本留学》《季刊中国》NO.106，2011 年 9 月。

是在中文报纸上用笔名发表的，结果幸免于教师们的追问。假如她的创作活动被学校当局发现，一定会被立即开除。

从如上的几个例子，我们能看得出她们的心理。她们并不是老老实实地听从日本政府和学校当局，而且看到了祖国的胜利，并摸索自己的出路。其中甚至背着学校进行抗日活动的留学生也有。虽然显示她们本意的记录很少，但至少可以推测出她们的心理肯定很复杂。

## 结　语

抗日战争时期日本跟中国不同，女性基本上不能直接参与战斗，所以日本的军队里没有女兵，因此日本女性没经历过作为士兵的战争体验。尽管如此，当时的日本政府采取了调动全国力量进行战斗的方针，也要求女性合作。因此几乎所有的女性多多少少都被卷入了战时体制，不得不进行协助。有些女性甚至主动提出合作，积极参与后方支援。女子教育机关也参与过协助战争的工作，这种活动大多是被国家所强迫。但是也不得不说，其中有一些趁机取巧的倾向。不管怎样，当时的日本女子教育界也推卸不了协助侵略战争的责任。笔者作为研究女子教育的一员，也当反思日本教育的历程。

抗日战争时期，在奈良女高师学习的留学生也渐渐地被卷入了日本的战争体制，遇到了种种困难。到了战争末期，学校当局要求留学生合作，强制她们参加各种劳动。再加上食物匮乏，她们不得不自己解决粮食来源。她们的痛苦不仅仅只限于身体方面。当时，言论自由受到很大程度的限制，对留学生的监视越来越严格。在这样的情况下，她们表面上听从学校的安排，心里承受痛苦的同时，各自摸索自己的出路。

战争结束后，她们也吃过不少苦。日本留学的经验也影响到了她们的前途。中华人民共和国成立之后的一段时期，从日本回来的她们之中，就有不少人受到以曾经留学日本为由的批判。有些女性到现在为止，为了避免受到影响而一直隐瞒在奈良女高师学习的经历。通过这次调查，我们认识到抗日战争给她们带来的深刻影响。今后我们要把她们的经历传给后世，并进一步探讨留学生和战争的问题。

# 近代中国的废婚论与女性
# 对"小家庭"之异议

〔日〕江上幸子*

　　中国自晚清至 20 世纪 20 年代就有关于家庭问题展开的热烈讨论。对此已有不少研究，而且对其批判传统家庭制度、提倡近代家庭制度的主张都有着极高的评价。本报告主要聚焦于先行研究所忽视的主张，以此为焦点，并参照"近代家庭"概念对中国的"小家庭"议论进行重新考察。

　　"近代家庭"是一个主要描述近代欧洲和日本由传统向近代转变而形成的家族形态的概念①，与此相似的概念在中国以"小家庭"出现，渐渐成为中国理想家庭。在有关"小家庭"议论过程中，尽管拥护论占大多数，但也有不少异议。重读这些不同见解，不仅可以照射出近代男性精英们的国家观、社会观以及社会性别、性相（sexuality）观，同时也可以就"近代家庭"意识形态至今难以解决的男女差别悖论，提供有益的启发。

　　本报告第一章先概括"小家庭"提倡后，以 20 世纪 20 年代上半期的女性声音为中心，考察各种对主流话语所提出的不同见解和异议。第二章以其中最为突出的异议为中心，在梳理辛亥革命之前的废家论以后，主要对 20 世纪 20 年代初期的废婚论进行考察。

---

　　* 江上幸子，日本菲利斯大学。

　　① 对于"近代家庭"概念，日本的落合惠美子、上野千鹤子等有详细解释。她们指出"近代家庭"主要有如下特点：（1）家庭领域和公共领域的分离，（2）家庭成员间强烈的感情纽带，（3）孩子中心主义，（4）男主外、女主内主私的性别分工，（5）核心家庭，（6）丈夫统领家庭，（7）男女间浪漫爱情，等等。

## 一 近代家庭制度的提倡以及女性的异议

### （一）"小家庭"的提倡

近代中国是在批判传统家庭制度的基础上摸索近代家庭制度的。主要提出了如下四个方案。第一是，维持传统家庭的长处，而改变传统家庭成员的关系和生活方式等。第二是，否定传统的"大家庭"而提倡分居、财产独立的"小家庭"。第三是，否定"小家庭"而主张废婚、废家。第四是，赞同"小家庭"的同时主张其改革要在社会改造——消灭私有制与阶级——中达到。

四个方案中成为主流的是第二方案。第一方案虽然提出了家庭成员间的平等、人格独立和废止浪费等主张，但当时因急于批判传统家庭故容易被否定。本文第二章将详述第三方案，至今仍被多数人视为偏激、幼稚的乌托邦。对第四方案，中国的大多数评论仍然给予"正确"的肯定。

主流的第二方案对于"小家庭"大致做了如下说明：家庭须由以恋爱为前提、按当事人的意志结婚的一夫一妇以及未婚子女而构成；男女双方平等且具有平等的贞操观念，承认女性的离婚、再婚之自由；否定家长的专权，承认家庭成员一律平等，夫妇应当共同负责育儿养老；女性不是男性的私有物，妻子不应该依赖丈夫而应该独立，尤其要经济独立。与此同时，为了实现"小家庭"，开始实践放足、女子教育和男女社交，要求女性之法律权利、参政、就业等的声音也不断高涨。这些主张与实践，被认为巩固了以"爱情"为中心、立足于自由平等的伦理道德标准，推动了女性与个人的解放，时至今日仍然享有极高评价。

不可否认，"小家庭"的提倡一方面把女性从传统家庭制度的束缚中解放出来，同时近代男性精英的这些主张与实践也为 20 世纪 30 年代女性争取"禁止新纳妾""通奸罪的男女平等""女性继承权"等的法制化奠定了基础。虽如此，实际上"小家庭"并非男女平等。郜光典、宝贞在《新家庭》里指出："小家庭"是在夫妇、父母子女"平等"之关系基础上建立的一夫一妻制家庭；是"婚姻成立于男女之恋爱"的，父亲"代表全家"、母亲"主持家事"的一种家庭形态。这与"近代家庭"概念是相通的。"小家庭"并没有改变传统的"男外女内"性别规范，不仅如此，对"小家庭"里的女性有更高的要求，即应该成为重视家务育儿之"天职"与"母爱"的"新贤妻良母"。这种"小家庭"的提倡，毕竟是巩固"男在公共领域、女在家庭领域""丈夫统领家庭"的性别分工，因此，妻子依然处在丈夫管理之下。

### （二）晚清留日女学生的反"贤妻良母"

在五四时期提倡"小家庭"而要求"新贤妻良母"之前，晚清已开始批判传统的家庭制度，并提倡"相夫教子"的"贤妻良母"。以燕斌为首的留日女学生不但表明反对"良妻淑女"教育，还主张在军事、法律、工业等各方面应当实行男女平等教育，并且要求女性参政。这种女性的声音在民国初期继续发展，比如高素素拒绝"贤妻良母"的主张，以及唐群英等的女性参政权运动。但在《临时约法》中，男女平等与女性参政都没有实现。

### （三）独身主义的主张

1922～1923年展开的"恋爱讨论"中，作为中心论者之一的凤子鲜明地提出了独身主义的主张。其论述的要点是：人不是只为恋爱而生活的，恋爱与不恋爱都要有自由，也就是说要有独身的自由，这应该是个人自由的一种；婚姻一旦有家庭和私产，女子便不可避免地成为父亲的女儿、丈夫的妻子、儿子的母亲，婚姻是"万恶之源"；不管是为性欲而恋爱抑或是为精神而恋爱，毕竟都是过多注重恋爱，其结果仍然是将女子关在"玩偶之家"；称其所主张的"恋爱自由"便是，自由应当比恋爱更为重要，因此，反对婚姻结合。同时期，凤子还在《我的离婚》一文中叙述了自己通过几次官司才得以离婚的经验。

但在讨论中，凤子的主张得不到理解，反而遭到其他论者的攻击。说她的"恋爱自由"之解释是错误的。他们解释说："恋爱自由"就是根据男女"自由意志"的灵肉结合，由恋爱的结婚不会是"万恶之源"；恋爱成立后，夫妇关系应该维持到恋爱的破裂，不能允许跟第三者谈恋爱；恋爱双方应当建立家庭，并对孩子负责，独身则与"恋爱自由"是两码事、是不对的。凤子的主张可以说是基于自身离婚的痛苦经验而要求的独身自由、女性决定权的，更可以说是对基于爱情前提下容忍男女上下关系的"小家庭"的严厉批评。尽管如此,她的名字却几乎被后人遗忘。

天津觉悟社成员张若名也论述过,"要是真正打算提倡女子解放,必定要有一部分人拿这种事做成终身事业,……要打算做女子解放急先锋的人,最合式的还是抱独身主义的"。当时确有不少女性为了避开婚姻的束缚,或者为了女性解放而主张独身主义。例如,1919~1927年金陵女子大学毕业的105人中结婚的只有16%,高学历女性的独身率尤其高。当时这种现象成为问题,引起了社会舆论的关注。但在言论界,占多数的还是"不应固执的抱独身主义……就是要独身,也应该尽过相当的生育义务以后,才得实行","独身主义非但使社会不完全,就是个人也不完全了"(李宗武,1922)等意见。

### (四)女作家的小说

20世纪20年代,在言论界仍旧忽视女性主张的情况下,女性只有在小说等虚构世界里,才能表达自己在性别问题方面的苦恼。描写"小家庭"问题的女作家作品中,先有冯沅君的《隔绝》(1924)从女儿立场上,对"母爱"的神话化提出了异议。接着不少女作家描写,由恋爱结婚组建"小家庭"之后,围绕"新贤妻良母"角色发生的怀疑、苦闷和拒绝。

女作家大多在北京女子高等师范学校、燕京大学等学习时形成女性网络,追求精神自由、人格独立、旧婚姻的打破、爱情神圣、男女平等、社会活动参加等理想。但是即使是个人自愿恋爱结婚后,立刻被家庭囚禁,理想破灭,免不了成为"时代的落伍者"的命运。较早提及此问题的是庐隐。她在《海边故人》(1923)里描绘了由婚姻而失掉女性网络的不安、悲哀、虚无感,之后在《胜利以后》(1925)、《何处是归程》(1927)等作品中生动地描写了"小家庭"妻子的后悔、焦躁、孤独。庐隐大胆直率的小说,虽然获得了青年人的欢迎,但在文艺界却被视做"题材狭窄""玩弄人生"之作,并未获得好评。

北京大学首位女教授陈衡哲的《洛绮思的问题》(1924)里,女主人公由于担心家务、育儿拖累自己研究学问,而放弃了和恋人的婚约。这可以说是陈衡哲自身的矛盾和困境。因为陈衡哲也重视母亲角色,故在《一支扣针的故事》(1926)里,为了孩子而让寡妇最终放弃新的恋爱。另一女作家沈樱描绘女性角色问题的文笔非常犀利。《喜宴之后》（1929）里的妻子在"新家庭"感到寂寞，抱怨丈夫"最终是旧式丈夫的做法"；《旧雨》（1934）里婚后重逢的女同学们感叹道："说结婚是恋爱的坟墓，我看简直是女人的坟墓"，还说道："真太不平等了，男子结了婚，什么妨碍也没有，女子结了婚，就像囚起来似的，什么也谈不到了，连心都像给折磨得死了似的。"女性虽然曾经与近代男性精英共同追求过理想，但在"小家庭"里又一次被逼到边缘。长期以来这类作品也得不到较高评价。

关于组建"小家庭"前提的爱与性，对此表示困惑的首推丁玲。她在以《莎菲女士的日记》（1928）为首的早期小说里，描绘了不仅在社会性别问题上，也在性相上烦恼的女性。这可以说，她对五四以来神圣化了的恋爱结婚，以及"灵肉一致"与性爱上男女平等的原则等，从女性立场上提出了质疑。不仅如此，她凝视"作为性的女性"而大胆地描写女性的性欲，主张性行为中的女性主体性，也承认婚外恋爱。当时，钱杏邨将丁玲的主人公当做"摩登女郎"，认为这是"最现代的女性姿态"，因而称丁玲为"描写技术上最发展的作家"。但是后来，莎菲作为"玩弄、征服"男性的恋爱至上主义、极端自私的女性而受到责难，丁玲本人也被视同为莎菲而受到了严厉批判。

### （五）拒绝做"小家庭派"妻子

随着"小家庭"的进一步提倡，最引起议论的是妻子的经济独立问题。与日本不同，晚清提倡"贤妻良母"时女性经济力就被重视，到了20年代，要求妻子做"新贤妻良母"的同时也应有经济独立的呼声高涨。女性知识分子也强烈追求"职业女性"。例如，向警予把"小家庭派"视作"中国知识妇女的三派"之一，认为性别分工是永远的活埋女子的坟墓，而推重"职业派"的价值。女性知识分子希望从男女非对称的"新贤妻良母"规范中解放出来，但当时一方面受教育的女性增多，而另一方面女性的职业却非常有限，况且职业与"小家庭"兼顾并非易事。

男性中甚至有人一方面要求妻子做"新贤妻良母"，另一方面却批判经济不独立的妻子为"寄生虫"。在中国很早就开始要求"新贤妻良母"应拥有职业，这可以说是对"近代家庭"概念的修正，这一点与日本不同。但正因如此，使得女性不得不肩负家庭与职业的双重负担。更有甚者，不能兼顾工作和家庭的女性被视为劣势群体。国民党的女性运动家谈社英对这种不公正言论进行反驳说，女性不但肩负"家庭责任"，社会里也没有与男性同等的就业机会。

在家庭职业问题纠缠不休的情况下，20年代中叶到30年代中叶，年轻女性中所谓"摩登女郎"不断增多，成为社会问题。她们被认为喜欢自由、只追求物质上与性欲上的满足、连新式结婚也不愿意的恋爱至上主义者，受到来自社会四面八方的严厉责难。可是在"摩登女郎"中，具有较高的教育水平、尊重个人自由与性相甚于国家与家庭、超越"近代家庭"意识形态规范的女性并非少数。向警予将这些人称为"浪漫派"，认为她们一旦觉醒就会成为"妇女解放、社会改造的先锋"，寄予了很大期待。

但是，谈社英等主编的《妇女共鸣》杂志把"摩登女郎"当做"妇女运动的障碍"大加指责，一方面要求女性注重母性与民族，另一方面提倡"新贤夫良父"。"新贤夫良父"主张男女共同担负家庭角色而共同参与社会，可说是对"近代家庭"概念的修正。但在当时，赞同此提倡的声音微乎其微，反而受到来自"共产党系"的批判，称其为"妇女回家"的反动主张。此观点基本上维持至今。

## 二　提出废婚论

### （一）辛亥革命时期的无政府主义

辛亥革命之前，东京与巴黎的无政府主义者在《天义》与《新世纪》上提倡了废婚论。他们主张："盖家也者，为万恶之首，自有家而后人各自私，自有家而后女子日受男子羁縻，自有家而后无益有损之琐事……自有家而后世界公共之婴孩，乃使女子一人肩其任"，"故自家破，而后人类之中，乃皆公民无私民，而后男子无所凭借以欺凌女子，则欲开社会革命之幕者，必自破家始矣"（汉一，1907），同时还主张："今家庭组织，非本于人类生理之自然而成，乃本于私产强权而成也"，家庭是"专制政体之胚胎""社会之赘瘤"；如有经济自立"女子自不受男子之压制"，为此"必得教育普及"，"然家庭者，所以私其教育者也"；故必须"家庭革命"（《家庭与教育》，1907）。

他们更有具体的建议，例如说："夫妇居室，为不平等之牢狱"，"故予谓夫妇之伦宜先废去也"；性交要限定次数，在美好环境中"相悦为乐"；设立"群体公所"提供"育婴所""养老所""士女行乐所"等（高亚宾，1907）；"人类本极平等"，须要"人人自立""人人博爱"；为了"破婚姻"，要设立"为男女相聚之所，相爱则合，相恶则离"，并要"广设协助公会，多兴慈善事业（……产妇院、养病院、娱老院、育婴院、幼稚园等等公共事业）"来解决"生养疾病老死"（鞠普，1908）。

刘师复也如此论述："婚姻制度无非强者欺压弱者之具而已。女子以生育之痛苦，……累及于经济，此为女子被欺之原因"，"一夫一妻之制，表面似胜于多妻，而实际之不平等则一。证之，欧美女子，事实上终不脱男子之玩物之范围"。接着，他说明婚姻制度及其法律与爱情无关，并主张既然有爱情就不需要"夫妇之名"，最后提倡不以金钱和强权而基于爱情和生理交合、"两相爱悦，既曰自由，又无丝毫之勉强"的"自由恋爱"（刘师复，a1912）。他又说："家族者，进化之障碍物也"，自有家族"无人无日不以私产为念……无复独立之人格"；"世界进化，国界种界，不久将归于消灭，故家庭必先废"；"父子平等""男女平等"是真理，"若经济平等，则人人得以自立，聚散自由，有男女之聚处，而无家庭之成立。是时也，家庭灭，纲纪无，此自由平等博爱之实行，人道幸福之进化也"（刘师复，b1912）。

这些无政府主义者认为，家庭制度的存在带来强者或男性对弱者或女性的压迫，人格的损害以及无益的琐事，因此应该废绝万恶之源的"家"。他们不仅否定传统家庭制度，还要超越近代家庭制度，也主张女性的经济独立与教育等。为了改变夫妇关系与代替家庭功能又有具体的建议，同时可以说，在性爱问题上甚至比"新性道德论争"更早地承认了结婚以外的性爱。另外还有独自的观点，那就是否定资本主义的私有制、与追求"国家富强"的民族主义大异其趣。但在中国，一直被批为"幼稚""空想""不合现实"，直至2010年左右才得以重新评价。

作为"女子复权会"的会刊，编辑、发行《天义》的是何殷震。在日本，很早就有"晚清社会里忽然出现的女权主义"的评价，但在中国被重新注目还是在进入21世纪前后。有研究指出，与上述男性无政府主义者的家庭论稍有不同，何殷震自己其实没有主张废婚。她关于家庭的论述，有几个与男性不同的特点：追求"绝对平等"，为实现此目的，甚至肯定对男子使用"暴力"手段;主张一夫一妇,责难"淫",甚至提出了初婚者与初婚者、再婚者与再婚者结婚;对于性的自由抱有慎重态度,比"自由婚姻"更注重平等;提出了妻子不从夫姓、子女使用父母双姓、无政府主义革命后应该废姓。

何殷震的特点还在于没有主张女性的就业与参政权。她说:"今之持解放说者,一曰女子职业之独立,二曰男女参政权之平等",但"今日经济界之组织,少数富民垄断生产之机关",因此"职业独立者,即以职业供役于人之异名耳";"男女参政之柄,非仓卒所能均,即使能均,决不能人人而参政。以少数参政之女子处于主治之位,使多数无权之女子受其统治,不独男女不平等,即女界之中,亦生不平等之阶级";"今日之解放妇人出于男子之自私自利,名曰助女子以独立,导女子以文明,然与女子以解放之空名,而使女子日趋于劳苦"。她也认为"欧美女子,实行解放,实享平等自由之乐"的观点不正确,称其为"伪自由""伪平等",对"克步欧美女子之后尘"的女性解放与教育表示反对,并对男子提倡女子教育批评说:"中国男子以家自私,以后嗣为重,而治家教子之劳,又非一己所能堪,乃欲以治家教子之事,责之女子。……彼等之意,盖以野蛮女子之治家,不及文明女子之治家,野蛮女子之教子,不及文明女子之教子"。

对于提倡女子教育的类似批评,在《天义》第13、14期上也可看到。志达《女子教育问题》(未见)述说"今日女子教育,均奴隶之教育也","仅勉女子以爱国,则是导女子于国家奴隶耳","非迫女子为家庭奴隶,即迫女子为国家奴隶"(夏晓虹,2006;刘慧英、陈燕谷,2012)。从这些对女子教育的批判,可以看出,与第一章所介绍的女性们拒绝"(新)贤妻良母"角色有共通点。

何殷震与男性无政府主义者的如此不同,有人认为是由于,男性特别注重提倡废私有制的理想,再者男性通过提出女性问题使自己从家庭羁绊中解放出来,何殷震则更注重女性在现实问题上的利益(刘慧英,2006、2013;刘慧英、陈燕谷,2012)。也有人分析何殷震的独特性说,她"反抗男权,争女权,并不是为了追求女子拥有与男子相同的权利/权力,而是希望男子再无压迫女人(包括弱势男子)的权利/权势",她的"女界革命"思想有别于其他女权主义(宋少鹏,2016)。还有人指出,女性主义论述往往囿于民族主义范畴,何殷震则重视两者的区别(彼德,1989)。日本的末次玲子认为，何殷震很早就提出了"女性在已经资本主义化、近代化的社会里仍然受到男性的支配"的"重要"观点。何殷震的思想最近也引起美国研究者的瞩目。

### （二）20 世纪 20 年代的废婚论

据说，受刘师复的影响，五四时期无政府主义的组织和刊物各有 70 多种。特别是 20 年代，随着有关家庭、爱与性的讨论以及"小家庭"与"新贤妻良母"议论的展开，废婚的主张再次活跃。辛亥革命时期的废婚论不过是来自国外的少数人的声音，但在五四时期，国内也有不少人提倡或参与讨论。下面，就与辛亥革命时期不同的声音为主，考察 20 年代初期的废婚论。

早在 1919 年，《新青年》《星期评论》等刊物就已提及废婚，到 20 年代，《民国日报》副刊《觉悟》上展开了"废除婚姻制度的讨论"，并受到了广泛的注目。此讨论自马哲民的来信开始，并陆续收到 50 多件赞成或反对的投稿。马哲民先对"婚姻自由，是绝对的真理""不满意于对手的，提出理由来，实行解约"表示疑问，理由是"有了夫妻制度，便不免分出种种不平等"，"即便提出理由来……必至不同意而失败"，最后主张"废除婚姻制度"（马哲民，a1920）。同时期，《少年中国》《家庭研究》《妇女杂志》《批评》《奋斗》《民钟》等刊物上也展开了废婚以及赞成或反对的论争。这些意见，因为讨论中频繁使用的"自由恋爱""经济制度改革"等的定义各自不一，不免存在模糊不清的部分，但整理起来，主要论点可概括如下。

最根本的论点是，应不应该满足于"小家庭"。

反对废婚的论者说，"凡一对男女，要结婚，必定是先有交际，由交际生好感，由好感生爱情，由爱生恋，由恋才有结婚的要求，要双方同意，方才可以结婚。这种的婚姻，你能说他是没有人格的买卖吗？你能说他不是自由的人格吗？……我觉得现在情形，比自由婚姻更好的结婚法，是没有"；"若说婚姻是自由的囚槛，自由的枷锁，那就不如直接的提倡独身主义好啊！"（笑佛，1920）。另有反对废婚者，虽说承认"家庭制度的罪恶"，但主张"改革一事，空谈似乎容易，着手就觉很难。……不能完全废止家庭制度。于此过渡时代，自必要别想一个方法，就是权且将大家庭改组为多数的小家庭"。"男女既都有了教育职业，家庭中那里会有无赖子呢？社会上那里会有寄生虫呢？为男子的绝对不得藉豢蓄的恩德，束缚妇女，妇女也绝对不得以生子的功劳，奴隶男子"（林振声，1920）。

对此，赞成废婚者反驳说，即便是由"自由婚姻"的一夫一妇"小家庭"也束缚自由，而主要提出了两方面的束缚。第一个束缚是对女性的束缚。许多论者都谈到此问题说，即便在"小家庭"仍旧有根据"男外女内"规范的"贤母良妻主义"，结果妨碍女性的社会活动与经济独立（李绰，a、b1920；陈德徵，1921；易家钺，1921 等）。其中最具体、最尖锐的是向警予的如下论述（向警予，1920）：

> 我们女子解放，是应从旧家庭解放到新家庭吗？是应从旧家政的窠窟解放去参猪仔代议政吗？是应从附属的经济地位解放到个人的私有的经济独立吗？……代议制和寄生的遗产制，我们应当要求他开开门容我们占个位置吗？
> 家庭又是以男子为主体的，但他自己却并不来成一切的事，概由女子处理，己则服务社会，唯居指挥使命的地位，所以女子在家庭服务，简直可说是受丈夫的委托做他家庭的常驻委员而替他专理衣食住养老育儿诸琐务，小家庭不过范围缩小点儿，实质却仍是一样，……现在一般提倡新家庭的人，不啻又把女子送到一个新圈套里内去。
> 因为一有了家庭，则衣食住育儿养老诸事必须联带发生，……纵令女子神通广大，也免不掉要减少社会方面的活动。……家庭制度不完全打破，女子是终不会解放的。

第二个束缚是对"真正爱情"与"正当性欲"的束缚。赞成废婚者述说："凡结婚的把名字写在婚书上，便是正当的了，并且是神圣不可侵犯的了。设男女虽有浓厚爱情，而没有经此番手续的，便不是婚姻，是私情"；"爱情是随时变动的，……不是一成不变的"，但一有"夫妇的名义"就有"一夫一妇"的束缚，"大概主张自由结婚的人，同时都主张自由离婚，我以为这个主张实在不通"，因此，虽然"满足性欲是人类正当的要求"却不能满足；假若为免束缚而选择独身，同样不能满足性欲，"独身主义是一个不得已的办法，……不是我们所愿意抱的"（祝志安，1920；施存统，d、b1920 等）。

　　这些赞成废婚者可以说是希望恋爱以及男女的结合能有更多的自由，因而支持刘师复所提倡的"自由恋爱"。他们如此论述："西洋所行底小家族制度，固然是比大家族制度好了"，但都有"束缚主义"；"一有了婚姻制度"就发生"罪恶"；"没有夫妇名目，都拿着至性至情相交"更幸福；"夫妻是形式的，在这形式上，有法律上习惯（上）底拘束。……法律上习惯上的婚姻制，不但是使人群退化，还是不道德。现在非把婚姻制度取消，男女自相恋合，不能说到真正底爱情。……两性自由结合，不受形式底限制，才能发生真爱情"；"将来的家庭组合"应该是"有弹性的"组合（陈顾远，1920；施存统，d1920；祝志安，1920；李绰，a1920；黄石，1923等）。

　　但是，打破第二个束缚的主张却招致了许多反驳与担忧。反对废婚者反驳说："因为人底欲望是无限止的，……所以婚姻制度废了，随便满足性欲，那么，一定人人耽于色欲"，"性欲虽是人类正常的要求，但也要有一定的节制，倘没有节制，……我想冲突一定要加多了"；如果废婚，"完全成了乱交的状态，使兽性冲动逐渐增加"（赞平，1920；葆华，1920）。对此，赞成废婚者说明："我们反对婚姻"绝不是"随便满足性欲"；"倘拿什么贞操眼光来非难自由恋爱"，并看做"危险"，是不正确；"自由恋爱的原则，仍属于爱情的，不属于肉欲的"，"我对于别人把性交当做恋爱的主要条件"有怀疑，"肉欲不是人类真正快乐一件事。爱情纯挚，才是真正快乐"（施存统，e1920；李绰，c1920；以太，1920）①。

　　尽管如此，另有不少人虽不反对废婚但表明了担忧。他们表述："旧社会旧习惯，的确是应该改革，不过……倘若躐等而上，那么社会上必须受了大激荡，于我们的提倡上也必遭一趟大打击"；"反对废婚问题底人，最

---

① 虽然参加讨论的人性别不明，但反驳与担忧的论者中似乎有女性，她们也许与何殷震一样注重于女性的现实利益。但是，如自称"我是一个女子"的辈英，却因考虑女性的利益，支持自由恋爱、赞成废婚说道："许多人把自由恋爱当作自由性交，以为提倡的都是提倡性欲"；"性交是愉快，一般人都承认。但倘没有带一点义务和必要的性质，我们实在是不愿去干。因为一方面增加女妊娠和生产的痛苦，他方面是增加吾人或社会的担负"；自由恋爱"着重的只有恋爱与自由"，恋爱是"真挚、高尚的感情"，但"主张结婚的……是拿恋爱做手段，性欲做目的"；"结婚已经是苦恼的根源"，"青年……为什么不打破这个婚姻的约束呢？"（辈英，1920）。

怕是现在提出这个问题，就有青年起来实行，得到很不好的结果"；"我们固然要和社会奋斗，但也须设法减少社会底反抗。……我们今日，应当力避公妻和妇女国有等等误会"（静庐，1920；邵力子，c、a1920），对急躁地号召自由恋爱者予以警告。

其次的重要论点是，废除婚姻制度是否能立即实现的问题。邵力子和施存统认为不能立刻实现。"我主张从根本上改造社会组织，到那时候婚制也就废除"；"我以为社会底经济组织，没有根本改变以前，什么婚姻问题、家庭问题、男女平等问题、教育普及问题，统统都不能解决的"；"婚姻废了，儿童还没有公育，男女因自由满足性欲而生出孩子，不得已由男女共同组织一个团体，这就是一个家庭"（邵力子，d、b1920；施存统，a、c1920）。

对此，辈英、李绰、马哲民等表明："讨论婚姻问题是片段的解决，实行经济革命是根本的解决。两个解决是相辅而行，没有什么先后"；"我们要推翻国家主义，必定要先打破家庭，要打破家庭，非先根本推翻婚姻制不可。……要照他所主张，对于国家主义，可以算得束手无策，永远也不会打破，社会上衣食住公共机关也永远不会出现，那么，中国社会的进化，岂不是达到他们所主张的小家庭、婚姻自由以后，就永远不会进步么？""要不提倡废婚制，儿童公育决不会应运而生，……觉悟底男女，一面谋一己底职业生活，一面尽力提倡废婚制，岂不很好么？""你以为婚姻问题，是跟着经济的组织而存在，而变迁的，这话说得很对。但我总有信不过的地方，你常拿什么考虑、怀疑等等不彻底的批评，抹煞一切真理，……反增加社会许多惰性。……只要自己下决心去做"（辈英，1920；李绰，c、b1920；马哲民，c1920）。

围绕实现废婚的争论中，儿童公育被看做"最重要的关键"，另外"公厨""由公社的委员请来"的"清洁家庭"工人、"托儿所和幼稚园"等的必要也被提出来了。但同时也有如下意见："儿童公育，在私有财产制度底下，决不会有普遍的实现，因为大多数的平民，决不会有钱拿出来做儿童底养育费，有能力公育的，还不过是一部分掠夺阶级。所以即便有儿童公育机关底设立，没有钱的男女，因性交而生出孩子，也不能享受儿童公育底利益"（邵力子，c1920；黄石，1923；施存统，c1920）。相反，向警予认为"养老、育儿、以及各个人的衣食住，……应由社会全体共同组织专门人才"，并具体提出了要组织"研究与宣传（女子问题）的机关""婚姻自决的同盟""女子教育经费借贷的银行"等等，号召"儿童公育这件事，为已婚的女子解放起见，不能不从速组织，这也不是难办的事，只要上十个同志，就可以倡办的"（向警予，1920）。

20 世纪 20 年代初期的废婚论，对于尽管受到不少异议却仍旧束缚女性的"近代家庭"意识形态，明确地指出了其问题所在，并摸索了超越克服的道路，应该予以积极评价。况且，当时认为应当先打破私有制的看法已成为非现实，而当时认为非现实的各种公共机关已部分实现。因此，中国的废婚提倡更值得我们现在去重新思考。实际上，废除婚姻制度已成了世界的新潮流。尽管如此，中国最近的研究对此仍然有很多"非现实""极端""幼稚的乌托邦"等简单结论，即使极少数人承认有重新考察的必要，也只是因为"他们的态度是严肃认真的"，其重点似乎在强调"绝不是一时心血来潮而宣泄自己的情绪"的淫荡主张。如此认识，废婚论的研究不仅难以达到重新思考现有婚姻制度、社会性别结构以及性相的目的，反而有可能充当国家通过统制家庭、性别角色以及爱与性来强化自己权力的推手。

## 参考文献

### ＊日文

白水纪子：《中国女性の20世紀》，明石书店，2001。

白水纪子：〈中国文学にみる"近代家族"批判〉，《東洋文化研究所紀要》143，2003。

嵯峨隆：《中国黒色革命論　師復とその思想》，社会評論社，2001。

江上幸子：〈中国の賢妻良母思想と"モダンガール"〉，《東アジアの国民国家形成とジェンダー：女性像をめぐって》，青木书店，2007。

江上幸子：〈丁玲：近代中国のジェンダー秩序への抗い〉，《講座　東アジアの知識人3》有志舍，2013。

江上幸子：〈1920 年代中国のセクシュアリティ論議：張競生、丁玲らによる異論〉，《中国：社会と文化》29，2014。

末次玲子：《20 世紀中国女性史》，青木书店，2009。

小野和子：《中国女性史：太平天国から現代まで》，平凡社，1978。

虞萍：《冰心研究：女性・死・結婚》，汲古書院，2010。

中华全国妇女联合会编·中国女性史研究会译《中国女性運動史1919～49》，论创社，1995。

中国女性史研究会编《中国女性の100年：史料にみる步み》，青木书店，2004。

中山义弘：《近代中国における女性解放の思想と行动》，北九州中国书店，1983。

＊中文

＜史料集＞

陈敬编《无政府主义在中国》，湖南人民出版社，1984。

梅生编《中国妇女问题讨论集》第3、4册，新文化社，1923。

张枏、王忍之编《辛亥革命前十年间时论选集》第2卷下，生活·读书·新知三联书店，1963。

张枏·王忍之编《辛亥革命前十年间时论选集》第3卷下，生活·读书·新知三联书店，1977。

中华全国妇女联合会妇女运动历史研究室编《五四时期妇女问题文选》，中国妇女出版社，1981。

中华全国妇女联合会妇女运动历史研究室编《中国妇女运动历史资料1921～1927》，人民出版社，1986。

中华全国妇女联合会妇女运动历史研究室编《中国近代妇女运动历史资料1840～1918》，中国妇女出版社，1991。


＜第一章史料＞

李宗武：《独身问题之研究》，《妇女杂志》第7卷第8号，1921。

邰光典、宝贞：《新家庭》，《妇女杂志》第7卷第1号，1921。

谈社英：《从事职业为妇女唯一之出路》，《妇女共鸣》第2卷第2期，1933。

向警予：《中国知识妇女的三派》，《妇女周报》第15期，1923年11月28日。

张若名：《"急先锋"的女子》，《觉悟》（天津）第1期，1920年1月20日。

＜第二章（1）史料＞

高亚宾：《废纲篇》，《天义》第11、12期合刊，1907。

汉一：《毁家论》，《天义》第4期，1907。

何震（震述）：《女子复仇论》，《天义》第2～5、8～10期，1907。

何震（震述）：《女子解放问题》，《天义》第7～10期，1907。

《家庭与教育》，《天义》第11、12期合刊，1907。

《简章》，《天义》第8～10期，1907。

鞠普:《毁家谭》,《新世纪》第 49 期, 1908。

刘师复:a《废婚姻主义》(1912 年),《师复文存》, 革新书局, 1928。

刘师复:b《废家族主义》(1912 年),《师复文存》。

《女子复权会简章》,《天义》第 1 期, 1907。

<第二章(2)史料>

葆华:《废除婚制问题的讨论(二)》,《民国日报·觉悟》1920 年 5 月 11 日。

辈英:《废除婚制问题的讨论(一)(二)》,《民国日报·觉悟》1920 年 6 月 1 日。

陈顾远:《家族制度底批评》,《民国日报·批评》第 2 号, 1920 年 11 月 5 日。

陈德徵:《家族制度的破产观》,《妇女杂志》第 7 卷第 5 号, 1921。

黄石:《家庭组合论》,《妇女杂志》第 9 卷第 12 号, 1923。

静庐:《废除婚制问题的讨论(六)》,《民国日报·觉悟》1920 年 5 月 23 日。

李绰:a《婚姻何以当废》,《民国日报·觉悟》1920 年 5 月 22 日。

李绰:b《废除婚制问题的辩论》,《民国日报·觉悟》1920 年 5 月 26 日。

李绰 c:《告主张"小家庭"反对"婚制"者》,《民国日报·觉悟》1920 年 7 月 10 日。

林振声:《家庭制度的罪恶和改革的方法》,《家庭研究》第 1 卷第 2 期, 1920。

马哲民:a《废除婚姻制度底讨论》,《民国日报·觉悟》1920 年 5 月 8 日。

马哲民:b《废除婚制问题的讨论(二)》,《民国日报·觉悟》1920 年 5 月 20 日。

马哲民:c《废除婚制问题的讨论(二)》,《民国日报·觉悟》1920 年 5 月 23 日。

邵力子:a《废除婚姻制度的讨论》,《民国日报·觉悟》1920 年 5 月 8 日。

邵力子:b《废除婚制问题的讨论(二)》,《民国日报·觉悟》1920 年 5 月 20 日。

邵力子:c:《废除婚制讨论中的感想》,《民国日报·觉悟》1920 年 5 月 21 日。

邵力子:d《废除婚制问题的讨论(一)(二)》,《民国日报·觉悟》1920 年 5 月 23 日。

施存统:a《废除婚制问题的讨论(一)》,《民国日报·觉悟》1920 年 5 月 20 日。

施存统:b《废除婚制问题的讨论(五)》,《民国日报·觉悟》1920 年 5 月 23 日。

施存统:c《废除婚制问题底辩论(一)》,《民国日报·觉悟》1920 年 5 月 25 日。

施存统:d《废除婚制问题》,《民国日报·觉悟》1920 年 5 月 25 日。

施存统:e《废除婚制问题底讨论(一)》,《民国日报·觉悟》1920 年 5 月 29 日。

笑佛:《废除婚制问题底辩论(一)》,《民国日报·觉悟》1920 年 5 月 22 日。

向警予:《女子解放与改造的商榷》,《少年中国》第 2 卷第 2 期, 1920。

以太:《废除婚制问题的讨论(二)》,《民国日报·觉悟》1920 年 5 月 29 日。

易加钺：《家庭制度灭亡论的一个引子》，《家庭研究》第 1 卷第 4 期，1921。

赞平：《废除婚制问题的讨论》，《民国日报·觉悟》1920 年 5 月 28 日。

祝志安：《"废除婚姻制度"的讨论》，《民国日报·觉悟》1920 年 6 月 12 日。

＜资料＞

〔美〕彼德·扎罗：《何震与中国无政府主义女权主义》，《黄淮学刊（社会科学版）》1989 年第 4 期。

陈文联、李桂梅：《论五四时期探求家庭变革的社会思潮》，《社会科学辑刊》2003 年第 3 期。

邓伟志、张岱玉编著《中国家庭的演变》上海人民出版社，1987。

李桂梅：《略论近代中国家庭伦理的嬗变及其启示》，《中国家庭研究（第 3 卷）》，上海社会科学院出版社，2008。

梁景和：《论五四时期的家庭改制观》，《辽宁师范大学学报（社科版）》1991 年第 4 期。

梁景和：《论清末的家庭革命》，《史学月刊》1994 年第 1 期。

梁景和：《戊戌维新派的婚姻文化观》，《江海学刊》1998 年第 6 期。

梁景和：《五四时期的"废婚主义"》，《二十一世纪》总第 53 期，1999 年 6 月。

梁景和：《五四时期社会文化嬗变论纲：以婚姻、家庭、女性、性伦为中心》，《人文杂志》2009 年第 4 期。

梁景和：《论辛亥革命与民初时期婚姻文化的变革》，《明清论丛》第 11 辑，2011。

刘禾、瑞贝卡·卡尔、高彦颐：《一个现代思想的先声：论何殷震对跨国女权主义理论的贡献》，《中国现代文学研究丛刊》2014 年第 5 期。

刘慧英：《从女权主义到无政府主义：何震的隐现与〈天义〉的变迁》，《中国现代文学研究丛刊》2006 年第 2 期。

刘慧英、陈燕谷：《反民族国家的话语的崛起：无政府女权主义的历史意义》，《南开学报（哲学社会科学版）》2012 年第 6 期。

刘慧英：《女权、启蒙与民族国家话语》，人民文学出版社，2013。

刘人锋：《辛亥革命时期的妇女刊物〈天义报〉与无政府主义思想》，《船山学刊》2012 年第 2 期。

林吉玲：《五四时期家庭观念的重构及其体现》，《济南大学学报》1999 年第 3 期。

沈绍根、阳三平：《五四时期新式知识分子的家庭变革思潮》，《求索》1999 年第 2 期。

宋少鹏：《何殷震的"女界革命"：无政府主义的妇女解放理论》，《妇女研究论丛》

2016 年第 1 期。

夏晓虹：《何震的无政府主义女界革命论》，《中华文史论丛》2006 年第 3 期。

夏晓虹：《晚清女报中的国族论述与女性意识：1907 年的多元呈现》，《北京大学学报（哲学社会科学版）》2014 年第 4 期。

张玉法：《新文化运动时期对中国家庭问题的讨论，1915－1923》，《近世家族与政治比较历史论文集下》，台北中研院近代史研究所，1992。

# 共和国初期的山西婚姻生活：
# 从乡村案例透析<sup>*</sup>

*任耀星*<sup>**</sup>

　　1950 年新中国颁布《中华人民共和国婚姻法》（后文简称《婚姻法》），利用从西方引入的婚姻自由自主观念来取代传统的"家族本位"婚姻观。与此同时，国家又打破了西方重视的国家与家庭、公众与私人的界限，利用自上而下的政治手段推行新的婚姻制度，重新塑造男女之间的关系和彼此之间的界限，进而冲击了嵌入在传统伦理文化中的家庭系统，造成了共和国初期乡村社会在《婚姻法》推行下的巨大变动。正基于此，学界对这一时期的婚姻制度改革给予了极大的关注和深入的研究。[①]

　　据笔者有限观察，当前学界对共和国初期婚姻制度的研究尚有部分问

---

　　* 本文的一些重要观点得益于梁景和、吕文浩和马维强等多位老师，特此感谢。
　**　任耀星，首都师范大学历史学院。
　①　对于共和国 1950 年开始的婚姻制度改革研究，尤其是关于农村婚姻制度改革，海内外学界均已有了较为丰富的研究成果。海外学界自 20 世纪 70 年代起对共和国婚姻制度改革的研究开始将性别意识形态的塑造、私人生活与公共秩序关系等运用到婚姻制度改革的研究中，如 Glosser, Susan L. Chinese visions of family and state, 1915 – 1953. Vol. 5. University of California Press, 2003; Diamant, Neil Jeffrey. Revolutionizing the family: politics, love, and divorce in urban and rural China, 1949 – 1968. University of California Press. 2000. 国内学界对婚姻制度的研究大多集中在离婚潮、妇女命案等影响较为严重的司法案件及自由结婚、妇女解放等女权主义主体，通过梳理国家对恶性婚姻事件的处理过程论证婚姻制度改革的成功性。如：张志永《建国初期华北农村婚姻制度的改革》，《当代中国史研究》，2002 年第 5 期；李洪河《建国初期婚姻家庭案件的司法救助》，《党史研究与教学》，2008 年第 6 期；郭凯、薛长刚《新中国成立初期华北地区婚姻家庭变迁诸问题》，《历史教学》，2011 年第 6 期；李洪河《建国初期的妇女离婚问题探论》，《求索》，2008 年第 1 期；李洪河《建国初期与婚姻家庭相关的妇女死亡》，《妇女研究论丛》，2008 年第 3 期等。此外，李慧波《新中国十七年（1949—1966）北京市婚姻文化嬗变研究》（首都师范大学博士论文，2012）运用社会文化史的研究方法，对笔者启发较大。

题有待商榷及进一步拓展研究。第一，20 世纪 70 年代以来，学界对共和国初期婚姻制度变迁的研究受女权主义的影响，大多集中关注妇女在 1950 年《婚姻法》实践过程中的表现和话语，一定程度上将"婚姻法是提高妇女法"[①] 的历史偏向严重化，忽视了男性在《婚姻法》推行过程中的利益诉求和话语表达，将男女两性在婚姻大变革时期的社会角色和权力结构关系简单对立。第二，已有的对共和国初期婚姻制度改革的研究主要以较极端的司法案件如妇女自杀、被杀等作为主要分析案例和评判《婚姻法》施行效果的标准，对乡村社会更为普遍的早婚、买卖婚、半自由婚等现象却缺乏深入的分析，这在一定程度上会造成学界和社会对共和国初期社会婚姻状况认识的平面化和极端化。第三，国内学界将共和国初期乡村社会出现的诸般复杂多样的婚姻问题线性归结于共和国刚刚建立，"还未及时彻底清除封建婚姻制度，旧婚姻制度依旧占主导地位，新旧婚姻观念的冲突引发了日益严重的婚姻问题"[②]，对传统的婚姻制度在乡村社会的表现形式和乡村个体的心理状态缺乏微观的分析，只是单纯将乡村社会中的一些婚俗现象从现代化史观或革命史观的角度出发，将其定性为"封建残余""陋俗"等，对揭示乡村社会个体利益诉求、传统文化影响和国家政治需要之间的复杂关系造成一定的阻碍。

　　有鉴于此，笔者尝试以山西省民政厅 1949～1953 年的婚姻档案为基本史料，从乡村社会丰富多样的婚姻案例切入，观察"传统家庭""婚姻当事人"和"基层干部"三个社会群体在面对《婚姻法》时的独特表现及心理状态。在考察过程中重新思考革命政治下的新婚姻制度是如何在广阔、复杂的农村较为成功的落实？又是哪些因素导致了新婚姻制度施行过程中的诸多问题？新的婚姻制度对共和国初期群众的生活质量有什么样的影响？对这些问题的解答，是对中共革命进程的更深入了解，同时也是对个体利益诉求与国家政治需要之间动态交流的再认识。而在这些问题的探索和研究过程中，希望真实展现当代中国社会民众日常生活的无限多样性，对反思中国社会文化史的研究也具有一定的参考价值。

---

① 《关于第一阶段工作情况报告——清徐县南绿树村试点组》（1953 年），山西省档案馆藏，档案号：C—64—3—44。

② 张志永：《建国初期华北农村婚姻制度的改革》，《当代中国史研究》2002 年第 5 期。

## 一　早婚：集体心态下的选择

共和国初期在新婚姻制度推行过程中，乡村社会对于婚龄的规定[①]一直存有很大争议。邓颖超曾在不同场合多次强调："应避免早婚，因为结婚的双方太年轻，彼此的观点和方向都还未固定，学业未完结，心身发育未健全，如早婚必将妨害身体健康，妨碍学业的继续。"[②] 但是在普遍的乡村社会中，"早婚的现象仍相当普遍地存在着"。[③] 乡村早婚的习惯能在共和国初期国家政策宣传和制度打压下广泛存在，是由多重现实因素相互作用的结果。如受一些地方性风俗习惯的影响，部分地区流行"女子出嫁单岁吉利，双岁出嫁寿短"的风俗，"十三、十五、十七、十九结婚好，十五、十七最好"。[④] 或受家庭方面的影响，在父母的眼中："'男婚女嫁'是自己最大的责任，早些结了，就'松了心'。"[⑤] 还有部分父母因自己年老，想"早抱孙子"而给子女早婚。[⑥] 而除了以上这些传统风俗观念影响外，早婚的盛行还有很多现实的因素。如女方家长认为："养女是弱门，养女要随婆家便""女大不中留，留下结冤仇""养女如养虎"、"女子长到十七八，不是后婚是穷家"；男方家长则认为：早娶媳妇可以有人干活，婆婆可以自此不再"爬锅沿灶"。[⑦] 一般情况下，女方家长会从降低抚养成本的角度出发，很多在十二三岁时父母就主动将女儿嫁出，但男方则会从增加未来劳动力的角度考虑，可以为家庭内务增添人手。所以从长远角度考虑，早婚对双方均有一定的经济效益，女方家长在抚养过程中，幼女消费要大于产出，当幼女成人，劳动力具备后又会通过婚

---

① 《婚姻法》第四条规定："男二十岁，女十八岁，始得结婚。"参见中共中央文献研究室编《建国以来重要文献选编》（第1册），中央文献出版社，1992，第172页。

② 舜瑶记：《邓颖超同志谈男女问题》，《中国妇女》1982年第3期。

③ 《婚姻法执行情况中央检查组检查报告》，《人民日报》1952年7月4日。

④ 《对河津县婚姻法执行情况检查的报告》（1951年12月19日），山西省档案馆藏，档案号：C64—3—26—21。

⑤ 《对河津县婚姻法执行情况检查的报告》（1951年12月19日），山西省档案馆藏，档案号：C64—3—26—21。

⑥ 《在贯彻婚姻法运动后，对早婚者该如何处理的参考意见》（1993年9月2日），山西省档案馆藏，档案号：C64—3—44—12。

⑦ 《对河津县婚姻法执行情况检查的报告》（1951年12月19日），山西省档案馆藏，档案号：C64—3—26—21。

姻转嫁到男方家庭，所以从经济角度看，女方家庭对女子的抚养是亏损的，因此女方家庭出于生存需要更容易选择提早将女孩嫁出。男方家庭接受早婚则主要是男女比例不平衡，为争夺"女子资源"而被动尽早选择。除传统观念与现实利益影响外，早婚还受到特定的历史背景的干预。抗日战争期间，群众缺乏自我保护手段，而"女人是别人家的人，怕敌人祸祸，不如早些嫁了放心"①，这在一定程度上也有利于早婚在乡村社会的生存。

乡村社会的早婚问题还表现在更为普遍的早订婚现象，而早订婚一般也是传统包办婚的一种重要形式。很多在三岁四岁童年时甚至尚在吃奶时，父母就给订了婚。女方父母认为：早早订婚，可以多得男方的财物。通常，订了婚的女子，婆家要每年送吃、送穿、送用，每逢节日、红白喜事及闹会，则另需临时供给。② 由此可见，早婚问题并不单单是封建政治、经济和文化造成的，更是融合了农民的生存理性和现实需要的综合作用的结果。有鉴于此，也就不难理解早婚及早订婚问题在1950年大力推广《婚姻法》后在多数地区仍有留存的原因。

据1951年中央检查组华北分组、山西省检查组、运城专区检查组对河津县的联合检查数据显示（见表1）：河津部分地区初小儿童订婚率均超过半数，且女童订婚率要远超男童，平均超过70%。此外，在河津县三区尹村一闾共二十七户，除五户无小孩，五户小孩均在三岁以下，一户一孩因家贫外，其余十六户小孩均订婚。该村三闾共二十四户，其中十三户共有十四名男孩，均已订婚，十一户中共十二个女孩也均已订婚。河津县三区干涧村全部学龄儿童几乎全部订了婚，此外还有一个五岁孩子已订婚三年。在订婚时，双方一般以一岁一石粮为计价标准，如1951年河津县四区小梁村卫银荣给五岁子订婚，媳三岁，代价为粮食三大石。③

---

① 《对河津县婚姻法执行情况检查的报告》（1951年12月19日），山西省档案馆藏，档案号：C64—3—26—21。
② 《对河津县婚姻法执行情况检查的报告》（1951年12月19日），山西省档案馆藏，档案号：C64—3—26—21。
③ 《对河津县婚姻法执行情况检查的报告》（1951年12月19日），山西省档案馆藏，档案号：C64—3—26—21。

表1　1951 年河津县部分地区初小学生订婚状况统计

| 地区＼类别 | 男童总数 | 订婚男童数 | 男童订婚比 | 女童总数 | 订婚女童数 | 女童订婚比 | 学生总数 | 订婚学生总数 | 总订婚比 |
|---|---|---|---|---|---|---|---|---|---|
| 二区黄村 | 62 | 42 | 68% | 70 | 65 | 93% | 132 | 107 | 81% |
| 三区尹村 | 90 | 56 | 62% | 45 | 39 | 87% | 135 | 95 | 70% |
| 四区小停村 | 91 | 41 | 45% | 42 | 30 | 71% | 133 | 71 | 53% |
| 四区小梁村 | 144 | 85 | 59% | 38 | 24 | 63% | 182 | 109 | 60% |

资料来源：《对河津县婚姻法执行情况检查的报告》（1951 年 12 月 19 日），山西省档案馆藏，档案号：C64—3—26—21。

　　地方社会普遍早婚的现象，在一定程度上也是国家权力对乡村现实默认和妥协的结果。如中央人民政府法制委员会规定："对于这些早婚的男女，应向他们进行婚姻法的教育，说明早婚的害处，但不得强迫他们分居。"① 山西省贯彻婚姻法运动委员会办公室曾发专文规定："关于早婚问题，如已距法定婚龄不远，身体发育业已成熟，双方同居又出于自愿者，即不应干涉，但需进行教育，待满法定婚龄时，补行登记手续。凡距法定婚龄尚远者（比如十五岁以下），则应向男女双方及其父母耐心的说明早婚的害处，使双方脱离夫妻关系，俟达法定婚龄时，如男女双方仍愿结婚者，可再行申请结婚。"② "对有些青年男女，私自早婚后现已怀孕或已生小孩者，如让他们分居时，有的思想是难以接受的，故在教育说服后，如不愿分居，则不必干涉。"③ 政府对早婚问题的处理态度以不予承认和保障为主，在手段上也主要采取劝解教育和禁止婚姻登记等④较消极的方式。

　　为了避免与国家权力的直接碰撞，群众中出现了多种形式的"日常抵

---

① 《中央人民政府法制委员会有关婚姻问题解答》，《人民日报》1953 年 3 月 19 日。

② 《关于调解婚姻纠纷中有关政策性的一些参考意见》（1953 年 3 月 12 日），山西省档案馆藏，档案号：C64—3—44—7。

③ 《在贯彻婚姻法运动后，对早婚者该如何处理的参考意见》，（1993 年 9 月 2 日），山西省档案馆藏，档案号：C64—3—44—12。

④ 据《婚姻法》第二章第六条规定：结婚应男女双方亲到所在地（区、乡）人民政府登记。凡合于本法规定的结婚，所在地人民政府应即发给结婚证。凡不合于本法规定的结婚，不予登记。参见中共中央文献研究室编《建国以来重要文献选编》（第 1 册），中央文献出版社，1992，第 173 页。

抗"。一般较多是村民请求村干部开介绍信，以便隐瞒年龄顺利登记或暂缓登记等行为。据1950年民政厅报告称：屯留县自新婚姻法颁布后，不少村干群众到政府登记结婚时隐瞒年龄（骗政府）；长治某村村干部竟隐瞒男女双方年龄，擅开证明介绍至政府登记结婚。① 甚至有瞒龄未成而在区公所乱吵乱骂拼死拼活的，如若以上行为均告失败，则部分群众还会选择私自结婚，当私自结婚者被发觉后，虽被令分居，但一般仍会私自同居，或白天分开晚间同居等。② 除以上较为常见的手段外，晋南部分地区还出现买假结婚证结婚的现象。据漪氏县常委会四区妇女代表闫慧芳反映："近来（1950年）各地因男女双方都不够结婚年龄，在晋南领不到结婚证，便到西安去购买封建式样的结婚证进行结婚，后经县常委会调查，该县已发生这样的事三件。"③ 随后，漪氏县又具体呈报两则个案：

> 常忠科，男，系四区陈范屯村人，年二十三岁；翟秀珍，女陈范村人，年十七岁，二人系父母主婚，已择定本年阴历七月二日结婚，到了结婚日期男女两方家长以及介绍人等均赴西安潼关江浙饭庄举行结婚典礼，据问询此结婚证是由潼关卖书画摊上买的，此证上没有人民政府图记，也没有顽伪政府的图记，是空白证，在结婚后的三四天，由潼关返回本县。

> 高春星，男，十九岁，四区阁头庄人；翟秀芳，女，十六岁，四区陈范村人，二人均不够结婚年龄，系父母主婚，买卖婚姻，男女两方都向村干部要求开证明到区政府领结婚证，但村干部因不够年龄，不给介绍，该等再三要求，村政府即以实在（根据实情）给开了介绍信，说明不够年龄，到区经政府调查后确系不够年龄，故未发给结婚证。由此，男女两方父母就私下商定去到西安结婚，结果于阴（历）六月间男女两方及介绍人都去西安市举行结婚，结婚证是在一家书店

---

① 《为对新婚姻法的执行各级领导应特别注意并对干部检讨对群众宣传如有违反婚姻法案件应分别轻重送法院处办由》（1950年12月30日），山西省档案馆藏，档案号：C64—3—1—11。

② 《对河津县婚姻法执行情况检查的报告》（1951年12月19日），山西省档案馆藏，档案号：C64—3—26—21。

③ 《为令饬调查你县少数青年男女在西安非法结婚的详细情形》（1950年12月6日），山西省档案馆藏，档案号：C64—3—1—9。注：本文所用档案中，涉及人名均为化名。

买的，结婚证上没有人民政府的图记，也没有顽伪政府之图记，据谈当日在该饭庄，结婚的有七八家，但都不认识。[①]

综合比较上述两则材料，两对男女中至少有一人未达结婚年龄，因而被迫选择购买假结婚证，但高、翟二人（后例）曾试图请求村政府开介绍信以实现结婚目的，证明购买假结婚证远没有隐瞒年龄登记方便。四人均来自漪氏县四区，虽都选择在西安购买结婚证，但购买结婚证地点不一致，常、翟两人（前例）在"在潼关卖书画摊上买到"，而高、翟两人则在"一家书店买到"，证明两者之间不存在直接相互了解的关系，且假结婚证在西安存在较广泛。此外，两对男女所购买的结婚证书"既无人民政府图记，也没有顽伪政府之图记"，故推测其可能只是为适应市场需要民间简单仿造的结果。

单从早婚问题即可看出，在1951年新婚姻制度推行过程中，地方社会尤其是农村出现的诸多问题，不能简单将其归因于旧思想、旧习惯与新的社会观念和婚姻观念发生尖锐矛盾，而应认识到早婚问题是传统文化、现实利益和历史背景等多种因素联动作用下产生的，表现为一种简单的集体心态。这种现象得到了共和国初期乡村社会的认可，在面对这一问题时，乡村社会的多数人形成一种默契的共谋关系。

## 二　买卖婚：现实情境下的自主选择

在中国传统社会中，女性因生理弱势，只能以辅助角色参与家庭生产，由此致使女性社会地位低下，社会习俗对女性的束缚也更为严重。[②]买卖婚、婚内暴力等都较为普遍，因此成为封建社会旧婚姻制度的代表性符号。倘若说地方政府可能因为早婚多是双方自愿而有所宽容的话，那么

---

① 《为呈报我县少数青年去西安非法结婚》（1950年12月23日），山西省档案馆藏，档案号：C64—3—1—9。此外，高、翟两人结婚证应在西安市解放路东一家书店买的，而材料所提饭庄应为西安西大街福记饭庄。见《为令饬调查你县少数青年男女在西安非法结婚的详细情形》（1950年12月6日），山西省档案馆藏，档案号：C64—3—1—9。

② 江沛、王微：《传统、革命与性别：华北根据地"妻休夫"现象评析（1941—1949年）》，《四川大学学报》（哲学社会科学版）2014年第3期。

买卖婚①则是各级政府重点消除的对象。"买卖婚不破坏，自由婚难建立"②在各级政府达成共识。

在 1950 年新婚姻制度颁布以后，各地虽然都开始宣传买卖婚的害处并积极惩处买卖婚，但买卖婚姻在新区依然普遍存在，且均系隐蔽进行，不是钱便是粮，最多者二十石粮，最少者三石余，如山西蒲县商民吕蒲成与吴来秀以 26 石玉粮，3 身绸缎衣服结婚（后已没收纠正）。有的是变相买卖婚姻，多给衣服布匹等，一般群众传说："结婚先准备海昌兰（蓝），三零三（毛巾），红腰带，球儿鞋"等。③ 不仅如此，同样是买卖婚，寡妇要比初婚女孩更值钱，因为一般女孩不愿嫁给鳏夫续婚，而且寡妇一般为成年妇女，具有较强的劳动能力。河津县四区小梁村曾有一个寡妇被卖出一千三百块白洋的高价。寡妇出卖，按传统是由婆家得钱并立"卖身字"，寡妇原来的娘家无权干涉，故寡妇出嫁，是不给陪嫁妆的，所以寡妇经买卖婚后生活更苦。

传统的婚内暴力同样与买卖婚同根共存，如文水县民政科长一年中打过女人四次，阳泉硝磺局副局长对其妻经常打骂。别人劝说非但不承认错误，反说是"用钱买到的妻"等。④ 据华北检查组 1951 年河津县婚姻调查显示：河津县四区小停村自婚姻法颁布以来，结婚共七家，全是父母包办与买卖；在三区尹村二闾与三闾婚姻法颁布后发现：三闾李大闹 1950 年后半年结婚时曾卖去五亩地、一个大场，换来十九石麦子，给了女人的娘家十石；三闾贺广太也于 1950 年卖去三亩地，一头毛驴换来一个老婆，而所卖毛驴则原是先前卖了她的寡嫂换来的；二闾李文功作为区干部，1951 年春卖了一头毛驴，换来一个女人。据该县县政府向检查组汇报中反映：四

---

① 共和国初期山西官方和民间对买卖婚的规定和认知略有不同。山西省人民政府规定："女方家庭困难，未经男女双方本人同意，而在家长双方协商下补助粮食财务等物，应属非法。因名为补助粮钱，实质上是买卖婚姻……不准索取粮食金钱。""现各地流行的一个女人送麦子三石至五石等情况，应予没收。"但是民间对买卖婚定义则较为模糊，随各地不同经济水平而变化，一般高于传统惯行者被认为是买卖婚姻。参见《山西省人民政府呈内务部：为执行婚姻法中发生的几个问题请示遵由》（1950 年 9 月 28 日），山西省档案馆藏，档案号：C64—3—1—8。本文引用案例均为官方认定买卖婚姻者。

② 《对河津县婚姻法执行情况检查的报告》（1951 年 12 月 19 日），山西省档案馆藏，档案号：C64—3—26—21。

③ 《婚姻材料报告》（1951 年 11 月 10 日），山西省档案馆藏，档案号：C64—3—1—17。

④ 《关于贯彻执行婚姻法的指示》（1951 年 10 月 15 日），山西省档案馆藏，档案号：C64—3—26—5。

区柏王村 1951 年 5~12 月，共结婚八对，全是买卖婚；二区西王村王九州把女儿卖了三四十石麦，白洋一百元；北辛兴村赵好爱被其兄出卖，代价二十石麦，二百斤棉，一百白洋。①

虽然买卖婚在共和国初期一直存在，难以根除，但在婚姻法不断宣传过程中，买卖婚的总趋势仍是不断减少。据山西省民政厅 1952 年调查显示：榆次专区交城等七个县 260 个村 1952 年 1~6 月份共结婚 610 对，其中自由结婚的 331 对，占结婚总数的 54%；半自由婚 231 对，占 38%；父母包办买卖婚姻 49 对，占 8%。另据灵石一、二、三、四区各一个村的典型调查，1952 年比 1951 年自由结婚的增加了 66.6%；父母包办买卖婚姻则减少50.7%。另据榆次专区榆次等八个县 116 个村 1952 年 1~6 月份的统计，共计结婚 2054 对，自由结婚 258 对，占结婚总数的 12.6%；半自由结婚的1502 对，占 73.1%；买卖包办结婚的 294 对，占 14.3%。②

乡村社会共有的传统心态和复杂的个人利益考量，是买卖婚屡禁不止的主要原因。在农村家庭中，女方父母一般认为："女儿养了那样大，不让花钱行不通""十七、八岁的大闺女，哪能不要些彩礼，白给人"。男方父母则担心："怕儿子找不到老婆。"如河津县尹村老汉李全忠说："相貌长得好的，可以自由，像我村史混混（傻子），难得找上对象。"有的老太太说："我娃长得不好，就不好找媳妇，要是没有婚姻法，不怕多丑，只要有钱，多拿票子，就可以找下。"四区小梁村有农民认为："学生和干部都可以（自由结婚），庄家户女子不出去，就不能自由结婚。"还有部分青年反映："每天上山采炭去，天亮就走，日落才回，一天八十里地走，歇还歇不过来呢，什么时候去找对象？炭窑上又没个女人？"还有部分年轻女孩自己也认为不该叫老人白养活一场，总得挣一批钱财来报报恩。③ 乡村资源的匮乏和地域之间的相对固化是婚姻政策与现实状况发生偏差的隐性关系。在此种情况下，婚姻制度的变革虽然仍离不开制度的宣传和教育，但更多需要依靠的还是经济和社会变革。

---

① 《对河津县婚姻法执行情况检查的报告》（1951 年 12 月 19 日），山西省档案馆藏，档案号：C64—3—26—21。

② 《山西省一九五二年婚姻法贯彻情况的报告》（1952 年），山西省档案馆藏，档案号：C64—3—37—8。

③ 《对河津县婚姻法执行情况检查的报告》（1951 年 12 月 19 日），山西省档案馆藏，档案号：C64—3—26—21。

由于现实条件和选择范围的种种局限，在各地的买卖婚问题中，民众采取了多样的逃避手段和有条件的妥协。如以供给念书为条件，部分青年妇女在学习上比较努力，希望通过读书外出工作，但又因娘家父母供给不起而以此为选择结婚对象的条件。如山西武乡一区洪水镇刘金梅（17 岁）与白坂头一青年张永和（23 岁）订婚，张在长治铁厂工作，每月薪金 280 斤小米，无意中听金梅娘谈起："俺孩要念书，我家供不起，给他寻上一个伴，供上两天书"，永和听到后即打听并向金梅家提亲，以供上学念书为条件，并商定每月供给三斗米、两三万元，还不断送手巾、袜子等东西。① 个别民众还会以供给吃穿为条件，由男方长辈供未婚儿媳吃、穿用度。"变相买卖婚"虽然从本质上看仍是不合理的，但在一定程度上也在解放妇女，提高妇女地位方面获得了一些成绩，进而潜移默化地影响家庭结构的变化。然而，除以上单独以结婚为目标的行为外，乡村社会还滋生出不少单纯为获取经济利益的诈骗行为。如河津县四区通化村的庞蛮蛮、一区连伯村的马福邦等，都是借口"女儿自主"，解除了女儿的原有买卖婚约以后，又向另一男人予以出卖；同样是河津县四区通化村的苏蛮蛮，用同样的借口，把女儿出卖给小停村郭怀明，代价是人民币 120 万元。② 各地类似的行为方式，暴露了共和国初期乡村女性缺乏，成年男性的婚姻需求与现实供给之间的巨大矛盾。这种矛盾直接破坏了政府最初对婚姻控制性开放的美好愿望，使国家对乡村的整合力度大打折扣。

在共和国初期，早婚、买卖婚等婚姻问题在传统道德文化与风俗习惯的支撑下，有些人以现实利益为切入点，对国家宣传的新婚姻制度形成抵制和消解，以致新婚姻制度与部分传统婚俗在一定程度上形成了"原则相悖，并行互容"的局面。与此同时，随着中央、各省开始加强对婚姻制度的宣传力度和干涉强度③，在经历了早期群众与国家之间的

---

① 《武乡一区洪水镇婚姻检查工作初步总结》（1951 年），山西省档案馆藏，档案号：C64—3—26—20。

② 《对河津县婚姻法执行情况检查的报告》（1951 年 12 月 19 日），山西省档案馆藏，档案号：C64—3—26—21。

③ 如 1951 年 10 月 4 日中央人民政府内务部内社字第（287）号指示《关于加强区乡（村）干部对婚姻法的学习，重视婚姻登记制度的指示》；1951 年中央人民政府政务院发布《关于检查婚姻法执行情况的指示》；1951 年 11 月 21 日山西省人民政府发布《令发本府为贯彻检查婚姻法执行情况指示的决定由》，以及山西省民政厅拟定《贯彻婚姻法协进委员会组织办法（草案）》《组织婚姻法执行情况检查组的计划草案》等。

消极抵抗和博弈互动后，群众开始进入社会现实与婚姻政策相互适应的新阶段，在这个适应过程中也暴露出旧婚姻制度中从未出现的新问题。

## 三　自由结婚①：表达与实践的背离

中共对《婚姻法》的制定是以长期的根据地建设经验为基础的，但在共和国初期的实际运作过程中，即使是久经考验的老根据地对婚姻制度的实践仍然出现了与政策表达相背离的现象。据不完全统计，1951 年山西各地在处理民事案件中，婚姻案占到 50% 以上，其中大部分是属于妇女主动提出，要求实现婚姻自由的问题。② 这在一定程度上说明新婚姻制度的推行在基层社会开始发挥作用，但是因新婚姻制度而产生的新问题也对当时社会各层面造成不容忽视的影响。从全省来看，实现真正的婚姻自由仍是问题多多。据 1951 年 11 月始的婚姻法执行情况检查报告显示：自 1950 年新婚姻法颁布后，民众对于婚姻形式出现了多种标准的划分，分别是买卖婚、父母包办婚和自由结婚等。由于政府的重点打击和舆论宣传，买卖婚和父母包办婚已逐渐式微，取而代之的是婚姻法规定的自由结婚在乡村社会的盛行。但是研究社会实况不能单纯停留在法律文本上，必须综合考察文本之外的社会实践。这是因为"法律在实际运作之中，必须在一定程度上适应社会实际"，且表达与实践之间和法律与社会之间是一种"既背离又抱合"的关系。③

自由婚是 1950 年新婚姻制度颁布以来最重要的内容之一。据《婚姻法》规定：结婚须男女双方本人完全自愿，不许任何一方对他方加以强迫

---

①　本节所述自由结婚指不完全由男女双方自己做主的婚姻形式。在共和国初期的乡村社会一般称之为半自由或自由婚，但与《婚姻法》规定的婚姻自由仍有较大区别。《婚姻法》第三条规定："结婚须男女双方本人完全自愿，不许任何一方对他方加以强迫或任何第三者加以干涉。"参见中共中央文献研究室编《建国以来重要文献选编》（第 1 册），中央文献出版社，1992，第 172 页。

②　《关于贯彻执行婚姻法的指示》（1951 年 10 月 15 日），山西省档案馆藏，档案号：C64—3—26—5。

③　〔美〕黄宗智、尤陈俊主编《历史社会法学》，法律出版社，2014，导论第 1 页。

或任何第三者加以干涉。① 但在乡村社会，自由婚一般指青年男女有自由恋爱阶段的婚姻。据婚姻法检查组调查，武乡一区寨坪村自婚姻法颁布至 1951 年 12 月，共结婚 8 对，且均为自由婚。"结婚时只简单朴素的赠送一两套衣服或被褥，骑骑毛驴，即大事完成，有的连衣服和骑毛驴都没有，减了不少浪费"。② 因而在部分地区的自由婚还有一定的非买卖婚的意思在内。据山西省民政厅 1952 年报告显示，长治专区武乡等八个县 1952 年 1~8 月共结婚 2074 对，其中自主结婚占结婚总数的 88％；榆次专区交城等七个县 1952 年 1~6 月份共结婚 610 对，其中自由结婚331 对，占结婚总数的 54％；另据灵石一、二、三、四区各一个村的典型调查，1952 年比 1951 年自由结婚增加了 66.6％。③ 单从以上数据统计来看，自由婚逐渐取代买卖婚，新婚姻制度开始在基层社会奠定基础。但是只有通过个案材料和个体思想活动的挖掘才能真正了解法律表达在社会实践中发挥了怎样的作用。

自由结婚在乡村话语体系中一般分为两种形式：一种是先进青年男女通过日常工作和学习，主动认识、自由恋爱基础上形成的婚姻，这种形式较多发生在乡村夜校或青年干部之间；另一种是男女双方虽不经自由恋爱过程，但亦无明确反对意见的基础上形成的婚姻，此种婚姻形式在乡村社会较为普遍。为与前者区分，干部一般称其为半自由婚。共和国初期山西乡村的自由结婚数量统计中，半自由婚形式占据了其中的主要部分。据山西省 1952 年统计数据显示：长治专区武乡等八个县该年 1~8 月半自由婚达249 对；榆次专区交城等七个县 260 个村 1~6 月半自由婚 231 对，占同期结婚总数的 38％；榆次专区榆次等八个县 116 个村 1~6 月半自由结婚 1502对，占同时期结婚总数的 73.1％。④

半自由婚从其形式上可以看作是传统婚姻制度向新婚姻制度过渡的产物，因此其中也带有浓厚的买卖婚和包办婚的遗留色彩。部分地区认

---

① 《中华人民共和国婚姻法》（1950 年），载《为印发婚姻法展开学习与宣传运动由》（1951年 11 月），山西省档案馆藏，档案号：C64—3—26—9。

② 《武乡县一区寨坪村——新婚姻法执行情况调查总结报告》（1951 年 12 月 2 日），山西省档案馆藏，档案号：C64—3—26—17。

③ 《山西省一九五二年婚姻法贯彻情况的报告》（1952 年），山西省档案馆藏，档案号：C64—3—37—8。

④ 《山西省一九五二年婚姻法贯彻情况的报告》（1952 年），山西省档案馆藏，档案号：C64—3—37—8。

为幼年时已由父母买卖、订婚,成年之后经历一两次见面,即行结婚的行为称为半自由婚,如山西武乡白家庄 1951 年即有 13 对此种形式的半自由婚。① 也有部分地区认为子女成年,由父母找妥对象,取得子女同意,双方见面、结婚的形式为半自由婚,如清徐县南绿柳村 1950 年 5 月至 1953 年 1 月即有 19 对此种形式的自由婚,占该村同期结婚总数的 47.5%。② 第一种半自由婚在某种程度上便是买卖婚与新婚姻制度相互妥协的结果,家长在不否认子女婚姻自由权利的基础上,买卖婚的一方有一定的优先权。而第二种半自由婚则更多是包办婚的变种,但受新婚姻法的影响,保留了子女部分独立选择的权利。在乡村社会,半自由婚作为自由结婚的一种形式,证实了乡村社会在国家话语环境下具有一定的自主性,以致形成国家话语表达和制度实践之间一定程度的背离。

在共和国初期的乡村社会,所谓自由结婚,一般是经过实际上的介绍人活动(尤其是跨村结婚),双方有了一些了解后,由介绍人组织男女见一两次面,谈话内容亦很简单,大致问些是否愿意的话,一般没有恋爱过程,双方了解仅限于介绍人的居中介绍,感情基础极不巩固。③ 换句话说,能否在婚姻过程中实践婚姻法第八条"夫妻有互爱互敬、互相帮助、互相扶养、和睦团结、劳动生产、抚育子女、为家庭幸福和新社会建设而共同奋斗的义务"④,其基础在婚前并不具备,其结果仍大多寄希望于传统婚姻制度中"碰婚"后所谓的"缘法",自由结婚中仍存在着极大的盲目性和随机性。⑤ 造成此一问题的原因是乡村社会公共领域在共和国初期仍是以男性为主体,男女双方很难通过正常的社会交际实现婚姻自由。因而半自由婚、自由婚在乡村社会盛行在一定程度上也是男女双方受社会现实拘系下的自主选择。

① 《武乡二区白家庄婚姻法执行情况检查报告》(1951 年),山西省档案馆藏,档案号:C64—3—26—20。

② 《关于第一阶段工作情况报告——清徐县南绿柳村试点组》(1953 年),山西省档案馆藏,档案号:C64—3—44—2。

③ 《武乡二区白家庄婚姻法执行情况检查报告》(1951 年),山西省档案馆藏,档案号:C64—3—26—20。

④ 中共中央文献研究室编《建国以来重要文献选编》(第 1 册),中央文献出版社,1992,第 173 页。

⑤ 《武乡二区下北障婚姻法执行情况检查报告》(1951 年 11 月 26 日),山西省档案馆藏,档案号:C64—3—26—18。

在乡村社会，每一种集体行为都是当地文化塑造，现实利益环绕和社会制度干预下的综合产物。不少地区对自由恋爱存在着"妖魔化"的倾向，如批评自由恋爱是"先奸后娶""腐化""借自由恋爱名义胡搞"等。[①] 按照传统的分析方式，乡村社会反对自由恋爱是传统的社会礼教仍在发挥作用的表现。但从权力和秩序角度观察，乡村对自由恋爱的"妖魔化"是民众对乡村旧有秩序破坏后产生心理恐慌的一种反应形式。传统社会秩序遭到破坏，国家法律秩序尚未在乡村建立，因而导致部分社会问题的产生。如自由恋爱引发了青年男女结婚轻率问题。如武乡二区下北漳村李梅英（女）1950年与程子村一青年自由订婚，男女同为19岁，1951年春要结婚，只因男方尚差一岁，政府未予批准，女方随即否定婚约；[②] 武乡一区寨坪村1951年即有4对自由结婚的离婚，随后又有两对复婚；[③] 下北漳村一对青年自由婚，但婚前未作深刻了解，即行草率结婚，婚后不及一月，女方就提出离婚，后勉强同居半年，仍是以离婚收场。[④] 以致在部分地区流传着"顺风烟一把（给介绍人吸的），海昌兰（蓝）一身（给女方的），赶不上认亲（到老丈人家），就该离婚"。[⑤]

在新婚姻制度干预和阶级话语氛围影响下，很多地区妇女出现利用婚姻更换政治身份，进而获得政治地位的提高或经济条件的改善。不少妇女愿嫁工人、干部，不愿嫁庄稼人。如部分妇女反映："嫁工人可以穿蓝布，嫁干部可以念书，唯有嫁农民就得劳动"；[⑥] "不能嫁个干部，也要嫁个教员，要不能带我上太原（指嫁工人）"；"不嫁穷，不嫁富，不嫁翻身圪垯户，一心嫁个区干部"。[⑦] 武乡一区董家庄刘爱莲与一干部结婚，

---

① 《武乡县一区寨坪村——新婚姻法执行情况调查总结报告》（1951年12月2日），山西省档案馆藏，档案号：C64—3—26—17。

② 《武乡二区下北漳婚姻法执行情况检查报告》（1951年11月26日），山西省档案馆藏，档案号：C64—3—26—18。

③ 《武乡县一区寨坪村——新婚姻法执行情况调查总结报告》（1951年12月2日），山西省档案馆藏，档案号：C64—3—26—17。

④ 《武乡二区下北漳婚姻法执行情况检查报告》（1951年11月26日），山西省档案馆藏，档案号：C64—3—26—18。

⑤ 《武乡二区下北漳婚姻法执行情况检查报告》（1951年11月26日），山西省档案馆藏，档案号：C64—3—26—18。

⑥ 《武乡县一区寨坪村——新婚姻法执行情况调查总结报告》（1951年12月2日），山西省档案馆藏，档案号：C64—3—26—17。

⑦ 《武乡二区下北漳婚姻法执行情况检查报告》（1951年11月26日），山西省档案馆藏，档案号：C64—3—26—18。

随后去安徽居住，几月后又因感情不和离婚。①

总之，共和国初期的中国乡村社会依然保持着未经集体化训导的松散结构，所以在新婚姻法的推行过程中，通过分析个案材料，我们不仅能看到根深蒂固的传统和道德规范在始终影响着社会生活，同时更能看到基层社会在应付突发的外力干预时，软硬兼施消解压力的手段和被动的适应性选择。

## 四　自由离婚②：男性群体的妥协与抵抗

在研究婚姻问题时，不能孤立地从妇女问题和妇女解放的角度出发，参考社会性别理论的研究方法，在考察婚姻问题时，应该综合考量男女两性共同塑造的社会角色和权利结构的变动过程，展示男女两性之间不平等的权利关系。但目前学界对 1950 年《婚姻法》的研究重点仍主要停留在女性地位的独立和解放方面，在一定程度上忽视了男性的声音。但笔者在档案整理过程中发现，男性群体在维护传统婚姻权利的过程中，除了被关注已久的虐杀妇女、妇女自杀等极端案例③外，大多数男性会选择一种激烈程度较轻的手段，甚至为了避免离婚而做出一定程度的妥协和退让。

在 1950 年《婚姻法》颁布后出现的离婚潮中，一种较为常见的现象是妇女主动提出离婚，男性拒绝离婚，最终由司法机关判决，强制实现离婚。④ 据

---

① 《武乡一区洪水镇婚姻检查工作初步总结》（1951 年），山西省档案馆藏，档案号：C64—3—26—20。

② 本节论述的"自由离婚"是指单方意愿离婚，即只要有结婚者一方同意离婚即可自由离婚的情况。陈望道曾在 1922 年 9 月 6 日《民国日报》副刊《妇女评论》上发表《自由离婚底考察》，其中详细论述了自由离婚的两种情状，甲：两愿离婚——经结婚者两方同意才得自由离婚；乙：单愿离婚——有结婚者一方愿意即可自由离婚。一般情况下，两愿离婚是各国法治所许，而一般渴慕自由的人，却强要获得单愿离婚的自由。参见《〈自由离婚号〉引言》，《民国日报》副刊《妇女评论》，第 57 期，1922 年 9 月 6 日。

③ 如李洪河《建国初期婚姻家庭案件的司法救助》，《党史研究与教学》2008 年第 6 期；李洪河《建国初期与婚姻家庭相关的妇女死亡》，《妇女研究论丛》，2008 年第 3 期；张志永《建国初期华北农村婚姻制度的改革》，《当代中国史研究》2002 年第 5 期；常利兵《塑造婚姻与农民国家观念的形成——以贯彻 1950 年〈婚姻法〉为考察对象》，《晋阳学刊》2013 年第 3 期等。

④ 据 1950 年《婚姻法》规定：男女双方自愿离婚的，准予离婚。男女一方坚决要求离婚的，经区人民政府和司法机关调解无效时，亦准予离婚。参见中共中央文献研究室编《建国以来重要文献选编》（第 1 册），中央文献出版社，1992，第 174 页。

新绛县的统计 1950 年 5 月至 1951 年底，共处理离婚问题 524 件，其中 79%
是女方提出，男方不愿；双方同意的仅占 21%。① 在国家权力和妇女迫切要
求的双重压力下，男性群体出现了很多应对手段，其中较为常见的是远逃
他方，逃避法院传讯，使女方多次往返法院，故意拖长时间逃避判决②，或
冒充军人，希图利用军人身份阻止法院判决离婚。如郭庄村妇女谭穆丹与
张有钱之子张经敦订婚，因四年无音讯，女方要求取消婚约，司法科根据
张有钱的报告：本村曾有一退伍军人提及在四川见过张经敦在解放军中，
司法科以此为依据不准女方解约；又如妇女原慧芳要求取消婚约，男方家
属以男方在西北军区人民制药厂工作，司法科因不能判断其是否为军属，
故一直将其拖延。在河津县受理的军属婚姻案件中，有些案件无证明无根
据，不能确定男方确为军人，即依军属规定办理，部分案件仅凭男方的一
面之词或村干介绍信，即视女方为军属，限制女方离婚和取消婚约。③ 还有
部分男性通过一味地退让、百般迁就来避免离婚，如武乡一区洪水镇优抚
委员苏来 40 多岁，老婆只有 27 岁，两口子感情不好，但由于苏来不愿离婚
（担心离婚后找不到老婆），常挨老婆打。④

　　在面对《婚姻法》对男性家庭地位和权利的削弱过程中，男性群体的
合理利益也在一定程度上受到损害。如受《婚姻法》第十八条⑤限制，部分
地区女方通奸怀孕，男方急于离婚，但干部以法律为准则，强令男子一年
后才能提请离婚，造成男性对《婚姻法》的不满；又如受《婚姻法》第二
十四条⑥规定所限，忻县干部反映"男方当干部是供给制，并无私积财产，

① 《山西省一九五二年婚姻法贯彻情况的报告》（1952 年），山西省档案馆藏，档案号：
　　C64—3—37—8。
② 《山西省人民政府呈内务部：为执行婚姻法中发生的几个问题请示遵由》，（1950 年 9 月 28
　　日），山西省档案馆藏，档案号：C64—3—1—8。
③ 《对河津县婚姻法执行情况检查的报告》（1951 年 12 月 19 日），山西省档案馆藏，档案号：
　　C64—3—26—21。
④ 《武乡一区洪水镇婚姻检查工作初步总结》（1951 年），山西省档案馆藏，档案号：C64—
　　3—26—20。
⑤ 《婚姻法》第十八条规定："女方怀孕期间，男方不得提出离婚；男方要求离婚，须于女方
　　分娩一年后，始得提出。但女方提出离婚，不在此限。"参见中共中央文献研究室编《建国
　　以来重要文献选编》（第 1 册），中央文献出版社，1992，第 175 页。
⑥ 《婚姻法》第二十四条规定："离婚时，原为夫妻共同生活所负担的债务，以共同生活时所
　　得财产偿还；如无共同生活时所得财产或共同生活时所得财产不足清偿时，由男方清债。"
　　参见中共中央文献研究室编《建国以来重要文献选编》（第 1 册），中央文献出版社，1992，
　　第 177 页。

但为女方深造，借债供其上学，毕业后感情突变提出离婚，债务由男方偿还"，给男方造成不合理的生活压力。① 甚至有部分妇女利用自由离婚的权利在骗取男方彩礼后，上报司法部门要求强制离婚。② 男性群体的利益得不到合理维护，一方面会引发社会对《婚姻法》的质疑；另一方面也会进一步激化男性对女性的报复情绪和性别矛盾，致使妇女被杀和被迫自杀问题始终难以彻底根除。

在看待男性抵抗《婚姻法》的问题上，还有一股最重要的力量始终为人所忽视，即乡村社会中的男性干部。从本质上看，乡村干部和一般农民在经济、政治和社会生活上是极为相近的，其耳濡目染的社会现实和切身利益仍然会影响他们的选择。③ 因此当《婚姻法》对已有男性特权形成威胁时，部分男性干部会从男性立场出发，利用国家赋予的权力对其进行多种形式的消极处置。

在对《婚姻法》的宣传过程中，男性干部会通过消极宣传或曲解《婚姻法》等方式保障男性的传统婚姻特权，这些行为虽然极大地背离了国家话语，但表明了干部鲜明的男性立场。如有些干部以"旧习惯太深，新婚姻法不能立即执行"为借口，对买卖婚等不予制止。④ 浮山县马沟村干部对某妇女的离婚问题，以表扬其不离婚为好妇女，致使其走投无路，因与其夫一言之争，自缢而死；潞城干部拒绝向妇女宣传婚姻法，担心妇女懂了婚姻法闹离婚，引起社会混乱，甚至怕自己女人提出离婚；⑤ 还有部分村干在处理离婚带产问题时，会与《婚姻法》规定出现偏差，如离婚系男方提出，女方就应带产，如女方提出离婚，则一般是少带或不带。带产也不是从法律上承认其财产所有权，而是被视为照顾女方生活。生活费之多寡，也会看女方是否好找对象来定，好找者少带或不带，否则多带。⑥ 当男方为

---

① 《婚姻材料报告》（1951 年 11 月 10 日），山西省档案馆藏，档案号：C64—3—1—17。
② 《对河津县婚姻法执行情况检查的报告》（1951 年 12 月 19 日），山西省档案馆藏，档案号：C64—3—26—21。
③ 黄道炫：《张力与限界：中央苏区的革命（1933～1934）》，社会科学文献出版社，2011，第 301 页。
④ 《对河津县婚姻法执行情况检查的报告》（1951 年 12 月 19 日），山西省档案馆藏，档案号：C64—3—26—21。
⑤ 《婚姻材料报告》（1951 年 11 月 10 日），山西省档案馆藏，档案号：C64—3—1—17。
⑥ 《武乡二区下北障婚姻法执行情况检查报告》（1951 年 11 月 26 日），山西省档案馆藏，档案号：C64—3—26—18。

入赘时，无论哪方提出离婚，男方都应该带土地等财产，一般称为"不能白手出庙门"。① 在部分地区的乡村干部还抱有"离婚妇女不得嫁外村""寡妇不出本村"等思想。②

在处理一般群众婚姻问题或落实《婚姻法》的过程中，部分干部甚至会采取一些过激手段来维护男性特权。在山西武乡部分村干部担心穷人离了婚娶不上老婆，强制妇女禁止离婚、禁止出村，以妇女不正派为由变相打斗。③ 河津三区秘书薛建立轻信诬告将寡妇李月英自由婚看成买卖婚。在李月英自杀后，迫令其娘家将死尸埋于婆家的坟地，免致死者前夫落个"孤坟"。④ 忻县专区有村长召开群众大会批斗青年男女自由结婚，对群众采取扣押、吊打等恶劣手段更是屡见不鲜。⑤ 邓县文渠区张楼乡有一家庭中丈夫对妻子施暴，乡干部和乡妇联主任置之不理，妇女能行走时，五六个妇女跟踪监视，不准其提离婚；妇女到区政府请求离婚，乡干部包庇男方证明男方不在家，致使妇女迟迟无法离婚。⑥ 部分司法机关男性干部也在一定程度上出现了滥用职权的现象：在审理离婚案时，迁就男方，强调男方的贫雇成分，人财两缺。看到有些妇女穿得干净些，即判其为作风不好。在审理刑事案件中，男性打死妇女自首，判五年徒刑；女性打死男性，判死刑。⑦

在共和国初期男性群体对《婚姻法》的抵制过程中，除部分群众的激烈反抗外，一般男性群众在《婚姻法》下的男女两性权利争夺中是处于弱

---

① 《武乡二区白家庄婚姻法执行情况检查报告》（1951 年），山西省档案馆藏，档案号：C64—3—26—20。

② 《对河津县婚姻法执行情况检查的报告》（1951 年 12 月 19 日），山西省档案馆藏，档案号：C64—3—26—21。

③ 《检查武乡县第一区白和村婚姻法执行情况的检查整理》（1951 年），山西省档案馆藏，档案号：C64—3—26—19。

④ 《对河津县婚姻法执行情况检查的报告》（1951 年 12 月 19 日），山西省档案馆藏，档案号：C64—3—26—21。

⑤ 参见《五寨县南庄子村村长及村人民代表违法干涉婚姻自由的典型案例》（1952 年），山西省档案馆藏，档案号：C64—3—237—9；《为转发中央内务部关于加强区、乡（村）干部对婚姻法的学习，重视婚姻登记制度的指示，希认真执行由》（1951 年 11 月 29 日），山西省档案馆藏，档案号：C64—3—26—6。

⑥ 《各专区土地复查总结报告》（1952 年 8 月 10 日），河南省档案馆藏，档案号：J17—1—40—1。

⑦ 《参加司法工作改革报告——洛阳专区妇联》（1952 年），河南省档案馆藏，档案号：J17—1—40—4。

势的，但是男性干部的干预成为婚姻问题复杂化的重要因素。通过干部在处理婚姻问题时的行为选择可以发现：干部除了作为国家权力的代理人以助国家实现最彻底的权力渗透和底层动员外，仍然保留有传统农民的价值判断和选择能力，在触及自身利益时，他们可以随时转化为国家权力深入基层的阻力。

## 五　军婚：国家观念的强化与妥协

军人配偶的婚姻生活质量在共和国初期，尤其是抗美援朝运动以来出现了个人利益诉求与国家政治需要尖锐对立的现象，军属离婚案、破坏军婚案在各地均有出现。一方面1950年《婚姻法》的颁布，"自由婚姻的新风气不断产生，大批青年男女尤其是妇女群众都主动提出要求实现婚姻自由"①，对长期寡居的军属妇女的传统婚姻观念形成了巨大冲击；另一方面国家为维护军队稳定和前线战局，又利用国家话语在乡村社会不断塑造"婚姻自由利益是革命整体利益的一部分，它应该而且必须服从革命整体利益"②的牺牲精神。在这样的国家利益与个人利益的对抗过程中，国家话语对个人诉求采取了绝对的压制和支配。但其最终的结果是国家与军属群体达成了一定程度的共识，在塑造军属的国家观念的同时，对军属的部分婚姻生活要求予以妥协。

在军属的客观生活质量方面，国家利用强大的动员能力和社会组织能力实现了基本保障，各级政府机关也为此制定颁布了全方位的拥军优属条令。1950年12月中央政务院批准了《革命烈士家属革命军人家属优待暂行条例》③，其中涉及军属土改分配、入学、就业、医疗、救济、劳动等各个方面的优待。地方上，1949年9月山西省政府发出《关于本年底前民政工作的指示》，把做好优军代耕工作作为三项主要内容之一；1951年7月省政府又颁布《山西省代耕暂行办法》。据统计，1949～1955年全省享受代耕的

---

① 《关于贯彻执行婚姻法的指示》（1951年10月15日），山西省档案馆藏，档案号：C64—3—26—5。

② 沈钧儒：《关于处理现役革命军人婚姻问题的指示》（1951年4月21日），山西省档案馆藏，档案号：C64—3—26—4。

③ 国务院法制办公室编《中华人民共和国法规汇编（1949—1952）》（第1卷），中国法制出版社，2005，第67～68页。

烈属、军属、残废军人和脱离生产的供给制工作人员家属共 972931 户，享受优待人口 3189040，享受代耕工 116634436 个。① 据笔者有限观察，乡村中军属对国家提供的生活水平也较为满意，武乡二区下北漳村军属反映："我们家庭都和睦，代耕很好，吃穿都不困难，啥也不缺，只是缺少一个丈夫。"② 武乡一区洪水镇调查同样显示军属平均亩产粮均高于一般民众，生活上并不困难。③ 全方位的客观生活质量保障至少在物质上实现了维护军人婚姻状况的目的，但各地普遍出现的军属婚姻问题证实，他们虽然有制度上的保障和优待，但政策与实践仍有背离，国家话语的干预与军属主观婚姻生活质量之间仍存在偏差，换句话说，良好的客观生活质量仍然无法满足军属对主观婚姻质量的需求。

在处理因长期无音讯而要求离婚问题时，国家利用法律的逐步完善过程实现了对军属国家观念的塑造。在 1950 年 5 月《婚姻法》颁布后，司法机关利用第十九条④规定暂时处理，合法限制了第一批受婚姻自由影响的青年妇女。在 1951 年 4 月，中央人民政府司法部、最高人民法院又联合发布《对于现役革命军人与退役革命残废军人离婚案件的处理办法及开展爱国拥军教育的指示》，各级政府又在此基础上明确规定了对军属离婚问题的多项行政手续，在国家与个人博弈中取得了初步胜利。首先，司法或民政机关向该军人家里、亲戚朋友及所在地的群众与县区村政府机关、群众团体作精确调查，如证明在婚姻法颁布前二年与颁布后一年，确属有信者即驳回其离婚请求。其次，在确定三年中确系无信的前提下，由司法机关向军人现在的部队政治机关发函询问，若对其目前所在部队番号不明，即就其当初参军入伍部队，或军人最后通讯时部队番号调查，向原参军地区的省军区政治部查询。如部分军人在部队服务，因连续作战，不能给家庭通信，

---

① 山西省史志研究院编《山西通志》（第 35 卷·民政志），中华书局，1996，第 117 页。
② 《武乡二区下北漳婚姻法执行情况检查报告》（1951 年 11 月 26 日），山西省档案馆藏，档案号：C64—3—26—18。
③ 《武乡一区洪水镇婚姻检查工作初步总结》（1951 年），山西省档案馆藏，档案号：C64—3—26—20。
④ 《中华人民共和国婚姻法》第十九条规定："自本法公布之日起，如革命军人与家庭两年无通讯关系，其配偶要求离婚，得准予离婚。在本法公布前，如革命军人与家庭已有两年以上无通讯关系，而在本法公布后，又与家庭有一年无通讯关系，其配偶要求离婚，也得准予离婚。"参见中共中央文献研究室编《建国以来重要文献选编》（第 1 册），中央文献出版社，1992，第 175 页。

或虽经寄信而家中没有收到，则依法不准其配偶离婚。再则军人现已志愿参加抗美援朝战斗，或其担负工作不便通信者，对其妻调解无效后，即判决不准离婚。如向部队政治部门查询无结果，或从司法机关发出调查文件时起，过半年未得回信，而部队机关又未提出需要延长调查时间的理由时得按婚姻法第十九条之规定，方准予判决离婚。① 在这一个个环节的运作过程中，国家向乡村民众展示了国家权力机构的严密性和整体性，同时，国家机关也通过每个环节不断强化军属的国家观念和集体意识，尽可能地消解军属对婚姻生活的不满。

在处理与军人订婚妇女请求解除婚约问题过程中，国家存在过分干涉妇女婚姻自由的问题。一方面国家不承认乡村社会订婚行为，中央法制委员会在《有关婚姻法施行的若干问题与解答〈关于问题一〉的答复》中明确规定："订婚不是结婚的必要手续，任何包办强迫的订婚一律无效。男方自愿订婚者，听其订婚。订婚的最低年龄，男为十九岁，女为十七岁。一方自愿取消订婚者，得通知对方取消之"；② 另一方面国家又禁止与军人订婚妇女解除婚约，如平陆县王饶女 1944 年与军人关志明订婚，在 1950 年 12 月正式提请离婚时，相关部门明确驳回其请求。③ 平陆县曹艳娥 1942 年与军人柳全礼订婚，在 1951 年女方因年龄过大，不愿再等而提请离婚时，同样遭到驳回。④ 据平顺县报告，该区至 1951 年，有四五个军人未婚妻，因订婚后不久，男人参军十余年未与家庭通过信，女方年龄已有二十多岁，几次向政府请求解除婚约均未解决。⑤ 国家对军人离婚问题的过度慎重，在中共阶级话语体系中受到层层放大，对基层干部造成巨大压力，直接造成大量军人婚姻问题难以处理，进而促使军属妇女采取了种种反抗形式。较为常见的形式有三种：第一种是捏造合法理由，希图蒙骗司法机关，如有

---

① 《山西省人民政府令：关于革命军人婚姻问题处理的办法》（1951 年 5 月 9 日），山西省档案馆藏，档案号：C64—3—26—4。
② 《对河津县婚姻法执行情况检查的报告》（1951 年 12 月 19 日），山西省档案馆藏，档案号：C64—3—26—21。
③ 《批复平陆县关于军属王饶女解除婚约问题应坚决执行婚姻法规定》（1950 年 12 月 30 日），山西省档案馆藏，档案号：C64—3—1—14。
④ 《为纠正你县对军人婚姻问题的处理态度由》（1951 年 1 月 31 日），山西省档案馆藏，档案号：C64—3—26—10。
⑤ 《根据中央规定慎重处理现役军人取消婚约问题》（1951 年），山西省档案馆藏，档案号：C64—3—26—11。

人捏造"对方三年已无音讯"为离婚理由；有人隐瞒军属身份，谎称对方为普通民众，出外多年，生死不明，要求离婚。第二种是非法造成"既成事实"，如部分军属不经离婚，另找对象结婚，迫使法院迁就非法"既成事实"，抹杀革命军人合法的婚姻关系。第三种是军属在无法取得军人离婚同意的情况下，以"拼死""自杀"要挟法院，迫使部分法院放弃原则，轻率判离。①

在共和国初期军属婚姻问题中，除军属离婚案增多外，破坏军婚案亦十分严重。但学界对这一问题的研究更多集中于破坏军婚对社会的恶劣影响层面②，经笔者对乡村婚姻史料的梳理发现，在众多严重的破坏军婚纠纷表层下，还有众多受乡村传统文化保护的军属。据1951年武乡二区下北漳村婚姻法执行报告显示：下北障全村共18户军属，其中10户军人有配偶，在这10个"军嫂"中已先后七个生了孩子（私生子）。凡是怀了孕的，公婆均十分开心，其中一军嫂柴来香怀了孩子，婆婆见其回了娘家，马上跟着去，生怕把孩子弄掉。另一军嫂杜娥英公公在儿媳生孩子后特意买来下奶药，并主动给小孩买饼干吃。也有军人在得知妻子产子后说："老婆生了孩子，回信叫好好作抚。"李怀义残废荣归，待小孩亦很好。面对这种情况，军人家属认为"军人能否回来或能否健康地回来很难说定，既然生了孩子，虽不荣誉，但能顶门应户"，同时从军嫂来说："有了孩子就有了牵挂，以后不致尽闹离婚等麻烦"，一般群众同样反映"人家男人为公长年不在，年轻人很难避免这些情况，马马虎虎就是那么回事儿"。③从1951年12月山西全省婚姻法执行情况调查来看，这种情况并不罕见，同样在武乡一

---

① 《关于处理现役革命军人婚姻问题的指示》（1951年4月21日），山西省档案馆藏，档案号：C64—3—26—4。

② 学界对破坏军婚案的研究从民国至共和国成立后均有针对性学术成果，如对抗战时期华北根据地破坏军婚案的史实研究，见岳谦厚、杜清娥《华北革命根据地的军婚保护制度与实践困局》，《安徽史学》，2005年第1期；又如对华北1941~1949年"妻休夫"现象的研究，见江沛、王微《传统、革命与性别：华北根据地"妻休夫"现象评析（1941—1949）》，《四川大学学报》（哲学社会科学版）2014年第3期；还有从立法流变角度对破坏军婚案的研究，见张群《抗战·军婚·人权——我国近代军人婚姻立法初探》，《比较法研究》2007年第5期；此外，对共和国成立后破坏军婚现象在部分研究成果中也有体现，如满永《1950年代乡村复员军人生活研究——以皖西北地区为中心》，《党史研究与教学》2013年第1期。

③ 《武乡二区下北障婚姻法执行情况检查报告》（1951年11月26日），山西省档案馆藏，档案号：C64—3—26—18。

区洪水镇的 13 个青年军属中就有 6 个养非婚生子的现象,如村妇联会副主席爱则,其夫在朝鲜前线经常有通信来往,感情不错,1951 年 10 月其夫(战斗英雄)回北京观礼时还给她捎回红花被子一、床单二、衬衣二、毛巾一、笔记本三、墨水一瓶、钱二十万元,还订了一份中国青年报给她学习,但其时爱则已怀孕六个多月。① 爱则作为军属,在怀有非婚生子的情况下仍能担任村妇联会副主席,从另一侧面也证实了乡村社会对军属通奸问题的包容性。从法理层面和革命话语下研究的破坏军婚案,其取材大多倾向于法院、司法科等的档案记录或数据统计,而这会直接放大军婚问题对乡村日常生活的影响。但从文化认同的角度研究,利用更贴近乡村日常生活的婚姻档案观察,就会发现在部分尖锐的军婚纠纷下,大量军婚问题在传统乡村文化的氛围下以"无声"的形式维持了乡村社会的稳定。

地方政府在处理破坏军婚案时面对的各方压力,迫使其努力缓和军人与军属之间的直接冲突,以减少破坏军婚案的负面影响。在此基础上,政府内部基层对上层的话语表达也出现了自主性阐释现象。如中央及各省级机关规定:"各地对已发现破坏革命军人的婚姻案件,应予认真处理。对霸占、强奸等犯罪行为应予严办。"② 但河津县在不明确违反中央原则的前提下规定:"检举通奸,必须在亲告时,即妻与人通奸,本夫亲告,或夫与人通奸,本妻亲告,政府始予受理,否则不予受理。至于军属与人通奸问题,政府自应设法防止,但他人不得滥行干涉,致造成不良影响。"③ 这在一定程度上形成了对军属通奸行为的潜在掩饰和舆论压制,尽可能减少军属与军人之间发生直接冲突的诱因,进而实现对社会秩序的最大程度掌控。对于基层政府而言,减少乡村婚姻矛盾,实现社会秩序稳定是第一位的,为实现这一目的,在部分问题上的妥协和让步同样是可以接受的。

军属婚姻的自由是以国家利益实现为前提的,但即使是国家强力干涉情况下,基层社会仍不乏多种形式的反抗。在革命话语下,军属妇女扮演的是被牺牲的角色,但深入乡村日常生活,从人类学"他者"的视角观察

---

① 《武乡一区洪水镇婚姻检查工作初步总结》(1951 年),山西省档案馆藏,档案号:C64—3—26—20。

② 谢觉哉:《关于纠正破坏现役军人的婚姻问题》(1952 年 12 月 24 日),山西省档案馆藏,档案号:C64—3—37—1。

③ 《对河津县婚姻法执行情况检查的报告》(1951 年 12 月 19 日),山西省档案馆藏,档案号:C64—3—26—21。

就会发现乡村传统文化给了军属最后一片生存的领域。同样在国家话语表达过程中，所有的权力运作、制度表达都是流动的，是为实现最终的社会控制服务的，所以在婚姻与革命博弈过程中，国家权威也会有妥协的时候。

## 六　余论：文化与革命的博弈与共融

新婚姻制度的改革是国家整合乡村社会资源，增强乡村动员能力的重要形式，在新旧制度博弈过程中，虽然表面上大致完成了新旧制度的更替，但从乡村民众的思想和个案的分析上，仍可清晰感受到传统礼俗对乡村民众价值选择的潜在影响。在政治力量干预和复杂外部环境影响下，乡村民众仍会习惯性地利用传统社会的伦理结构去认识、处理新事物，进而逐渐形成利用国家话语包装乡村礼俗的结构体系。

从近代化史观来看共和国初期婚姻制度变革，我们会看到封建"男尊女卑"观念的纠正、妇女的解放和早婚、包办婚、买卖婚的绝迹，会看到社会的进步。但从文化认同的角度看待共和国初期婚姻制度变革的整个过程，我们会发现在外力干涉下不符合现实需要的旧文化形式会被取代，但传统文化对乡村社会的影响并不会如理想中那样被彻底清除。与之相反，在婚姻问题的处理过程中，传统礼治秩序与《婚姻法》的融合更有利于婚姻自由的实现。在处理妇女离婚带产问题中，部分妇女出现主动放弃携带财产的现象，如下北漳村李秀珍离婚，原为男方提出女方同意，处理时政府提出女方应带一部分财产，但李秀珍主动提出："我不带，他家困难，男人还要娶妻，他还在读书需要学费，我出去也不愁找对象。"[①] 据晋城县一、六、七、八等四个区 1952 年 1～8 月份统计，共处理离婚问题 190 件，其中因男方生活困难，女方只带走自己东西的 29 人，占 15.3%。[②] 这种现象从革命话语角度理解是对妇女的压迫，但从传统乡村伦理角度看，男女在离婚时保有的相互理解正是传统文化的典型体现。

文化是现实社会选择的结果，它的生命力就在于民众的需要。新婚姻

---

① 《武乡二区下北漳婚姻法执行情况检查报告》（1951 年 11 月 26 日），山西省档案馆藏，档案号：C64—3—26—18。
② 《山西省一九五二年婚姻法贯彻情况的报告》（1952 年），山西省档案馆藏，档案号：C64—3—37—8。

制度的变革尤其是婚姻自由的实现，除国家的政策宣传和动员外，更多依靠的是乡村内部文化对婚姻自由的认同。在共和国初期诸多自由恋爱、自由结婚的典型案例①中，数量最多的一部分青年男女是来自于村干部、党员或积极分子及民校、夜校学生。由此可见，正常的社交活动、适度的思想引导和相对开放的社会环境的综合作用，才能形成《婚姻法》所设想的新式婚姻。与此同时，阻碍性的传统文化会在干预过程中被国家权威所冲垮，而留存的乡村文化会和新产生的文化相互融合形成新的乡村话语体系。

当前学界对共和国初期国家—乡村关系的研究大多集中在国家与社会二元对立的研究框架中，但从"文化涵化"②的角度看，国家—乡村关系或许会有新的相处模式。通过笔者对乡村日常生活中各群体在婚姻变革过程中的心态和话语分析，可以发现婚姻制度对乡村日常生活的变革效果是显而易见的，但变革的过程并非从前所设想的国家权力主导下的国家法治文化对乡村伦理文化的取代，而是乡村文化与国家革命两个体系的不同文化因子的相互博弈、相互融合，进而满足新的社会文化的需要。

---

① 如《坚决贯彻婚姻法，保障妇女权利！邰秀英孙田均自由结婚的故事》，《人民日报》1951年10月23日；《一对青年夫妇——任小群和王顺英》，《人民日报》1952年12月22日等。
② 文化涵化是指不同文化系统之间相连接而发生的文化变迁（参见孙英春《跨文化传播学》，北京大学出版社，2015，第323~324页）。文化涵化是近半个多世纪以来国际人类学论坛上的重要课题之一，一般用来分析民族间文化的相互关系。但笔者试图利用文化涵化概念理解国家制度文化与传统社会伦理文化之间的互动关系。

# 龚自珍依恋母爱与追寻童心的文化意蕴

曹志敏[*]

黎巴嫩诗人纪伯伦曾经说过："人的嘴唇所能发出的最甜美的字眼，就是母亲；最美好的呼唤，就是妈妈。"的确，母亲往往是人生发展的向导，是挚爱与温暖的源泉所在，许多时候亦是知己与朋友的完美结合。龚自珍的母亲段驯，作为乾嘉名儒段玉裁之女，其知书达理，学识渊博，工于诗词与书法，是龚自珍人生的第一位启蒙老师，同时也给予他最温柔、最甜蜜的母爱。龚自珍一生依恋母爱，追求童心，对其个性发展与感情特色，仕途进取与诗文创作，皆产生极为深远的影响。目前，学术界关于龚自珍学术思想的研究成果颇多，但对其与母亲关系的探讨，专篇论文则付诸阙如。本文试图从新文化史的视角，来探讨童年、童心与母爱对龚自珍个性发展与诗文特色的影响，并力图对此一问题进行全新的阐释。

## 一　乾嘉名儒之女段驯的诗书才华

段驯，字淑斋，江苏金坛人，乾嘉名儒、小学家段玉裁之女。段玉裁师事乾嘉汉学泰斗戴震，一生究心经籍，著述宏丰，所著《说文解字注》影响甚大，王念孙盛赞"千七百年来无此作矣"；[①] 阮元称此书"可谓文字之指归，肆经之津筏矣"。[②] 段玉裁深于文字、音韵、训诂之学，同时精通校勘，是乾嘉时期徽派朴学大师中最为杰出的学者之一。段驯作为玉裁之

---

　*　曹志敏，天津师范大学历史文化学院。

①　王念孙：《〈说文解字注〉序》，（汉）许慎撰、（清）段玉裁注《说文解字注》卷首，中州古籍出版社，2006。

②　钮树玉：《段氏说文注订》卷首，《阮元序》，《丛书集成初编》本，中华书局，1985。

女，善于吟诗，著有《绿华吟榭诗草》，书法亦工，于篆书尤为精通，据沈善宝《名媛诗话》记载："圭斋（即龚自璋，龚自珍之妹）母段淑斋太夫人诗笔卓绝。余常笑谓圭斋云：'子非羲之献之乎？'然家学亲承，正复相似。"① 段驯工于诗词与书法，而其女龚自璋亦是如此，因此沈善宝才将其母女比作东晋书法家王羲之、王献之父子。

段驯所作诗歌，风格清新典雅，语言朴素自然。民国时期徐世昌《晚清簃诗汇》收录段驯诗歌二首，颇能显示其才华，其一是《晓起渡钱塘》：

晓出钱塘口，江天月尚浮。晴初山色淡，风定早潮收。
离雁随人远，樯乌解客愁。富春名胜地，欣得一帆游。②

龚氏世居杭州，清晨早起渡钱塘江，应是生活中极为平常之事，段驯寥寥几笔，勾勒出江南山水之美，"晴初山色淡，风定早潮收"宛如一幅美丽的水墨山水画卷，而诗人流连于青山碧水之中，一股欣然忘返之情油然而生。段驯的小诗，将其悠然闲适的心情表现得淋漓尽致，而诗人"腹有诗书气自华"的才女形象，亦展现在读者眼前。

作为一代学术大师段玉裁之女，段驯饱读诗书，学识亦不同凡响。其夫龚丽正之弟龚守正，官至礼部尚书，早年对嫂夫人的学识也颇为赞赏。其《家乘述闻》曾云："余幼年偶言及诗词家每用'六朝'字，西晋及隋俱非南朝，何以言六？六嫂云：'吴及东晋、宋、齐、梁、陈为六朝。'家兄系段懋堂先生之婿，嫂为名父之女，究不同寻常巾帼也。"③ 守正讲述了"何谓六朝"之事，足以窥见段驯学识的渊雅。

段驯生于乾隆三十三年（1768）八月，与其夫龚丽正何时完婚，已无法考证。乾隆五十七年（1792），自珍诞生，段驯 25 岁；嘉庆元年（1796），丽正成进士，此后长期为官京师，直到嘉庆十七年（1812）外放徽州知府。在漫长 17 年京官生涯中，丽正并无个人住宅，只能赁屋而居。清人对家庭生计的观念，无论是平民百姓还是官宦之家，皆以节俭、量入为出为主，对此张履祥曾说："凡人用度不足，率因心侈。心侈，则非分以

---

① 沈善宝：《名媛诗话》卷六，《续修四库全书》第 1706 册，上海古籍出版社，1995。
② 徐世昌：《晚清簃诗汇》卷 186，中华书局，1990，第 8393 页。
③ 龚守正：《家乘述闻》，樊克政：《龚自珍年谱考略》，商务印书馆，2004，第 556 页。

入，旋非分以出。贫固不足，富亦不足，若计口以给衣食，量入以准日用，素贫贱，行乎贫贱；素富贵，不忘艰难，所需自有分限，不俟求多也。"①作为累代仕宦簪缨的龚家，亦是代代坚持勤俭持家。龚家的生活状况，由段驯的诗中可以略见一斑：

> 家风本寒素，世德媲先贤。忆我初为妇，扪心幸寡愆。
> 鸡鸣循省问，日出治盘筵。汲瓮安操作，荆钗不斗妍。
> 几曾寻画舫，何暇理香笺。颇爱清贫味，同筹藜藿饯。
> 无有真皂勉，饥灾未缠绵。叔子埙篪雅，书声旦晚联。
> 雍雍敦布被，蔼蔼溢门榜。况有兰闺伴，相依萱室前。
> 宵分频问药，秋冷劝装棉。奉养方期永，春晖不少延。
> 两番垂缟幕，一恸渺黄泉。了了悲欢迹，堂堂乌兔迁。
> 渐看儿女大，都是婚嫁年。燕北风沙地，江南花柳天。
> 妆宁空有梦，生计苦多缠。幸遂南来愿，沉疴快一痊。
> ……平生辛苦甚，吟倩汝曹传。②

　　段驯认为，龚家家风寒素，生活清贫，一向靠勤俭持家维系。作为家中主妇，段驯每天刚刚鸡鸣，就去问候长辈，日出就准备早饭，抱瓮汲水，烧火做饭，饭菜并无山珍海味，却常有藜藿之羹，万幸的是家中并未断粮，发生饥荒。知书达理的段驯衣着朴素，荆钗更谈不上争奇斗艳，也曾与同伴画舫同游，但生活的忙碌辛苦，使这种机会并不多；段驯喜欢吟诗填词，但往往因为柴米油盐，无暇顾及那些"香笺"。小叔子守正与他们一家人共同生活，读书吟咏之声通宵达旦，期间又经历了公婆的相继离世，皆需段驯亲自去服侍料理。在段驯眼中，她在龚家的生活，可谓"生计苦多缠"，"平生辛苦甚"，此诗真实记录了龚家勤俭持家的传统与段驯操持家族生活的艰难。正是段驯的辛苦劳作与精心安排，把家料理得井井有条，给了自珍快乐温馨的童年与饱暖小康的生活。

---

① 陈宏谋编《五种遗规》，《训俗遗规》卷三《张杨园训子语》，经纬教育联合出版部，1935，第 57 页。
② 王洪军：《段驯龚自璋抄本诗集考》，《文献》1998 年第 2 期。

## 二　童年·童心·母爱与龚自珍个性的成长

龚宅在自珍记忆中的第一印象，见于成年后所作的诗中。自珍诗云："凄迷生我处，宛转梦中寻。窗外双梅树，床头一素琴。"① 自珍对于自己出生时的家中情景，印象颇为深刻：在杭州马坡巷故宅中，窗外有两棵梅树，月光下稀疏的梅枝在窗棂上映出淡淡的剪影，微风送来沁人心脾的梅香；而在床头，放着一把没有精美雕饰的素琴，这一场景展现出龚家书香门第的风貌。所有这些在自珍幼小的心灵上，留下了极为深刻的印迹，以致多年之后，还依然出现在他的睡梦里。

作为龚家的独子，自珍的出生自然给这个家庭带来莫大的喜悦。更为凑巧的是，自珍出生后龚家喜事连连：乾隆六十年（1795）自珍四岁，其父丽正中浙江乡试第五名举人，第二年进京会试，中第31名进士，签分礼部学习行走。嘉庆二年（1797），自珍六岁就随母亲及姑父潘立诚进京，居住在北京横街寓宅。横街位于北京外城、中城与西城之间，附近有圆通寺、华严寺与粤东会馆，街上古槐参天。成年后，自珍曾作诗回忆横街住宅："因忆横街宅，槐花五丈青"②，龚家赁屋附近，长着高大茂盛的槐树，那清香飘溢的槐花给自珍留下了难忘的印象。两年后龚家移居斜街宅，斜街位于宣武门南，宅里种有艳丽的山桃花，每到春天，就给主人带来缤纷的春色与勃勃的生机。

自珍幼年身体较弱，每每在夕阳落日中，听到卖饴糖小贩那悠扬的吹箫之声，就会脸色黯然，精神恍惚，好像生病一样，但无人知道其中的缘故。每当这时，母亲段驯就会把自珍搂在怀里，轻轻地抚摸着他，让他真切体会到母爱的最温柔，因此，母亲就成为自珍人生风雨中最可靠、最温暖的避风港。对此，自珍曾作诗云：

> 黄日半窗暖，人声四面希，饧箫咽穷巷，沈沈止复吹。
> 小时闻此声，心神辄为痴；慈母知我病，手以棉覆之；

---

① 龚自珍：《乙酉除夕梦返故庐见先母及潘氏姑母》，刘逸生、周锡馥校注《龚自珍诗集编年校注》，上海古籍出版社，2013，第257页。

② 龚自珍：《因忆二首（其一）》，刘逸生、周锡馥校注《龚自珍诗集编年校注》，第66页。

夜梦犹呻寒，投于母中怀。行年迫壮盛，此病恒相随；
饮我慈母恩，虽壮同儿时。[①]

在此应该指出，诗中伤箫是饴糖小贩所吹的箫。自珍之父丽正身为京官，廉俸微薄，所赁宅院应该不是什么高墙深院，因此饴糖小贩的伤箫会清晰传入龚宅。那深沉悠扬的箫声，令自珍心神为痴，母亲段驯深知儿子的病，因此让自珍躺在床上，轻轻给他盖好被子，用她那温暖的手臂抚摸着儿子的额头。有时候已是深夜，睡梦中的自珍还发出阵阵呻吟，段驯听到儿子的梦呓，就悄悄来到儿子房间，把自珍抱在怀中。直到而立之年，自珍"闻箫则病"的心疾亦无改变，而段驯对儿子的爱抚，直到自珍壮年亦是如此。在母亲面前，他永远是一个长不大的孩子。

这里需要说明一下，箫为我国传统的民族乐器，音色圆润浑厚，柔和优美，给人一种悠远苍凉的感觉，极其适于演奏较为哀婉凄凉的乐曲。古人吹箫多用于送别，古诗词曲中描写箫声的句子颇多，如李白"箫声咽，秦娥梦断秦楼月"，杜牧"二十四桥明月夜，玉人何处教吹箫"，辛弃疾"凤箫声动，玉壶光转，一夜鱼龙舞"，纳兰性德"何处吹箫，脉脉情微逗"等等，这里的箫声、吹箫，都弥漫着一种离别的哀怨悲凉。黄昏落日时分，残阳如血，倦鸟归巢，此时远处传来婉转幽怨的箫声，自然令人心生惆怅。而自珍"少年哀乐过于人"，过度的敏感多情使其"闻斜日中伤箫声则病"[②]，直到壮年依旧如此。估计自珍的病，并非生理意义上的疾病，而是一种内心忧伤、精神恍惚的心理状态。自珍天性淳厚，感情随在流露，而毫无遮掩与粉饰。

六岁的自珍正在私塾读书。放学之后，父亲丽正手抄《昭明文选》，并以此教自珍背诵，还令其阅读《登科录》。《登科录》是科举时代士人及第的名册，这成为自珍搜集明清二百年科名掌故的开始。母亲段驯工于诗词，具有深厚的学术素养，晚上自珍从私塾放学回家，段驯则在帐下灯前，教其诵读吴伟业、方舟、宋大樽的诗文。吴伟业生活于明末清初，经历了天崩地解的亡国之痛，因此诗词之中饱含着激越苍凉的悲愤。幼年对吴伟业、

---

①　龚自珍：《冬日小病寄家书作》，刘逸生、周锡馥校注《龚自珍诗集编年校注》，第125页。
②　吴昌绶：《定庵先生年谱》，王佩诤校《龚自珍全集》附录，上海古籍出版社，1975，第593页。

方舟、宋大樽三人诗词的阅读，对自珍产生了颇为深远的影响，使其诗文创作有吴诗的婉丽，宋诗的清新，方文的气势磅礴，这是自珍汲取众家之长又独辟蹊径、不拘一格进行创作的结果。父亲教读《昭明文选》《登科录》，母亲口授吴诗，为自珍的诗文创作打下了良好的基础，亦给其童年生活留下了美好的记忆。成年后自珍作诗回忆这段生活：

> 因忆斜街宅，情苗苗一丝。银缸吟小别，书本画相思。
> 亦具看花眼，难忘授选时。泥牛入沧海，执笔向空追。[1]

在斜街的住宅里，自珍想要进行诗词创作的屡屡情丝，在他那幼小的心灵渐渐萌芽，他还依稀记得自己对着银烛，轻声吟诵那充满离愁别绪的小诗，书本上好像写满了相思之情，父亲授读《文选》的情景，更是令人难以忘怀。但如梦如烟的往事如同泥牛入海，此时的自珍只得执笔面对眼前的虚空，惆怅怀念。

嘉庆八年（1803）年初至六月，12岁的自珍在杭州师从外祖段玉裁，学习许慎《说文解字》部目，此为自珍平生以经说字、以字说经的开端，并由玉裁而结识汉学家臧庸、顾明等人，这为自珍日后的学术研究奠定了坚实的小学基础。七月，自珍告别杭州，随同父母乘坐粮船抵达北京，寓居横街。此时，一位满腹经纶的浙江建德拔贡宋璠，走进自珍的生活。通过刑部员外郎戴敦元的举荐，宋璠成为自珍的塾师，训诫自珍要孝顺父母，而课业无外乎四书五经、诗词歌赋与书写小楷。与自珍同学的还有袁桐。袁桐，字琴南，诗人袁枚之侄，性情洒脱，长于诗歌，工于小楷篆刻。自珍与袁桐是同乡，又同窗读书，二人一起吟诗作对，练习书法，玩耍嬉戏，留下一段美好的少年记忆。自珍曾作《百字令》一词，追忆当年读书的欢乐情景：

> 深情似海，问相逢初度，是何年纪？依约而今还记取，不是前生凤世。放学花前，题诗石上，春水园亭里。逢君一笑，人间无此欢喜。无奈苍狗看云，红羊数劫，惘惘休提起！客气渐多真气少，汩没心灵

---

① 龚自珍：《因忆二首（其二）》，刘逸生、周锡馥校注《龚自珍诗集编年校注》，第67页。

何已？千古声名，百年担负，事事违初意。心头阁住，儿时那种情味。①

自珍与袁桐的同窗之谊，可谓情深似海，那是前生命定的宿缘吗？那历历在目的少年读书情景，留在"放学花前，题诗石上，春水园亭里"，两位如花年龄的同窗少年，相逢一笑的心灵交汇，令自珍深感"人间无此欢喜"！但随着时光的流逝自珍渐渐步入成年，深感人与人之间逢迎做作的"客气"逐渐增多，而淳朴自然的"真气"逐渐减少，因此不禁感叹"千古声名，百年担负，事事违初意"，感情丰富细腻、敏感唯美的自珍，成年后非常留恋纯真无邪的少年时代，体现出内心深处那种刻骨铭心的宇宙孤独感，这使他对世俗人情难以适应，对权威势力与传统道德，具有一种天然的解构与挑战的本能。因此步入成人社会之前那种童心纯真与无拘无束，就成了自珍最为可靠的避风港，他想方设法要留住心头"儿时那种情味"。

15岁时，自珍所作古今体诗开始编年，这些诗歌，至道光六年（1826）勒成27卷，而少年所作诗歌亦在集中，可惜只字不传于后世，颇为令人惋惜。对于少作诗词，自珍颇为自豪，曾云："文侯端冕听高歌，少作精严故不磨。诗渐凡庸人可想，侧身天地我蹉跎。"② 自珍少年作诗之时，心境纤尘不染，态度恭谨庄严，犹如魏文侯穿上冕服，来聆听圣王乐曲一样，因此其少作诗歌颇为精妙，故能历久而不衰，岁月流逝亦无法磨灭其艺术魅力。随着年龄渐长，自珍深感自己的诗歌创作渐渐走向凡庸，人亦渐渐失去高昂的激情，侧身天地之间自叹空度光阴，万事蹉跎！

嘉庆十二年（1807），自珍开始阅读《四库全书总目提要》，此为自珍平生研究目录学之始。自珍读书的书塾地近法源寺，年已十六七岁的他，满脑子奇思异想，不愿忍受私塾教育的枯燥死板，因此屡次逃塾，在法源寺屋檐下读书。而一同在龚家生活的段驯叔父段玉立，往往循声来找自珍。自珍见外叔祖来寻找自己，一时顽皮兴起，就悄悄躲进茂密的竹林，和老人家藏猫猫。玉立老人见到精灵古怪的外孙，脸上浮现出慈祥宽厚的笑容，为自珍讲述晋宋名士那些启人心智的滑稽典故。寺僧见此情景，戏称这一老一小为"一猿一鹤"，自珍行动灵巧敏捷如猿猴，而玉立老人白发清瘦

---

① 龚自珍：《百字令》，杨柏岭编《龚自珍词笺说》，黄山书社，2010，第216页。
② 刘逸生注《龚自珍己亥杂诗注》第65首，中华书局，1980，第95页。

似鹤。

　　回到家中，温柔慈祥的母亲并不责怪儿子逃学，而是拉着他的小手，问他衣裳穿得少不少，躲在竹林凉不凉？段驯还抚摸着儿子的小肚皮，问他饿不饿，然后拿来栗子、山芋给他吃。在这充满爱怜的自由氛围中，自珍尽情舒展其性灵，张扬其个性，整个身心皆笼罩在父母诗书才华的光晕中，还有那无拘无束的自由成长氛围。自珍曾作诗记述这段美好的少年生活：

> 髫年抱秋心，秋高屡逃塾。宕往不可收，聊就寺门读。
> 春声满秋空，不受秋束缚。一叟寻声来，避之入修竹。
> 叟乃喷古笑，烂漫晋宋谑。寺僧两侮之，谓一猿一鹤。
> 归来慈母怜，摩我百怪腹。言我衣裳凉，饲我芋栗熟。
> 万恨未萌芽，千诗正珠玉。醇醇心肝淳，莽莽忧患伏。
> 浩浩支干名，漫漫人鬼篆。依依灯火光，去去门巷曲。
> 魂魄一惝恍，径欲叩门宿。千秋万岁名，何如小年乐？①

　　自珍的少年生活充满关心怜爱、温馨舒畅与无忧无虑，这一点成为自珍一生的生活主旋律与人生基调。宽厚饱学的父亲，腹有诗书的母亲，给了自珍太阳般的光辉与温暖，也给了他博大如海洋般的学识，更给了他任思想的翅膀在浩瀚宇宙中飞翔的自由。正所谓"万恨未萌芽，千诗正珠玉"，这是任何荣华富贵、功成名就都无法比拟、无法替代的，以致自珍感叹"千秋万岁名，何如小年乐"？

　　说到逃塾逃学，似乎并非佳子弟所为，其实并不尽然。主张性灵说的文学家袁枚，曾在《随园诗话》中，谈到养子袁通的逃学问题："儿童逃学，似非佳子弟。然唐相韦端己诗云：'曾为看花偷出郭，也因逃学暂登楼。'……可见诗人、名相，幼时亦尝逃学矣。阿通九岁，能知四声，而性贪嬉戏。重九日，余出对云：'家有登高处。'通应声曰：'人无放学时。'余不觉大笑，为请于先生而放学焉。其师出对云：'上山人斫竹。'通云：

---

① 龚自珍：《丙戌秋日独游法源寺，寻丁卯戊辰间旧游，遂经过寺南故宅惘然赋》，刘逸生、周锡馥校注《龚自珍诗集编年校注》，第 298 页。

'隔树鸟含花.'"① 天真烂漫、无拘无束是少年的天性使然。由此反观自珍的逃学之举，绝对不是自珍天生顽劣，厌倦学习，他逃到法源寺，不是"聊就寺门读"吗？大概私塾课业枯燥乏味，塾师严厉刻板，让向往自由的孩子不由自主产生逃学的冲动。其实，家学的濡染使自珍充满求知的渴望，但浪漫纯真、敏感细腻的个性，使自珍不愿让自己的思想受到任何的牵绊，所以他逃到法源寺，坐在寺庙的屋檐下，静静阅读自己喜欢的书。

天真烂漫的童心，是文人墨客进行文学创作的宝贵资源，千古绝唱的诗文正是文人墨客真情实感的自然流露，对此李贽曾说："天下之至文，未有不出于童心焉者也。苟童心常存，则道理不行，闻见不立，无时不文，无人不文，无一样创制体格文字而非文者。"② 自珍富有文学才华，其诗文激情奔放，在晚清风靡一时，几乎人人交口称赞，模拟创作。辛亥革命时期，作为"南社"发起人的柳亚子，推誉自珍诗文"三百年来第一流"，并自称"我亦当年龚自珍"，自珍之所以取得如此高妙的诗文成就，原因颇多，但与自珍终身保持童心有着直接的关系。

## 三　成年后对母爱的追寻与龚自珍童心的保持

嘉庆二十四年（1819），28 岁的自珍赴京师会试，在苏州虎丘与友人饯别，作诗有"落花风里别江南"之句，自珍满腹的忧郁惆怅与失落之情，溢于言表。段驯见诗，一股怜爱之情涌上心头，作和诗四首来激励儿子：

其一云：
燕云回首意何堪，亲故多应鬓发斑。此日幸能邀一第，又催征骑别江南。

其二云：
都门风景旧曾谙，珍重眠餐嘱再三。盼汝鹏程云路阔，不须惆怅别江南。

其三云：
云山没没水拖蓝，画出春容月二三。两岸梅花香雪里，数声柔橹

---

① 袁枚著、王英志校点《随园诗话》卷八，第 43 则，江苏古籍出版社，2000，第 198 页。
② 李贽：《焚书续焚书》，卷三《童心说》，中华书局，1975，第 99 页。

别江南。

其四云：

樽前亲与剖黄柑，听唱丽歌饮不酣。岁序惊心春事早，杏花疏雨别江南。①

自珍要北上京师参加会试，作为母亲，自然是最关心儿子的饮食住宿，因此再三叮嘱儿子要住好吃好。出发之前，段驯亲自为儿子剥开黄柑，递给儿子吃，听着婉转哀怨的丽歌，自珍母子饮酒并不酣畅，段驯最大的愿望就是希望儿子"此日幸能邀一第""盼汝鹏程云路阔"。因为只有金榜题名，才能实现治国平天下的理想与抱负！段驯的四首诗感情真挚，将慈母的关爱之心与依依不舍的牵挂，酣畅淋漓地表达出来。但此次会试，自珍未能"邀一第"，而是以名落孙山而告终。

嘉庆二十五年（1820），自珍再次进京会试，在北上途中，段驯病体稍稍好转，就频频寄信关心旅途中的儿子，"慈闻病减书频寄，稚子功闲日渐长"②，母亲牵挂儿子的拳拳之心，跃然纸上。此次会试，自珍又以落第而告终。道光元年冬，自珍寓居北京，小病后寄家书给母亲，并作《冬日小病寄家书作》一诗，表达深切的思母之情："今年远离别，独坐天之涯，神理日不足，禅悦讵可期？沈沈复悄悄，拥衾思投谁？"③自珍回忆童年"夕阳中闻箫声则病"的情形，每当此时，段驯就坐在自己的身边，给予他种种温暖与爱抚。母亲的爱像一条清晰明快的河流，轻轻流过自珍的心田，令他倍感轻松舒畅；母亲温柔的抚摸如同一缕清新的风，吹过他温润如玉的心灵。自珍对母亲的美好记忆，并未随着时光的流逝而减弱，因为母爱，是自珍生命活力的源泉，是自珍自由个性的温床，更是自珍艺术灵感的所在。

道光二年（1822）自珍三应会试而落第，心情之抑郁可想而知，这一年，自珍远在京师，作《黄糵谣，一名佛前谣，一名梦为儿谣》④诗，来表

---

① 段驯：《珍儿计偕北上，有"落梅风里别江南"之句，亲朋相和，余亦咏绝句四首》，参见王洪军《段驯龚自璋抄本诗集考》，《文献》1998 年第 2 期。

② 龚自珍：《驿鼓三首》，刘逸生、周锡馥校注《龚自珍诗集编年校注》，第 54 页。

③ 龚自珍：《冬日小病寄家书作》，刘逸生、周锡馥校注《龚自珍诗集编年校注》，第125页。

④ 龚自珍：《黄糵谣，一名佛前谣，一名梦为儿谣》，刘逸生、周锡馥校注《龚自珍诗集编年校注》，第 206 ~ 207 页。

达自珍对母亲的依恋，此诗分为六解：

　　　黄犊踯躅，不离母腹。踯躅何求？乃不如犊牛。

　　小黄牛徘徊不前，是留恋自己的母亲，自珍对母亲的深情思念，远远超过小黄牛！已过而立之年的自珍，对母亲的感情，依旧如同儿时。

　　　昼则壮矣，夜梦儿时。岂不知归？为梦中儿。

　　在白天，自珍奔波于世俗人海，自己知道自己是壮年人，必须应对世间俗事，而晚上做梦，自珍依旧觉得自己还是母亲跟前的小孩子！可以天真烂漫地欢笑，而母亲是他永远的依恋！

　　　无闻于时，归亦汝怡。矧有闻于时，胡不知归？

　　自珍默默无闻时，只要他一回家，仍令母亲满心欢喜，何况此时自珍虽然会试屡次落第，但他已为京都名士，蜚声文坛，为何还要在外奔波劳碌，而不回家侍奉母亲，让母亲愉悦欣喜呢？

　　　归实阻我，求佛其可。念佛梦醒，佛前涕零。

　　自珍归乡受阻，在佛前求签问卜，得到佛的许可，自珍在念佛之中沉沉睡去，夜半梦醒，不见家园与慈母，自珍在佛前惟有涕泣如雨！

　　　佛香漠漠，愿梦中人安乐。佛香亭亭，愿梦中人苦辛。苦辛恒同，乐亦无穷。

　　佛香袅袅升起，祝愿自己思念的母亲安康快乐，佛香烟雾垂直而上，愿母亲不辞辛劳，经常到梦中探视儿子。在梦中母亲不辞劳苦来看望儿子，她内心的快乐也一定无穷无尽。

　　　噫嘻噫嘻！归苟乐矣，儿出辱矣。梦中人知之，佛知之凤矣。

哎呀哎呀，如果儿子回家母子团聚，能给自己与母亲带来欢乐，儿子就会从屡次落第的痛苦屈辱中站起来，梦中的母亲一定会知晓自珍的心事，而佛祖早就知道了自珍的心事！自珍对母亲的感情与依赖，永远是一个孩子对母亲的感情与依恋！自珍依恋那纯洁无瑕的人间真情，依恋那无拘无束、自由自在的心灵翱翔！成年后的自珍，对母爱的追寻从未终止。

道光三年（1823）三月，因叔父龚守正为同考官，自珍未能参加会试。对于儿子的科举仕途，段驯充满了担心与忧虑，因此作诗安慰自珍道：

> 桃李添栽屋不寒，却教小阮意全阑。待将春梦从婆说，始觉秋风作客难。
> 黄榜未悬先落第，青云无路又辞官。长安岁岁花相似，会见天街汝遍看。[1]

"桃李添栽"指自珍叔父守正荣为会试同考官，"小阮"为侄儿的戏称，因为叔父荣升会试同考官，却使侄儿失去应试机会，令自珍金榜题名的梦想破灭，段驯心中百感交集，几多欣喜与种种遗憾，不知从何说起。段驯诗中充满对自珍前途的忧虑，感叹皇榜未张而儿子先已落第，儿子仕途进身无望，令她发出"黄榜未悬先落第，青云无路又辞官"的感叹。

此时的段驯，病体一天天沉重起来，自珍在京城任内阁中书，无法亲自服侍母亲，朝夕问候。但母亲的笑影时时浮现在他的眼前，还有印在脑海里母亲那深沉博大的关爱。这年夏天，自珍填词《洞仙歌》：

> 平生有恨，自酸酸楚楚，十五年来梦中绪。是纱衣天气，帘卷斜阳，相见了，有阵疏疏微雨。临风针线净，爱惜余明，抹丽纍低倚当户。庭果熟枇杷，亲蘸糖霜，消受彻甘凉心腑。索归去依侬梦儿寻，怕不似儿时，那般庭宇。[2]

人生的穷通荣辱，种种酸楚之感欲诉无从，15年来自珍的人生爱恨，

---

① 段驯：《珍儿不与会试，试以慰之》，参见王洪军《段驯龚自璋抄本诗集考》，《文献》1998年第2期。
② 龚自珍：《洞仙歌》，参见杨柏岭《龚自珍词笺说》，黄山书社，2010，第292页。

化为梦中漂浮的思绪，从中寻求一丝丝的安慰。此时，正是身着纱衣的夏天，帘笼卷起，窗外一抹斜阳，还有那一阵阵稀稀疏疏的细雨，落在自珍的心头，打湿了他那忧郁的心绪。他的心不禁飘向远方，飘回15年前的少年时光。回想当年的母亲，那么年轻，那么美丽，她当窗临风，就着夕阳的余晖，辛辛苦苦做着针线活，晚霞之下她的秀发美丽如云。庭院里枇杷熟了，橙红的果皮泛着诱人的光泽，清幽的芬芳害得自珍偷偷咽口水。这时，母亲剥去外皮，蘸着糖霜，送到自珍的嘴里，果肉甜美的味道令他陶醉，回味无穷。

自珍难忘那个夏日夕阳下的庭院，难忘母亲留给他的温馨体验。但是如今沉浮于宦海的他，渐渐感觉自己童心已失，自由飞翔的思想受到压抑，率真无忌的个性处处碰壁，这是自珍最难以忍受的。"儿时那般庭宇"才是他那颗未泯的童心真正的栖息地，他所怀念的，是儿时单纯、宁静、清纯的心境；他所恨的，是童心无法"归去"的悲哀与无奈……

七月初一，母亲段驯去世，时年56岁。因为居忧，自珍下半年无诗。母亲离去了，永远地离去了，她的灵魂去了另外一个美丽的世界，留给儿子的是温馨美好的回忆，是一尘不染、清纯无滓的真爱。童年时母亲帐下灯前教读的记忆，仿佛就在眼前，32岁的自珍又依稀回到童年，温柔慈祥的母亲抚摸着他，教他读吴伟业、方舟、宋大樽的诗词，自珍回忆说：

> 余于近贤文章，有三别好焉；虽明知非文章之极，而自髫年好之，至于冠益好之。兹得春三十有一，得秋三十有二，自揆造述，绝不出三君，而心未能舍去。以三者皆于慈母帐外灯前诵之，吴诗出口授，故尤缠绵于心；吾方壮而独游，每一吟此，宛然幼小依膝下时。吾知异日空山，有过吾门而闻且高歌，且悲啼，杂然交作，如高宫大角之声者，必是三物也。[①]

自珍对吴伟业、方舟、宋大樽三人诗词的爱好，直到成年依旧未变。事实上，与其说三人独具特色的诗文风格打动了自珍，不如说是自珍对母亲帐下灯前教读记忆的珍惜。特别是吴伟业的诗词，段驯亲自口授，逐字

---

① 龚自珍：《三别好诗（有序）》，参见刘逸生、周锡馥校注《龚自珍诗集编年校注》，第214页。

讲解，那饱含深情的语调，如一股淙淙泉水，流过自珍幼小的心灵，浇灌了他诗词才华的幼芽。因此，许多年以后，母亲读诗的声音一直萦绕在他的脑海里，种种情丝缠绵于他的心中。即使到了壮年，每一吟诵吴诗，自珍都会回忆起儿时在母亲膝下读书的场景，那盏荧荧的灯火，还有母亲那慈祥的面容。对此，自珍作诗说："莫从文体问高卑，生就灯前儿女诗。一种春声忘不得，长安放学夜归时。"①

道光四年（1824）三月，自珍将母亲的棺椁，经过苏州送回家乡杭州，葬于先祖墓侧，那个地方有一个美丽的名字——花园梗，自珍亲自在母亲的墓旁栽种梅树五十株。梅花高洁脱俗，不受人世半点尘埃的侵扰，就让梅花的横斜疏影与清幽浮动的暗香，陪伴着母亲"质本洁来还洁去"的灵魂。杭州东海之滨母亲的墓地，亦成为自珍常常思念的地方。道光五年（1825）腊月，自珍在昆山羽琌山馆小住，看到一枝红梅，不由得思念长眠于地下的母亲：

> 绛蜡高吟者，年年哭海滨。明年除夕泪，洒作北方春。
> 天地埋忧毕，舟车祖道频。何如抱冰雪，长作墓庐人？②

喜欢面对红烛高吟的自珍，年年在东海之滨母亲的墓前痛哭不已，明年的除夕，自珍将在京师痛哭，把眼泪洒在北方的红梅之上。寄愁于天上，埋忧于地下，自珍奔波于京师与杭州之间，年年舟车阻隔，岁岁与亲朋师友饯别！他多么想怀抱冰清玉洁之心，在母亲的墓旁筑室居住，长相厮守在母亲的身旁！

多数人童年时天真烂漫的个性，随着年龄的增长，阅历的加深，以及与实际社会的不断碰撞，思想感情就渐趋实际，儿时的种种奇思异想与童真率直，渐渐为圆滑世故所取代。但自珍始终留恋童年，依恋母爱，保持天真烂漫的个性，终其一生未曾改变，正如其诗所言："少年哀乐过于人，歌泣无端字字真。既壮周旋杂痴黠，童心来复梦中身。"③ 自珍这种哀乐过

---

① 龚自珍：《三别好诗（其一）》，参见刘逸生、周锡馥校注《龚自珍诗集编年校注》，第215页。
② 龚自珍：《乙酉腊，见红梅一枝，思亲而作，时小客昆山》，参见刘逸生、周锡馥校注《龚自珍诗集编年校注》，第256～257页。
③ 刘逸生注《龚自珍己亥杂诗注》第170首，第239页。

人、敏感多情与童心未泯的个性，对其一生的学术造诣与诗词创作，产生了极其深远的影响。

## 四　依恋母爱与追寻童心对自珍诗文风格的影响

关于母爱对个人成长的作用，心理学家弗洛伊德曾说："如果一个人成为他母亲无可否认的宝贝儿子，那么他一生都会拥有胜利的感觉，对于成功的自信心也一定很强，很少不能达到真正的成功。"① 的确，自珍在学术上取得不朽的成就，与母亲段驯深沉博大的母爱的激励与滋润，有着密不可分的关系。段驯对自珍最大的影响，莫过于其个性的形成，而其个性又造就了自珍独特的诗词风格。

自珍一生重视童心，追寻童心，"既壮周旋杂痴黠，童心来复梦中身"，在世俗中奔波的自珍，虽然以痴黠周旋应酬，但梦中依旧追寻那纤尘不染的童心；"道焰十丈，不敌童心一车"，童心的价值是巨大的，即使十丈道焰，也比不上一车童心；"瓶花帖妥炉香定，觅我童心廿六年"，无论怎样的宦海奔波、仕途沉浮与人生沧桑，也无法阻挡自珍对童心的追寻。正是率真无忌的童心性情，令自珍毫无顾忌地"狂来说剑"，直陈时政得失，尖锐辛辣地批判君主专制；同时亦令自珍"怨去吹箫"，而"怨去吹箫"诠释着忧郁惆怅、凄凉缠绵的文人心态，是自珍闲适恬淡、超尘脱俗生活状态的真实写照。

自珍的个性，一个突出特色就是坦率无隐的真性情，据张祖廉《定庵年谱外纪》记载：

> 先生广额巉颐，戟髯炬目，兴酣，喜自击其腕。善高吟，渊渊若出金石。京师史氏以孟秋祀孔子于浙绍乡祠，其祭文必属先生读之。与同伴纵谈天下事，风发泉涌，有不可一世之意。而后学有所问难，则源流诲之，循循然似老师，听者有倦色，先生洒然也。舆皂稗贩之徒暨士大夫，并谓为龚呆子。②

---

① 《图解天下名人丛书》编委会编《弗洛伊德》，广东世界图书出版公司，2010，第 1 页。

② 张祖廉：《定庵年谱外纪》，王佩诤校《龚自珍全集》附录，第 632 页。

　　由上可知，自珍声音清朗，喜欢高声吟诵诗文，喝酒尽兴时，就击腕高歌，其性情之坦荡率直，确实超出常人。与师友同伴谈论天下大事，更是风发云涌，不可一世，与后生晚辈探讨学术源流，更是滔滔不绝，一副老师宿儒的派头。听者面带倦容，而自珍却谈笑自如，因此被士大夫以及贩夫走卒称为"龚呆子"。正是这种直言无忌的呆子个性，使自珍敢于抨击时政，敢于直斥封建皇帝"一夫为刚，万夫为柔"。

　　自珍不仅与士大夫相处坦荡率直，就是道光皇帝召见，同样不卑不亢，从容自信。每次自珍侍班，向道光帝上奏履历以及回答问题时，声音洪亮，同官往往惶悚不安，替自珍捏一把汗，生怕皇上怪罪。但恰恰相反，道光帝对自珍的才学颇为赞赏。道光十七年（1837），自珍京察一等，蒙皇帝记名，后充任玉牒馆纂修官。《己亥杂诗》记载了此一情景：

　　　　齿如编贝汉东方，不学咿嚘况对扬。屋瓦自惊天自笑，丹毫圆折露华瀼。①

　　自珍的牙齿如汉代东方朔，如同编贝一般整齐，平时说话从不含糊，何况在皇帝面前回话。皇帝召见自珍时，其回答镇定自若，声音响亮甚至震动屋瓦，但道光帝并不怪罪，反而欣赏自珍的胆略，在其名上打个红圈来记名。自珍率真无忌的个性，正源自与母亲相处交流时，那种纯洁无瑕、毫无渣滓的心灵对话，源自其内心深处的灵魂召唤。

　　对母爱的依恋，对童心的追求，造成自珍率真无隐的个性。而童心对于文学创作而言，是非常宝贵的，正如明代李贽所言："夫童心者，真心也，若以童心为不可，是以真心为不可也。夫童心者，绝假纯真，最初一念之本心也。若失却童心，便失却真心；失却真心，便失却真人。人而非真，全不复有初矣。"②只有保持童心，才能保持人性之真，只有保持人性之真，才能创作出不朽的诗文，而学术研究亦有永不枯竭的源泉。对此主张性灵说的清代诗人袁枚曾说："王西庄（即王鸣盛）光禄，为人作序云：'所谓诗人者，非必其能吟诗也。果能胸境超脱，相对温雅，虽一字不识，真诗人矣。如其胸境龌龊，相对尘俗，虽终日咬文嚼字，连篇累牍，乃非

---

① 刘逸生注《龚自珍己亥杂诗注》第52首，第70页。
② 李贽：《焚书续焚书》，第98页。

诗人矣。'余爱其言，深有得于诗之先者，故录之。"① 在王鸣盛与袁枚看来，诗歌的境界与诗人的性情有着直接的关系，决定诗歌的高雅与否。

民国时期，著名学者朱杰勤即注意到自珍诗词"孩子气太重"，他说："吾人读龚定庵之诗文，常觉其孩子气太重，似是弱点，不知正其作品之最精华之处也。人之一生，想象最丰富之时期，莫过于童年。孩童之幻想，乃天真未凿，活泼而自由；……都德（Daudet）亦谓：'诗人是犹能用儿童眼光去看之人。'……龚定庵者乃最善坠入旧时想象之人生观者也。其诗中有'猛忆儿时心力异'又'觅我童心廿六年'等句，可见其对于儿时之依恋矣。其追想童时之作品颇多，但又为世人了解者亦少。……其诗至情弥漫，真情悱恻，殊非专务神韵及格律而忽性灵者所可梦到。"② 童年的追忆，童心的未泯，造就了自珍独特的个人性情，成就了自珍独特的诗词风格。

龚自珍一生保持童心，追寻"怨去吹箫"的文人生活，对其诗词风格产生了深远的影响：正是对童心的追寻，塑造了自珍的人性之真，而人性之真决定了自珍诗文风格的高雅脱俗，正如魏源所言：

> 昔越女之论剑，曰："臣非有所受于人也，而忽然得之。"夫忽然得之者，地不能囿，天不能嬗，父兄师友不能佑；其道常主于逆，小者逆谣俗、逆风土，大者逆运会，所逆愈甚，则所复愈大。大则复于古，古则复于本。若君之学，谓能复于本乎？所不敢知，要其复于古也决矣！……君愤于外事，而文字窔奥洞辟，自成宇宙，其金水内景者欤？虽锢之深渊，缄以铁石，土花锈蚀，千百载后发硎出之，相对犹如坐三代上。③

魏源此言，堪称至论，一语道出自珍诗文的特色。正如越女论剑，自珍诗文的高超绝妙之处，在于"忽然得之"的灵感爆发，在于内心真情实感的喷薄而出，在于童心无忌的率真与"天然去雕饰"的清丽。自珍才思飘逸洒脱，天地不能限定规囿，父兄师友无法佑助劝导，因为那是内心深处天籁之音自然而然的宣泄！不敢说自珍之学复于学术之源，大道之本，

---

① 袁枚著、王英志校点《随园诗话》卷九，第67则，第235页。
② 朱杰勤：《龚定庵研究》，商务印书馆，1940，第65页。
③ 魏源：《定庵文录叙》，《魏源全集》第12册，岳麓书社，2004，第245页。

但其学堪称"自成宇宙"，直追上古三代！

再者，诗词的高雅与诗人的学识有着密切的关系，人们常说李白斗酒诗百篇，苏轼嬉笑怒骂皆成文章，但并不能因此否认学识在诗词创作中的重要作用，正如清代诗人袁枚所言："诗难其真也，有性情而后真；否则敷衍成文矣。诗难其雅也，有学问而后雅；否则俚鄙率意矣。"① 事实上，诗人只有具有真性情，诗词才能"真"；只有学问渊博，诗词才能"雅"。自珍具有渊博的学识，正如支伟成所说："其为学，务博览，……治经始由训故，继及刘申受、宋于庭游，闻常州庄氏说，则转好今文之学。……又熟习掌故，通蒙古文，长于西北舆地，旁逮诸子道释金石术数，莫不贯串。为文瑰丽恢诡，诗亦奇境独辟。著述极富，惜多佚弗传。"② 可以说，自珍既有真情随在流露的率真性情，又有渊雅的学识，因此其诗才达到"奇崛渊雅，不可一世"的境地，对此林昌彝曾说："仪部（指龚自珍）为金坛段茂堂先生外孙，学问渊源，盖有所自。古文词奇崛渊雅，不可一世，……其为学，凡经学、六书、子史，下至金石、钟鼎、古文，皆悉心精究。诗亦奇境独辟，如千金骏马，不受缰绁，美人香草之词，传遍万口，善倚声。道州何子贞师谓其诗为近代别开生面，则又赏识于弦外弦、味外味者矣。"③

对于自珍的个性与诗文特色，民国著名学者朱杰勤曾说：

> 定庵乃一热肠之人，一个至性之人，极富于同情心之人。其同情心之伟大，可以震动天地，可以使吾人惊，可以使吾人起敬，使吾人唏嘘，使吾人号泣。其忠君爱国，忧时忧世，不让杜甫；江湖侠骨，健儿身手，不让辛弃疾。④

回肠荡气，不愧高咏，格虽守常，而意有独创，极抒情之能事，造语奇崛，一片豪迈之气，凌纸怪发，读之令人兴会标举，齿颊生香，其诗有时毗于李白，有时近于陆游，但亦不甚相类，因定庵之诗，个性绝强，处处皆有"我"在。亦即定庵自谓："欲为平易近人诗，下笔

---

① 袁枚著、王英志校点《随园诗话》卷七，第66则，第177页。
② 支伟成：《清代朴学大师列传》，岳麓书社，1986，第397~398页。
③ 林昌彝：《射鹰楼诗话》卷十，杜松柏主编《清诗话访佚初编7 射鹰楼诗话十二卷》，新文丰出版公司，1987，第387页。
④ 朱杰勤：《龚定庵研究》，商务印书馆，1947，第72页。

情深不自持"者也。①

事实的确如此，自珍的诗文率直奇诡，瑰丽古奥，简洁凝练中有铺排夸张，一泻汪洋中有含蓄曲折，可谓上承先秦两汉古文，开创了一代诗文新风。龚诗韵律趋于自由，往往冲口而出，不受格律限制，带有一股自然清丽之气，开创了近代诗体的新风貌。

自珍的诗词大多抒写缠绵情爱，或留恋山水的退隐之思，具有追求个性解放的鲜明特色，对于世人鄙夷的艳情艳遇亦毫不回避。自珍的情诗毫无俗气，感情由衷而发，可与唐人李商隐、清人吴梅村相媲美。世俗的香艳诗最易流于绮靡悱恻，堆砌华丽辞藻，但自珍的香艳诗则"奇气逼人，感情丰富，亦儿女，亦英雄，读其诗如见公孙大娘舞剑，仪态万端，振疲起弱"。② 自珍的诗词特色，正如北京大学教授钱志熙所言：

> 龚诗是学人之诗，又是本色的诗人之诗、才人之诗、情人之诗。这造成龚诗的多重美感，对后来者有很大的吸引力。但是后来的诗界革命与南社诸家，只是学习龚诗富丽与回肠荡气的作风，其博大雄奇、神思飘逸之处，则未能逼真。某种意义上说，龚自珍跟李白一样，也是不可复制的独特的天才。③

总之，自珍诗文的特色，与其"乐亦过人，哀亦过人"④ 的感情体验有关，更与其一生依恋母爱、追寻童心的心理特征有着密切的关系，正是这种独特的心理结构与奇思奇情，成为自珍酝酿其文学精神与艺术想象的绝好种子。还应该指出，自珍抱有不世奇才，又饱读万卷经典，有些诗文用典过繁，用词过于生僻，或含蓄太甚，不免产生艰深晦涩之弊，影响了世人对自珍诗文的接受。

---

① 朱杰勤：《龚定庵研究》，第80页。
② 朱杰勤：《龚定庵研究》，第84页。
③ 钱志熙：《论龚自珍诗歌的复与变》，《求是学刊》2016年第2期。
④ 龚自珍：《琴歌》，参见刘逸生、周锡馥校注《龚自珍诗集编年校注》，第70页。

# 打造娱乐新天地

## ——民国上海家庭"儿童游戏室"话语初探

张　弛[*]

众所周知，传统中国特别是儒家正统学说对儿童游戏多持负面意见。"勤有功、戏无益"作为开蒙读物《三字经》中的著名论断便是此种传统观念的鲜明体现。由于知识阶层的反对贬抑，中国一般民众之于儿童游戏的态度亦为主张禁止的占绝大多数。"他们以为活泼的儿童就是难教的儿童，儿童苟终日从事于游戏，便不能务正，不能务正便是废材了"。[①] 究其原因，在儒家理想主义的人生规划中，儿童是未来的成人，教育的旨归是着力将生物意义上的幼童转变为社会意义上的成年人。因此，宋代以降的一千多年里，儒家文化生产的不计其数的启蒙读物都将重心放在如何训练儿童成为一名知书达理的"小大人"上。[②] 而终日正襟危坐于书案之前，好静不好动，举止俨如成人的儿童也最为主流价值所称道，视为模范[③]，美其名曰"温文儒雅"或"敬肃雍容"。但究其实，生气已被剥夺殆尽的儿童变得弯腰曲背，老气横秋，所谓"东亚病夫"和"书呆子"大抵由此养成。[④]

但从 16 世纪开始，儿童在西方社会被重新"发现"[⑤]，其绝不是"具体

---

* 张弛，天津社会科学院。

① 张铭鼎：《儿童游戏心理之研究》，《民铎》第 7 卷第 5 期，1922。

② Limin Bai, *Shaping the Ideal Child：Children and Their Primers in Late Imperial China*, Hong Kong：The Chinese University Press, 2005, p. 67.

③ 熊秉真：《童年忆往》，广西师范大学出版社，2008，第 123～127 页。

④ 东岑：《论家庭教育的改革》，《妇女杂志》第 14 卷第 12 号，1928。

⑤ 有关这一"发现"的来龙去脉，可参考儿童史研究的奠基性著作〔法〕阿利埃斯的《儿童的世纪》，沈坚、朱晓罕译，北京大学出版社，2013，"第一部　儿童的观念"，亦可参考〔英〕柯林·黑伍德的《孩子的历史》，黄煜文译，台北麦田出版社，2004，第 1～48 页。

而微"的成人，童年也不仅仅是一条通向成年的通道。这一时期应视为一种独立的生活，不能当作成人的预备期。因此，那种只专注于"将来"，却把儿童最要紧的"现在"完全丢掉的观念是谬误的。以之为基础教育儿童，有害无益。易言之，培养儿童"最正当的目的，应得注意儿童固有的生活，使他成功为一个充分发展的儿童"。① 这种儿童迥异于成人、自有其特殊性的认知，在西风东渐的大背景下，也逐渐为国人所了解，而活泼好动也开始被推崇为儿童天性，"盖好动为儿童之天性"②，理应顺应培养。"故养育小儿者，以使之活动为第一义，凡强健之小儿，皆好活动，不好活动之小儿，其长成多无可望，强使小儿静止，是逆小儿之天性，非徒无益而实害之云"。③ 活动不仅对儿童成长多有助益，甚至"幼稚的儿童本身就是活动的一束（The little child is a bundle of activities），因为在他们醒的时候，所有一切的表现通常都是拿动作的形式表现出来的"。④ 由此可知，"儿童之所以好游艺，乃天性使然"，"游艺固儿童所必需，情之所钟"。⑤ 故而，"儿童游戏与儿童发育有必然之关系"。⑥ 这种因果关系绝不单单体现在有益于身体发育之上，游戏的价值意义更在于能促进儿童智力、交际以及道德等层面的发展健全。⑦

虽然游戏对儿童大有裨益，且其发自本能，不可也不该抑制，但"脱缰野马，不能操纵。欲利用儿童爱游艺之心，必监督之。儿童喜动，加以监督，始能由动生静"。⑧ 这里的"监督"，更多的含义是指观察与引导。游戏欲既为天性使然，其必然为自发自动，"若无人为之引导，则会泛而无的，遂不能使游戏之种种活动，皆有定向。质言之，即儿童虽有游戏之愿欲，而无游戏之方法也。故教育当引导儿童，教以正当游戏方法，乃能发展本能"。⑨ 换句话说，游戏固然重要，但正当的方法和适宜的环境更为关

① Dr. A. Myerson：《儿童与游戏》，小青译，《妇女杂志》第 7 卷第 7 号，1921，第 32 页。
② 英国谦尔特夫人：《育小儿言》，小青译，《妇女杂志》第 4 卷第 6 号，1918，第 3 页。
③ 《小儿贵活动》，《新民丛报》第 3839 号合本，1903，第 218～219 页。
④ 张铭鼎：《儿童游戏心理之研究》，《民铎》第 7 卷第 5 期，1922。
⑤ 沈步洲：《论游艺》，《教育杂志》第 4 卷第 12 期，1912，第 215～216 页。
⑥ 天民：《儿童游戏与人类学之意义》，《教育杂志》第 10 卷第 8 期，1918，第 51 页。
⑦ 沈步洲：《论游艺》，《教育杂志》第 4 卷第 12 期，1912，第 223～224 页；张铭鼎：《儿童游戏心理之研究》，《民铎》第 7 卷第 5 期，1922，第 15～16 页。
⑧ 沈步洲：《论游艺》，《教育杂志》第 4 卷第 12 期，1912，第 219 页。
⑨ 麦克乐：《游戏与教育之关系》，《新教育》第 10 卷第 4 期，1925，第 501 页。

键。幼儿教育专家陈鹤琴曾详细阐发过游戏环境对于儿童身心的重大作用："做父母的不得不注意小孩子游戏的环境，给他有很好的设备，使小孩子得着充分的运动，更给他有适宜的伴侣，使小孩子得着优美的影响。有此二者，小孩子的身体，就容易强健，心境就常常快乐，知识就容易增进，思想就容易启发"。[①] 有鉴于此，本文将重点聚焦于近代中国口岸工商业大都市的代表——上海，考察其于 20 世纪 20 年代前后开始浮现的家庭儿童游戏室的话语，来陈述当时社会围绕着儿童家庭娱乐和教育所产生的新观念[②]，并尝试揭示其背后折射的国族对于"现代儿童"的集体想象。

## 一　"马路似虎口"：乐极生悲的路边游戏

随着口岸工商业城市的繁荣发展，接踵而至的是居住人口的迅速膨胀，而且在大多数情况下，城市面积的扩张速度不及市民人数的增长节奏，这就造成了土地价格的寸土寸金和居住成本的居高不下。以上海为例，据1928 年对在沪 230 户家庭生活情况的统计，每户年支出房租 25.08 元，约占全部开支的 7%，平均每户拥有房间 1.42 间，每间平均居住 3.29 人。[③]到 1937 年，公共租界更趋人满为患，典型的一幢石库门房子被分割成许多小房间，层层转租出去。据上海市政府报告，基本上一幢房子住 4 户人家或

---

① 陈鹤琴：《为儿童造良好的环境》，《东方杂志》第 32 卷第 19 期，1935，第 17～18 页。
② 笔者目力所及，尚未见到学界关于民国时期家庭教育、儿童娱乐的研究中对儿童游戏室这一议题的关注，柯小菁在其硕士论文《塑造新母亲：近代中国育儿知识的建构及实践 (1900－1937)》（山西出版集团、山西教育出版社，2011）述及母亲应具备居家环境方面的卫生常识时，曾涉及儿童居室的朝向、清洁、陈设等问题，指出其有助于儿童的身心健康并养成遵守规矩的习惯，但并未深入探讨，更未论及游戏室。Susan L. Glosser 在其专著 *Chinese Visions of Family and State*，1915－1953（University of California Press，2003）中论及民国上海流行的"小家庭"话语时，曾提到儿童游戏室是市民阶层理想的小家庭生活的必要组成，但没有就此加以展开。Constannce Orliski 在其博士论文 *Reimaging the Domestic Sphere：Bourgeois Nationalism and Gender in Shanghai*，1904－1918（Ph. D，University of Southern California，1998）中从家庭卫生的角度对上海资产阶级被灌输与建构的居家环境方面的科学知识和卫生观念给予了关注，遗憾的是，其没有在关于家庭内部生活空间的讨论中为儿童留下一席之地。Helen M. Schneider 的专著 *Keeping the Nation's House：Domestic Management and the Making of Modern China*（UBC Press，2011）虽然专门讨论了家庭教育问题，但在处理室内空间的装潢和安排的议题上，却是一仍旧贯，没能对儿童在室内的生活与娱乐予以留意。
③ 忻平、胡正豪、李学昌编《民国社会大观》，福建人民出版社，1991，第 528～529 页。

24 口人的情况较为普遍，算下来人均居住面积不足 3 平方米。① 在如此地窄人稠的大环境下，很难想象偏居一隅的工薪阶层有能力为其子女提供充足的室内活动空间。正如恽代英所指出的，在这样名为住宅，形同宿舍的逼仄环境中，"儿童若在厨房或做工的地方游戏呢，则不便利，亦不舒服。若在卧室游戏呢，又做不到，唯一游戏的地方，便只有街道旁边"。② 可是，街道甚或马路旁边算是良好的游戏场所吗？

自 1846 年中国第一条现代意义的马路在沪出现，到 20 世纪初，上海公共租界道路已经经历了从传统的土路、石板路到碎砖路、碎石路，再到柏油路的变迁，马车、人力车、汽车、电车等逐渐成为城市重要的交通工具。随着人口日益密集，车辆日趋增多，道路也愈发拥挤，这三种因素叠加的后果就是交通事故呈现多发频密的态势。③ 在为数众多的交通事故中，儿童由于身形较小不易被发现，年龄尚幼反应比较迟缓且不谙规则等原因，经常沦为车轮下的受害者。值得注意的是，其中亦有不少儿童是由于在街边玩耍嬉闹才与从旁飞驰而过的车辆发生磕碰碾压事故的。"刘荣根之七岁男孩阿云在徐家汇路留园左近游玩，适一汽车疾驰而来将刘孩碾毙"。④ 还有小女孩因在路边玩弄小气球，结果被开快车的司机撞倒压在车底奄奄一息。⑤ 更有儿童在街心路口游玩跳跃，适逢运货卡车或公共汽车迎面驶来，闪躲不及，被撞倒碾死，脑浆迸裂，立毙当场。⑥ 个别儿童甚至在司机鸣笛示警后仍不知避让，继续在路中游玩，结果不免成为车轮下的亡魂。⑦ 其"不知避让"恐怕也绝非有恃无恐，而更多是全神贯注于游戏之中，对外界

---

① 卢汉超：《霓虹灯外：20 世纪初日常生活中的上海》，段炼、吴敏、子羽译，上海古籍出版社，2004，第 145～148 页。

② 恽代英：《儿童公育在教育上的价值》，《中华教育界》第 10 卷第 6 期，1920。

③ 邵建：《清末上海城市交通事故与社会舆论——以〈申报〉相关报道为线索》，《社会科学》2011 年第 7 期，第 165 页；另外关于现代意义上的马路如何在中国传统城市的近代转型中发挥标志性作用并由此引发从市容环境到市政管理，从招商引资到消费娱乐等诸多面向的复杂嬗变和广泛回响，可参见柯必德《"荒凉景象"——晚清苏州街道的出现与西式都市计划的挪用》，载李孝悌主编《中国的城市生活》，北京大学出版社，2013，第 474～519 页。

④ 《汽车碾毙小孩》，《申报》1911 年 8 月 13 日第 20 版。

⑤ 《又一汽车碾毙人案》，《申报》1918 年 2 月 28 日第 11 版。

⑥ 《卡车碾毙五岁男孩》，《申报》1932 年 8 月 20 日第 16 版；《一男孩惨遭汽车碾毙》，《申报》1933 年 9 月 10 日第 19 版。

⑦ 《汽车碾毙男孩之结果》，《申报》1919 年 1 月 18 日第 11 版。

声响充耳不闻。一位时人向《申报》投稿时称其邻儿因为在马路上与同学一起打菱角，没有注意远处驶来的汽车，等到喇叭声入耳已经躲之不及，一只手臂就此报销。为此，他特意向"小朋友们"大声疾呼："马路似虎口！……马路上很危险，……不应该当它作游戏场用。"①

　　如果说，儿童出于本能，迫不得已在街边玩耍尚属情有可原的话，但一些顽童故意利用现代交通工具游戏取乐就近乎不计后果的胡闹行径了。一位上海小学生记录了江北孩子在街头的种种游戏，由于他们没有条件读书，终日逗留街头，甚至把一块块的石头放在电车的轨道中让电车震动出轨，以为这是好玩意儿。②更有儿童追逐汽车，扒住车尾，上下跳跃嬉闹，拿性命当儿戏。有十岁男孩于上海北四川路因在马车后跳宕游戏，以致跌下被碾伤，右足血流如注。③尽管上述交通事故很大程度上是顽童咎由自取，但家庭和社会没能为其提供一个安全可靠的活动场所亦难辞其咎。正如《良友画报》专门刊发的图文报道中所言："他们（儿童）在街头顽耍，甚至以追逐汽车来取乐，假如他们能够得到一个良好的游戏地方，他们大概不至于作此以生命来冒险的游戏吧。"④（参见文后图1）而这种在马路上进行的冒险游戏最后的结局很可能如陶行知痛切预言的那般："（他们）就在街上打流，一不小心，给车马冲成肉酱。"⑤陶还专门作诗呼吁社会关注劳工阶层"死活没人管的野孩子"："工人小孩也要玩，三三两两街头上，呜的一声汽车来，轧断大腿无人管，无人管，还要骂声小瘪三。"⑥

　　或许因马路游戏而不幸殒命街头的惨剧只是极端个案，但在不安全的地点玩耍会极大增加儿童的受伤几率却是不争的事实。除去游戏的空间环境被极大压缩，都市儿童游戏的社会环境也呈现出恶化的趋势，其中尤以马路街道为甚。在时人眼中，其几乎成为诱使儿童沾染恶习的罪恶渊薮。由于城市贫民阶层大多无钱供子女上学，亦无力管束其行为，只能任其"如野马般在街上乱跑，他耳边所听的，都是一些鄙陋粗俗的下流话，目所见的，也莫非是奸盗诈伪一类的勾当。在这种环境下，那保不会儿童日趋

---

① 新良：《切不要将马路当作游戏场》，《申报》1940年5月19日第17版。
② 钱乃炽：《上海的江北孩子》，《小学生》第7卷第6期，1937，第42～43页。
③ 《洒水车碾伤小孩》，《申报》1918年8月17日第11版。
④ 《"人之初性本善"》，《良友画报》第155期，1940年6月号，第27页。
⑤ 陶行知：《儿童的世界》，中国儿童文化协会编《今日之儿童》，生活书店，1936，第4页。
⑥ 孙铭勋：《从行知诗看教育》，邝忠龄编《孙铭勋教育文选》，重庆出版社，1984，第71页。

下流呢？"① 此外，玩伴素质的良莠不齐亦很成问题。本来，喜欢合群是儿童的天性，"幼小婴儿……两岁时就要与同伴游玩，……到了十余岁，儿童就喜欢结队成群的游玩了"。② 况且，与同侪集体游戏是促进儿童社会性发展完善的重要手段，因此"父母不应当禁止他们与邻居的小孩来往"。③ 但相较于乡村的民风淳厚，邻里之间的熟稔信任，城市里"同一屋檐下"的人际关系由于高度的流动性和复杂性要显得难以处理得多，而这一城市特色折射到儿童的社会化交往中就体现在从专家到父母对"邻家顽童"的普遍警惕和提防。

实际上，告诫父母应使子女"宜避恶戏之友"的说辞很早就出现在幼教专家的"育儿宝典"之中。"儿童同群游戏原是活泼天真、自由寻乐的性质，然亦宜避种种妨害公德的举动，譬如入公园以采折花木，游郊野而虐弄家畜，或因嬉戏以欺凌其幼弱，或好斗以损伤其同类，是辈儿童虽是无知的妄动，然切不可使自己儿童与之相近，积久变成了劣性，气质便不能改变"。④ 由于事关儿童的智育德育，因此玩伴的选择不可不慎，最好是与和善的儿童们游戏。⑤ 而一旦放任"儿童和邻居的顽童去做危险野蛮的游戏"，甚至可能会"造成强盗式的国民"。⑥ 一位四岁的孩子由于受到邻居不良玩伴的影响，沾染不少恶习。不胜其烦的母亲有心效法古人，搬家以求适宜的邻居，可是"在工业社会的上海能够找到房子住，已经是难能可贵，哪里能有许多金条，来学孟母三迁的故事呢？"⑦ 进而言之，倘若顽童在不恰当的场所聚集从事所谓的"恶戏"，不仅对身心发展无益，更会贻害无穷。有时人为我们描述了这样一幅顽童恶戏的场景："儿童有不在学校不在家庭之际，往往聚党成群，提幼稚之精神，习野蛮之举动。或抛砖投石，致伤路人。或沿途掷钱，习为赌戏。或妨碍人力车之进行，至坐者倾跌。或追逐电车汽油车之迅驰至伤及己身。或抽陀螺而阻碍行人，或放风筝而缠绕电线。种种不知自爱，为父兄师表者皆不及见之，若任其流荡忘返，

① 秋宾：《父母与儿童》，李振声编《儿童教育问题汇编》，青岛青年会少年部，1935，第27页。

② 陈鹤琴：《家庭教育》，教育科学出版社，1981，第5～6页。

③ 檀仁梅：《儿童中心的家庭》，《家》第11期，1946，第4页。

④ 兢华：《儿童教育话》，《女子世界》第15期，1905，第12～13页。

⑤ 小青：《儿童与游戏》，《妇女杂志》第7卷第7卷，1921，第35页。

⑥ 立德：《儿童的游戏要保持教育的意味》，《现代父母》第2卷第2期，1934，第21页。

⑦ 檀仁梅：《儿童中心的家庭》，《家》第11期，1946，第4页。

则今日顽钝无耻之儿童，即成将来残忍奸诈作卑鄙龌龊之国民"。①

姑且不论此番对于恶戏儿童未来人生的悲观预言是否有主观臆断、危言耸听的成分，但仔细分析文本可以发现，幼教人士这种阴郁的展望实际折射了其对于身处家庭和学校之外的社会空间内的儿童活动缺乏监管与规范的担忧，马路街头好比一个未经"父兄师长"管控，为顽童种种危险游戏大开绿灯的不良场合。如果说，其因为距离家庭学校过远而让必要的监控鞭长莫及的话，那么近在咫尺，出门即是的胡同里弄又是否为适宜的游戏地点呢？

1870 年之后，上海的新建住房成行排列，每隔几排就在四周筑起围墙形成一个住宅小区，出于通行、采光、通风的需要，小区内每隔两排楼房中间都铺设出一条小巷，这种成排楼房中间有通道隔开的住宅形式从此就被称为"里弄房子"或"弄堂房子"，后来上海人逐渐将各式各样有小巷隔开的楼房统称为"里弄"或"弄堂"。② 正是由于这些宽窄各异、长短不一巷陌的存在，使得弄堂成为了儿童游戏活动的主要场所。一位在上海长大的人回忆起在童年时代的自由天地——弄堂中进行的各种游戏，由于是居民的必经之路，前弄堂一般都十分开阔，孩子们放下书包就可以和小伙伴们在此展开游戏。大人一般不会进行干涉，甚至有些行人走进弄堂见大家在那儿玩游戏，也会绕道走过。③ 虽说成人通常持宽容态度，但这并不意味着儿童过于顽皮、近乎胡闹的玩耍举动不会对经过的行人造成困扰。一位走在弄内的路人发现有十七八个小孩子分成两队，模仿军队进行战争游戏，有的丢石子，有的拿竹竿乱打。他正在唯恐被石子击中之时，突然看到一个火球向衣服上射来，避之不及，新做的棉衣被烧出一个铜元大的洞。后来他才明白这个突然袭击来自新近发明的小洋枪，该玩具枪身全用钢丝，玩时把火柴装在枪上，一动机关，火柴便能如火球似的射出。这位遭到惊吓、衣物受损的里弄居民事后不免愤懑难平："弄内是公共的地方，不是给小孩们做战争的地方，他们做这样没有道德的事情，非但是走路人的不便，并且很容易闯祸，加之天气干燥那更容易火烧了，他们把火来做玩具，这还了得么？"④ 模拟战争类游戏之外，追逐奔逃类游戏也极易酿成祸端，由

---

① 贾丰臻：《论儿童社会之教育》，《教育杂志》第 4 卷第 12 期，1912，第 228 页。
② 卢汉超：《霓虹灯外：20 世纪初日常生活中的上海》，第 135 页。
③ 张锡昌：《弄堂怀旧》，百花文艺出版社，2002，第 127 页。
④ 王晶：《看小孩游戏后的感想》，《申报》1925 年 1 月 12 日第 4 版。

于游戏者"一个拼命追，一个拼命逃，当时是什么也不顾的，常常会把弄堂里叫卖的摊子或手拎食品篮的行人撞倒"，结果不免招来受害者和大人们的一顿咒骂。①

由此观之，尽管里弄小巷较之大道通衢更为安全，但由于其仍是供行人往来的公共场合，某些不良玩具和无益游戏无疑会对交通造成不便，甚至伤人伤己，而且忙于家务的母亲也未必能对近在咫尺的儿童活动进行有效监管，因此里弄也并非最为理想的游戏场所。而人口集中的都市中，由于缺少适当的游戏场所，路边街旁遂成为儿童的无奈之选，但却对其健康甚至生命构成潜在威胁的现实问题，幼教专家给出的建议是"唯一的补救的方法，只有另设更有趣的游戏场所"。②

## 二　不便与不良：传统中国儿童的居家环境和娱乐活动

应该说，现代化进程导致儿童活动空间被极大挤压，孩子们在闹市街头进行游戏会对其身心健康造成不良影响的现象绝非中国独有，而是工业化与城市化背景下东西方社会的普遍问题。对此，欧美的幼教专家给出的诸多应对之策中有一条就是鼓励父母为其子女提供充足的户内游乐活动空间，比如将经常大门紧锁的会客室或前厅改造成玩乐场，让在过道玩耍的孩子有专属自己的一方天地。而在理想的家庭里，每一个孩子都将拥有一个房间供其不时独处，在这个自由空间里，儿童可以玩耍或工作，无阻碍地做其自认合理的活动，不用受到成人的干涉，也不与他们的行为相冲突。③ 在家庭内部为儿童专设一个近乎私密的物理空间供其游戏的提议不仅在西方算是 19 世纪末之后涌现的新潮观念④，对于中国的文化传统而言，

---

① 张锡昌：《弄堂怀旧》，第 127～128 页。

② 袁宗泽：《家庭儿童游戏设备》，《体育研究与通讯》第 1 卷第 2 期，1932，第 69～70 页。

③ 〔美〕维维安娜·泽利泽：《给无价的孩子定价——变迁中的儿童社会价值》，王水雄、宋静、林虹译，上海人民出版社，2008，第 40～42 页。

④ 具体而言，18 世纪下半叶，儿童房间最初诞生在巴黎的特权精英阶层的家庭之中，但也仅是凤毛麟角。到了 19 世纪，"育婴室"于英法德等国家出现。19 世纪末，儿童专属空间对于中产阶级家庭已经司空见惯，即便没有专门的房间，儿童和玩具也有一个属于自己的角落。〔意〕艾格勒·贝齐：《19 世纪》，〔意〕艾格勒·贝齐、〔法〕多米尼克·朱利亚主编《西方儿童史（下卷：自 18 世纪迄今）》，卞晓平、申华明译，商务印书馆，2016，第 166～167 页。

更不啻为天方夜谭。在讨论 20 世纪之后都市逐渐兴起的"儿童游戏室"的话语之前，有必要先行回顾一下传统中国的居家环境和室内娱乐活动。

传统中国没有个人隐私这一概念，在外国传教士眼中，"中国人从来没有受过训练，以懂得尊重别人的隐私"，以至于"在中国根本没有秘密可言，每个人对其他人的情况都了如指掌"。① 但是这并不意味着旧时的家庭成员无法享有私人空间，通常书香门第的男性家长会拥有一间书房作为专门读书和处理公务之所。值得注意的是，由于受到儒家思想中严格的性别隔离教义的影响，在明清时期，即便是最贫穷卑微的家庭也会分割出部分宅院作为私密空间专给女性使用，而孩子们都与母亲共同生活在这一方天地中，尽管男孩一般到了十岁就得从中搬出来。大体而言，传统中国的居家模式受到尊卑有规、长幼有序、男女有别等礼教原则的绝对支配，于是，"在家庭范围内的人际关系中，规矩和等级便取代了亲密与情感，占据了优先位置"。②

在这种规矩森严且以成年男性为中心的家庭环境中，儿童的好动天性往往遭到极大抑制，又被条条框框束缚住了手脚，因此活动空间相当有限。居于北京的梁实秋家在民国之前完全是旧式的，家规很严，孩子是"受气包儿"。门房、下房根本不许涉足其间，爷爷奶奶住的上房，无事也不准进去，父亲的书房亦是禁地，佛堂更不用说。儿童能够活动的区域寥寥无几，室内游戏以在炕上攀登被垛为主，再不就是用窗帘布挂在几张小桌前作小屋状，钻进去坐着，彼此作客互访为乐。③ 有的儿童"自力更生"在有限的空间开辟出自己的"小天地"，在芜湖长大的赵景深十二三岁时都还是跟母亲睡，后来觉得已经长大的他想要一个自己的房间，于是就把母亲的床前移，在里面另设自用的小家具，虽然三面是墙壁，但也足以让他高兴地自觉羽翼渐丰，能够脱离母巢了。④

传统家庭中，儿童不仅没有专属的房间，生活用具也是尺寸不合，使用不便。丰子恺就敏锐地察觉到，一般家庭里，"桌子都比小孩子的头高，

---

① 〔英〕麦嘉湖：《中国人的生活方式》，秦传安译，电子工业出版社，2012，第 197 页。
② 闫云翔：《创造私密空间：中国北方农村的室内空间与夫妻隐私》，〔美〕那仲良·罗启妍主编《家：中国人的居家文化》，新星出版社，2011，第 376 页。
③ 梁实秋：《梁实秋自传》，江苏文艺出版社，1996，第 12 页。
④ 赵景深：《新年的断片》，《小学生》第 4 卷第 17 期，1935，第 11～12 页。

椅子都是小孩子坐不着的，门都是小孩子开不着的"。① 可以说，几乎所有的家具陈设都以成人为本位，依照其身材尺寸设计制作，自然不便于儿童自由使用。② 陈翰笙幼时因为个子小，坐在椅子上还够不到桌面，只好在椅子上又加了个小竹凳，坐在上面给父亲读学过的生字。结果因为走神念错了一个字，就被其父一巴掌连人带凳子一齐扇倒滚下了椅子。③ 至于儿童居住环境的清洁卫生，多数家庭更是全不在意，其中不少只顾面子把厅堂书斋陈设得整齐华丽，而客所不至的内房卧室就相形见绌，甚至形同猪栏，全不讲究，孩子就恰如生活在这猪栏里面的猪猡一般。丰子恺痛心疾首地抨击这种虚饰的家庭其实是牺牲小孩子的幸福来装点成人的门面，是小孩子在为大人偿债，最不应该！④

　　中国传统家庭既然连充足的游戏空间、合适的生活用具与整洁的居住环境都无法为儿童提供，更遑论健康的娱乐项目了。有幼教专家慨叹中国的普通家庭"简直谈不到娱乐……尤其谈不到正当娱乐，根本上我们就不知道什么叫做娱乐；我们所有的，不是娱乐，无非是消遣（killing time）而已……比如叉麻雀，便是最风行、最普遍的一种消遣"。⑤ 本来中国传统社会是不鼓励赌博的，特别是家教较严的书香门第更是禁止子弟染指。七岁的罗尔纲因为去赌馆看过热闹，就被母亲用藤条大大抽打了一顿。⑥ 但单纯的肉体惩戒并不能杜绝儿童与赌博的"亲密接触"，由于一成不变的日常生活有时需要刺激性和娱乐性来调剂，成人也不免以赌博为游戏，何况本就玩心甚重的孩童。实际上，在一些特定时日比如农历新年，赌博是半合法化的。⑦ 据仇重回忆，在这一年最重要的节庆日里，平日禁赌的地方，都可以公开聚赌，政府警察也不干涉。⑧ 即便家规森严如曾国藩家，儿童也可以做点小赌博之戏。⑨ 陈白尘更是从六七岁起，就学会了打麻将、推牌九、掷

① 丰子恺：《译者序言·儿童苦》，《教育杂志》第 19 卷第 5 期，1927。
② 丰子恺：《儿童的大人化》，《教育杂志》第 19 卷第 7 期，1927；姚名达：《家庭儿童化的设计》，《女子月刊》第 5 卷第 2 期，1937，第 89 页。
③ 陈翰笙：《四个时代的我》，中国文史出版社，1988，第 4 页。
④ 丰子恺：《儿童的大人化》，《教育杂志》第 19 卷第 7 期，1927。
⑤ 征帆：《叉麻雀与家庭教育》，《现代家庭》第 3 卷第 7 期，1940。
⑥ 罗尔纲：《生涯六记》，贵州人民出版社，1991，第 6～7 页。
⑦ 陈白尘：《寂寞的童年》，三联书店，1983，第 82 页。
⑧ 仇重：《新年的习俗和迷信》，《小学生》第 4 卷第 17 期，1935，第 21 页。
⑨ 曾宝苏：《曾宝苏回忆录》，岳麓书社，1986，第 7 页。

骰子以及打扑克牌，自称"可算一个小赌徒"。[①] 至于赌注也不过是白果、花生、菱角等物[②]，赵景深守岁时玩的推牌九与接龙，输家的惩罚则是打手心。[③] 但"开禁"时间通常有限，将近开学，长辈就会下令收起"赌具"了。[④] 由此可见，在农耕社会中，赌博只是儿童游戏的助兴手段而已。

如果说，对于乡土中国而言，小赌怡情无伤大雅的话，那么随着中国近代化、城市化的进程日益提速，麻将游戏逐渐发展成为男女老少乐此不疲甚至废寝忘食的主要室内娱乐形式。[⑤] 其也随即招致了舆论对之绝非健康娱乐活动的批评，特别是父母因为沉溺于牌桌而对子女产生不良影响，更是遭到了时人的猛烈抨击："想到我国普遍人士的家庭，那里谈得到游戏的环境，艺术的环境、阅读的环境？所有的只是叉麻雀的环境；父亲领着儿子，母亲领着女儿，拉些不三不四的人物，共同研究赌博。"[⑥] "谈到家庭娱乐，就让人联想起麻雀牌，因为叉麻雀已经成为今日中国社会一种最流行的家庭娱乐了，……甚至七八岁孩子也因此耳濡目染十分熟习"。[⑦] 特别是家庭主妇，如果沉湎于赌博游戏，更是贻害无穷，祸延子女。"家庭妇女为之置家政儿女于不顾，幼年儿童因环境熏染，更迅速的成功了一批新的麻坛健将"。[⑧] 从小接触麻将游戏，沾染赌博恶习的儿童不要说成为未来的国家栋梁，不沦为梁上君子、剪径强盗已属万幸。有时人切中肯綮地指出打麻将一事对于儿童的四大弊害：（1）在儿童脑中留下以不当方法得钱的恶印象；（2）使儿童看轻时间看轻事业；（3）使儿童养成反社会的态度；（4）使儿童失去认识人生全部真相的机会。[⑨]

除了父辈不能起到言传身教的榜样作用、家庭无法供给子女正当的娱乐活动之外，社会环境也常常诱使儿童早早沾染好赌的陋习。比如在20世纪30年代初上海街头出现的引诱小孩子的把戏：将一个方木盒，挖几十个

---

① 陈白尘：《寂寞的童年》，三联书店，1985，第82页。

② 吴冠中：《望尽天涯路——吴冠中回忆录》，东方出版社，1993，第24页。

③ 赵景深：《新年的断片》，《小学生》第4卷第17期，1935，第11页。

④ 包天笑：《钏影楼回忆录》，山西古籍出版社、山西教育出版社，1999，第67页。

⑤ 征帆：《叉麻雀与家庭教育》，《现代家庭》第3卷第7期，1940。

⑥ "编者附志"，陈鹤琴：《为儿童造良好的环境》，《东方杂志》第32卷第19期，1935，第22页。

⑦ 赵清：《谈谈家庭娱乐》，《妇女旬刊》第724期，1946，第2页。

⑧ 梅君：《麻将在中国》，《中国妇女》第1卷第3期，1939，第17页。

⑨ 征帆：《叉麻雀与家庭教育》，《现代家庭》第3卷第7期，1940。

孔，里面放着不同的玩意儿，上面用纸封好。一个铜板就获得一次挖破一个纸孔而取得好食物的机会，这种无良生意人大发小儿财的同时，上海儿童好赌的习性已然养成了。① 与之大同小异的还有转糖担，儿童花钱赌运气，博取不同的彩头。有一位囊中羞涩的儿童竟然像着了魔一样跟在转糖担的小贩身后走街串巷，以至于迷路呼救②，这都足以证明此类利用儿童好吃甜食的习性诱骗钱财的赌博游戏有多大的魔力。有论者呼吁公安方面对于充满肮脏欺骗因素、常在街头巷尾出现的零食摊和糖果摊加紧检查，绝对禁止其附设各种赌局如抽彩摸彩转盘等，至于骰子牌九等赌具应见即没收。③ 而官方对其在儿童道德方面的消极作用亦有察觉，于是发布训令加以查禁："近如糖果小贩罔知法纪，惟利是图，蹀躞街巷之间，利用儿童薄弱心理，竟以类似赌博之方式如抽牌摇彩轮转等具诱骗儿童出售货物，冀得非分之利，而其结果既提取其金钱又堕落其品性。事虽琐细，影响实大，国人好赌成性，安知非此为厉阶"，并晓谕各区公安局规范摊贩经营行为，只准定价出售，而且布告市民自行约束子女，以防微杜渐。④

从上述时人评论和政府训令中，可以察觉到中国社会从民间到官方均对儿童因接触不良游戏从而沾染赌博恶习的现象痛心疾首。其实不光是国人对"未来的主人翁"可能因赌博游戏而误入歧途有所警觉，呼吁矫正，就连在中国游历的外国观察家如日本的德富苏峰也见微知著，从小孩子赌博性质的游戏中窥破了中国国民的劣根性。"我在这次旅行中，多次看到中国儿童们做游戏，不过没有看到日本儿童那样模拟战争，我见到的都是在地上画些框框，然后往里面放小碎片来分胜负的游戏，大概就是中国人最喜欢的赌博之类的东西"。⑤ 尽管这番戴着有色眼镜、明显以偏概全的观感遭到了时人的批驳，认为其不过是"表面皮毛的观察"，但也不得不承认"我国家庭缺乏正当的娱乐，却是事实"。⑥ 而作为不正当娱乐的典型——麻将赌博于私德于公德、于个人于国家都为害甚巨。为了避免千里之堤，溃

---

① 周乐山：《上海之春》，余之、程新国编《旧上海风情录》，文汇出版社，1998，第402页。

② 周楞伽：《转糖担》，《小学生》第4卷第17期，1935，第36~37页。

③ 姚虚谷：《门墙以外的儿童教育》，《小学教师》第1卷第14期，1934，第35~36页。

④ 《上海特别市市政公报》第7期，1928，第8页。

⑤ 〔日〕德富苏峰：《中国漫游记·七十八日游记》，刘红译，中华书局，2008，第299~300页。

⑥ 章育才：《现代家庭与儿童教育》，《东方杂志》第32卷第11期，1935，第95页。

于蚁穴，除了禁绝取缔赌博之外，更应从改良家庭娱乐入手①，为儿童提供
健康有益的娱乐活动，营造安全舒适的游戏空间。

## 三 卫生的场所、健康的娱乐：在家中开辟儿童游戏室

如果说麻将声声、乌烟瘴气的家庭环境堪称糟糕透顶的话，那么理想
的家庭应该是什么样子呢？黄炎培就为我们勾勒了这样一幅家居图景："居
宅朴雅而整洁，入其门有歌声、琴声、书声……无叱咤喧闹声……四壁非
英雄像即历史图，非关于道德切于卫生之格言，即教育游戏具与练身具。"②
不难察觉在其心中，为儿童准备的教育游戏和玩具是理想家庭不可或缺的
室内娱乐设备，更可以想见的是称职的父母会在室内开辟出一片特定的区
域供子女利用这些游戏器具来愉悦身心，发展智能。而这也正是 19 世纪末
最先由西方幼教界所提倡的儿童室（Child's Room）或儿童游戏室（Child's
Playroom）所欲达成之目的，他们认为儿童在家庭中不仅仅需求的是保护，
更希冀空间和自由去充分实现由玩耍、游戏所带来的德智体等方面的收
益。③ 这样一种在家庭内部为儿童打造专属的休闲娱乐天地的全新理念也随
着西风东渐传播到了东亚。以日本为例，有留美学生归国后提出现代住宅
应"重视家人之间的自由平等，明确房间功能，确立个人隐私空间"，主张
设立以儿童为中心的"儿童本位住宅"，即在中等住宅中设立"儿童间"，
而在大正时代热衷子女教育的特权阶级中，也确曾出现为孩子设置"儿童
间"的家庭，尽管其在很大程度上是专供读书使用的"学习间"而已。④

几乎在同一时期，中国也出现了译自西方，鼓吹儿童游戏室的价值并
介绍其具体布置陈设的文章，其中尤以宗良译自美国《妇人杂志》的《儿
童与居室之关系》一文最为详尽。下面笔者以该文为切入点，对最先呈现
在国人面前的儿童游戏室的面貌作一番探究。

这篇文章开宗明义，指出虽然儿童在家庭中游戏活动无确定地点，但

---

① 惟际：《由赌博说到改良家庭娱乐》，《申报》1937 年 4 月 3 日第 18 版。
② 黄炎培：《理想的家庭》，《教育杂志》第 1 年第 2 期，1909，第 10～11 页。
③ Lisa Jacobson, "Revitalizing the American Home: Children's leisure and the Revolution of Play, 1920 - 1940", *Journal of Social History*, Vol. 30, No. 3 (spring, 1997), p. 584.
④ 〔日〕鹈饲正树、永井良和、藤本宪一：《战后日本大众文化》，苑宗利、史兆红、秦燕春译，社会科学文献出版社，2010，第 109 页。

必定有一室为其最乐于活动之所，而父母正可因地制宜把此处开辟为游戏室。不仅开辟，而且必须要竭尽所能，悉心布置，务求尽善尽美，因为"子女之一生命运，大半以儿童室之如何而论"。一旦该室有益于儿童身心发育，则未来幸福可期，反之则会为其明天蒙上一层阴影。① 由于游戏室是儿童从呱呱坠地至七岁之间主要活动的区域，而这一时段恰恰为塑造孩童品性和能力的关键阶段。在此期间，儿童"所接触之事物最易打动心坎，深印脑海……其终身之利乐与志愿植基于此，其终身之思想行为，亦于此养成习惯"。② 故而，对于望子成龙的父母来说，儿童室就不是可有可无，而是如何才能将其打造成对其子女身心各个层面均发挥积极影响的游戏和生活空间。对此，美国的育儿专家给出了相当详尽甚至繁琐的建议，但大致可归为居室的卫生和装饰两方面的注意事项，而由于儿童正在生长发育阶段，环境卫生尤为重中之重。"儿童室务必光线充足，空气流通，在在清洁出于成人居室之上，能如是则儿童不但强身体且可益心智"。③ 如果父母希望子女健全灵敏则非为其特辟明敞通气而常清洁之室不可，否则儿童脑力身体必趋迟钝。

这些仅仅是一般性的原则，具体到光线、空气、温度、清洁等环节，均有相应的标准和要求。首先，房间应朝南，多开窗户，确保有充足阳光④，儿童方得强壮。但有时须回避日光以免炙烤灼伤，所以房间既要透光又不得不有遮光之物。较好的选择是在门窗处悬挂帷帐以遮挡光线，但其材质不可用厚重之呢绒以免藏污纳垢，而应以轻薄布料为佳，而玻璃窗须配备三色窗帘以便随时活用⑤，这是就自然光而言。至于儿童诵读时所用的人工光源，妥当之法是用细铁丝将电灯悬挂固定，高度适中并附以黄色灯罩，使光线朝下散落，既确保亮度又不有害目力。⑥

其次，空气应随时流通，力求新鲜。儿童在户外时，应开窗通风，但也要防范低温侵袭，最好在儿童床四周设置纱帐严密保护。要避免室内过

---

① 宗良：《儿童与居室之关系》，《妇女杂志》第 4 卷第 2 号，1918，第 1 页。
② 宗良：《儿童与居室之关系》，《妇女杂志》第 4 卷第 2 号，1918，第 1 页。
③ 宗良：《儿童与居室之关系》，《妇女杂志》第 4 卷第 2 号，1918，第 2～3 页。
④ 魏寿镛：《小儿之衣食住》，《妇女杂志》第 4 卷第 6 号，1918，第 1～2 页；朱穗秋：《住居选择及其建筑设计法》，《妇女杂志》第 2 卷第 7 号，1916，第 12 页。
⑤ 宗良：《儿童与居室之关系》，《妇女杂志》第 4 卷第 2 号，1918，第 4 页。
⑥ Mr. Ohristine Frideriok：《儿童游戏室》，尚志译，《申报》1919 年 9 月 20 日第 14 版。

于干燥，宜用大盆盛满清水，置于火炉附近，蒸发的水汽充盈于房间，可收到加湿之效。①

再次，室内清洁尤不应忽视。儿童室内不应堆放杂物，地毯因为易染污垢而不适用，倘若使用则应经常拿出室外用毛刷清扫或藤条拍打。切忌直接以扫帚扫地，否则灰尘扬起，为害更甚，应该用带水拖把擦地使之清洁而不扬尘，室中灰尘愈少，儿童身体愈健康。②

除了要时刻关注儿童室的卫生状况，父母对其装饰陈设也应精心设计。由于幼儿脑海极易接受外界暗示留下印象，因此室内环境和物品对其心智有莫大影响。虽然具体的装饰方案要依家庭经济状况而定，但应遵循的原则是"儿童室之陈设，宜适可而止"，不应摆设过多物品，徒增杂乱之感，或过于奢华，令儿童目不暇给，反受刺激。③被褥、地毯、桌布、窗帘、墙纸等颜色不宜璀璨夺目，应以淡雅和谐为佳。儿童嗜好就地涂抹，这种涂鸦乱画的行为不应视为胡闹破坏，其实为一种建设和创造动作④，父母理应为子女提供画笔纸张供其自由挥洒，但出于卫生和经济原则，宜在地板和墙壁上铺以可洗涤易擦拭的苫布或油布。⑤

玩具为儿童室中不可或缺之物，但亦不必太多，惟取具有教育意义者为要："如可以搭成房屋之积木一箱，其中包含农学、土木工程学、建筑学及手工之基本学理，儿童玩熟之，固大有益也。"⑥另外，童蒙读物亦可置于一个常放在儿童床头或近处的书箱内供随时取阅。而为避免儿童随时抛掷玩具，应为其设置十字形架子用来安放游戏用具及书籍。⑦

综上所述，在美国育儿专家眼中，环境优美、陈设完备的游戏室能为儿童的健康快乐、心智发育，甚至一生的幸福发挥无与伦比的作用，而且投入产出比极富效率，堪称事半功倍，因此力主为人父母者应加以重视。⑧

值得注意的是，宗良在这篇连载三期的长文之后所撰写的译者附识，他虽然认为欧美室内布置装饰风格与中国大异其趣，因此如法炮制不能成

---

① 宗良：《儿童与居室之关系（续）》，《妇女杂志》第 4 卷第 3 号，1918，第 2~3 页。
② 宗良：《儿童与居室之关系（续）》，《妇女杂志》第 4 卷第 3 号，1918，第 3~4 页。
③ 宗良：《儿童与居室之关系（续）》，《妇女杂志》第 4 卷第 4 号，1918，第 6 页。
④ 汝：《儿童的涂抹》，《现代父母》第 2 卷第 3 期，1934，第 20 页。
⑤ Mr. Ohristine Frideriok：《儿童游戏室》，尚志译，《申报》1919 年 9 月 19 日第 14 版。
⑥ 宗良：《儿童与居室之关系（续）》，《妇女杂志》第 4 卷第 4 号，1918，第 8 页。
⑦ Mr. Ohristine Frideriok：《儿童游戏室》，尚志译，《申报》1919 年 9 月 19 日第 14 版。
⑧ 宗良：《儿童与居室之关系（续）》，《妇女杂志》第 4 卷第 4 号，1918，第 9 页。

立，但亦承认其中不少观点值得斟酌参考，而且据其观察，除少数名门望族外，中式住宅室内无所谓装饰，至多不过于厅堂中悬挂书画而已，亦非专为儿童所设，儿童也鲜有留意，即便偶尔关注，也不明就里，何谈起到教育作用。至于幼童则没有专属房间，日间随处游玩坐落，夜间睡在母亲房中，尽管此间为孩童日常嬉游最久之所，但并无特别布置，子女从中"所接触而感于心印于脑者亦非良好者"。有鉴于中国家庭虽有面积甚大者，却无一二特别静雅之室，房屋结构亦墨守成规，不能与时俱进，儿童于其内毫无安居之感，对此宗良力倡有财力者仿照西方，开辟设置儿童专属之室，以利于其身心发达。①

诚如宗良所言，当时的中国的家庭教育能利用书房者尚为凤毛麟角，遑论儿童室或儿童游戏室，那么这篇译文就是无的放矢，过于超前了么？答案也是未必。事实上，家庭内部成人与孩童的活动空间不可能泾渭分明，相互隔绝。易言之，我们无法想象成人居所肮脏污秽、破烂不堪，而儿童房间却能一尘不染、独善其身。在很大程度上，译文中所列举的室内环境的诸多注意事项均适用于整个家庭，只不过对于专属儿童的房间，相应的标准更高要求更多而已。即便此时此刻不是每个家庭都具有开辟儿童室的能力，但倘若读者能够以此文为参照切实改善住所环境，将外国观察家眼中的昏暗潮湿、夏季闷热、冬季阴冷，家具笨重极不舒适，空气流通不畅的旧式住宅②，改造成更加卫生清洁、舒适宜居的现代住所，届时，儿童室就不仅仅是闻所未闻，纯粹舶来的"西洋景"了，而会成为国人自发倡设的对于培育合格的未来主人翁所必需的室内空间。

时间来到十年之后，特别是进入 20 世纪 30 年代，按李欧梵的说法，此时此刻的申城已经能和世界最先进的都市相同步，而且"摩登上海"已经形成并引领了现代中国的一种新都市文化。③"儿童游戏室"这一概念，对于这时的沪上居民来说即便并非司空见惯，也早已不是匪夷所思的洋玩意

① 宗良：《儿童与居室之关系（续）》，《妇女杂志》第 4 卷第 4 号，1918，第 9～10 页，"译者附识"。

② 〔美〕那仲良：《寻找隐蔽的中国民居》，〔美〕那仲良、罗启妍主编《家：中国人的居家文化》，第 65～66 页；任妍幽：《论家庭衣食住之当注意》，《妇女杂志》第 1 卷第 5 号，1915，第 10～11 页。

③ 李欧梵：《上海摩登：一种新都市文化在中国（1930－1945）》，人民文学出版社，2010，第 1 章。

儿了。而本土幼教人士则更是达成了共识，将具有明确功能导向的儿童游戏室列为其推广新式家庭教育计划中的关键一环，尽管他们也没有好高骛远到认为每家每户都有能力为子女置办一间游戏室的地步，但其仍建议父母"总要为儿童设一游玩的所在，或专辟一室或划出房子的一隅以供儿童之用"。① 如利用客厅或起居室的一角，陈设娱乐品，作为孩童们游息的地盘。② 成人在布置家具时，也"至少注意到留一角地方，给儿童可以随时转动，和安放他们的玩具"③，而无论居住面积有多么紧张，孩子在家里总要"有一角之地作他的独自工作游戏的地方"。④

工欲善其事，必先利其器。若想儿童充分享受游戏的乐趣，获得身心上的成长，游戏室的环境和设备就须格外留心，尽量周全。在卫生标准上，幼教专家继承了一贯的观点，儿童房愈大愈妙，窗户应多，日光须足，一切要清洁有序。⑤ 在器具陈设方面，首要的原则是一切布置都应儿童化，易于使用与认知，而不宜过于繁复芜杂⑥，尽可能留出更多空地，以供儿童畅游。⑦ 为了能让儿童可以赤脚行走，可以在地板上铺设油布或便于清洗的粗布。美观小型的方毯可以引发儿童游戏的动机，还可以供其在冬季时随意拖拉到室内各处坐着玩耍。简单的体操器具能使其粗大筋肉得到锻炼，亦可从小培养儿童对体育的兴趣。⑧ 而在美育方面，图画的效用甚为明显，因此可在浅色的墙壁上横挂一条彩布，在上面用针别上各种美术画片，以彩色的人物花卉动物为主，供其日常观赏，成本也极其低廉。⑨ 儿童所用的器具，无疑要合乎其身形体态，桌椅必须矮小。在窗边可以放置一把小摇椅和几个低矮的木凳，供其在阳光沐浴下安静的游戏。另外可摆设一个壁橱，几个架子，可供儿童收藏其日用品。即便没有条件的家庭也得专门准备一个纸箱或木箱用来收纳子女的玩具，除了可以保持室内整洁以外，父母可

① 方万邦：《儿童的游戏》，《教育杂志》第 25 卷第 12 期，1933，第 55 页。
② 珍妮：《室内陈设的艺术》，《主妇之友》第 1 卷第 2 期，1937，第 21 页。
③ 姚希慧：《玩耍与玩具》，《妇女新运》第 5 卷第 4 期，1943，第 36 页。
④ 基督教教育部投稿：《你底孩子是否有适宜的玩具》，《福音光杂志》第 13 卷第 8 期，1937，第 13 页。
⑤ 张少微：《家庭儿童中心论》，《女子月刊》第 3 卷第 1 期，1935，第 2441 页。
⑥ 舒展：《儿童的游戏室》，《现代父母》第 2 卷第 3 期，1934，第 19 页；张少微：《家庭儿童中心论》，《女子月刊》第 3 卷第 1 期，1935，第 2441 页。
⑦ 槐君：《儿童游息室》，《家庭杂志》1937 年第 2 期。
⑧ 唐毅：《幼稚园课程编制原则》，《教育杂志》第 19 卷第 2 期，1927，第 6 页。
⑨ 钱用和：《家庭布置及管理》，《广播周报》第 129 期，1937。

以借机教导儿童在游戏后自行收拾归整玩具，将其按大小顺序码放于箱内，从而养成他们不随意丢弃个人物品，用完东西放回原处等良好的生活习惯。①

良好游戏室的环境绝非一成不变，其布置陈设与功能指向要依据儿童年龄增长而随时调整。4～6岁的孩子最好有一个洋囡囡室和相关用具，积木亦为模仿建筑，激发创造能力的优良玩具，大小可如小砖块一般；7～8岁的小孩，戏剧表演的本能已然萌生，所以应有化装表现台供其上演自编自导的扮演游戏；10～12岁的儿童已有能力自制玩具，应为他设置工作台，配备相应工具；13～15岁的孩童已经完全可以将游戏室打造成俱乐部或工作间了。由于不同年龄阶段的儿童不同的兴趣使然，游戏室既可以是一个单纯的玩具集合所，又可以成为一个玩偶剧场，还可以被改造成一间用金属、黏土和图画材料布置起来的模型陈列室。② 父母尽可以依照子女的爱好要求，来帮助其设计添置游戏室的环境和设备，但必须谨记这是儿童自己的房间，要赋予其完全的自由，由其自行管理，成人只要在旁辅助照料，防止儿童伤害自身或妨碍他人即可。而正是在经营维护属于自己的娱乐天地的过程中，儿童初步习得了主权和责任的意义，并开始养成单独自治生活的习惯。③

## 四　空中楼阁？——"儿童游戏室"话语的局限和价值

尽管儿童游戏室的价值被时人大力鼓吹，但在很大程度上，其仍只停留在纸上谈兵的话语层面，真正能付诸实践的家庭实属凤毛麟角。实际上，也很难设想住在小弄堂挤在亭子间的"七十二家房客"会有闲情逸致与财力物力来为子女置办一方游戏乐土。对此，幼教专家也心知肚明："在我们这人烟稠密的城市里，大多数的人家都只有一间或两间房子，里面住了许多人，在那里吃，在那里住，拥挤不堪，那里顾得到给儿童一个角落游玩？

---

① 舒展：《儿童的游戏室》，《现代父母》第2卷第3期，1934，第18～19页；张少微：《家庭儿童中心论》，《女子月刊》第3卷第1期，1935，第2441页；袁宗泽：《家庭儿童游戏设备》，《体育研究与通讯》第1卷第1期，1932，第78～79页。

② 袁宗泽：《家庭儿童游戏设备》，《体育研究与通讯》第1卷第1期，1932，第79页。

③ 赵廷为：《幼稚儿童与家庭教育》，《教育杂志》第19卷第2期，1927，第6页；不磷：《小家庭里装饰上之优美设计》，《三六九画报》第13卷第3期，1942，第15页。

屋外呢？多数是人来人往的热闹街道，很少人家有一个场子，可以供给儿童游玩。每家人家要备有一个院子给儿童玩，从经济和实际方面来说，是不可能的。"① 胡伯威儿时家境宽裕，在抗战后全家移居上海时，占据了一整座石库门，可谓楼上楼下，电灯电话，连抽水马桶和自来水浴缸都一应俱全。但专属儿童的空间就是一间卧室而已，四个孩子在里面的两张单人床上排演开船游戏。更多时候，游戏玩耍如捉迷藏、打板羽球、踢小皮球等还是集中在户外一个难得的相对封闭、比篮球场还大的宽巷子。② 既然小康之家也未必有辟设儿童游戏室的能力和意识，何况普通的平头百姓，这种近乎奢侈的室内娱乐天地似乎只能出现在大户人家的豪宅之中，比如被称作"贝家花园"的贝淞苏宅邸，这所花园洋房坐落在上海市静安区南阳路，是典型的中西合璧式的近代建筑，"占地面积 3250 平方米，建筑面积 2449 平方米……客厅东侧是儿童游戏室"。③ 叶笃庄幼时在天津居住的"叶公馆"，有前中后三个院落，数十间屋子，起初小孩子们活动的中心也仅是祖母的上房，后来北客厅才被改造成儿童游艺室，室内设有乒乓球台，备有围棋象棋等。④ 即便发达繁荣如 20 世纪 20 年代的美国，开辟一间装潢华丽、设计精巧的儿童游戏室仍然是一桩造价不菲的消费行为，其需要家庭中的额外空间、特别的设备及精挑细选的玩具。⑤

也许笔者不得不承认，儿童游戏室仍然只是中国幼教专家的美好设想，在当时的历史条件下，尚不具备现实层面的可操作性。纵然有时人曾经提出修建"低端版"儿童游戏室的计划：在院子一角借着石壁和土墙用高粱秸、竹竿、草席、油布可以搭建一个五尺高的游戏室，地面上为了防潮，要铺些砖块或石头，还可以搜集些煤油桶当碗橱，拿木凳、竹凳、葫芦瓢、木碗泥瓶等作家具，室旁还可以栽种葫芦、黄瓜和花草加以点缀。这套因陋就简的建造方案如果由儿童主导，成人在旁协助，则更会妙趣无穷。⑥ 虽然极大地压缩了成本，这样一间游戏室却仍会面

① 姚希慧：《玩耍与玩具》，《妇女新运》第 5 卷第 4 期，1943，第 37 页。

② 胡伯威：《儿时"民国"》，广西师范大学出版社，2006，第 180~203 页。

③ 上海市地方志办公室编著《上海名建筑志》，上海社会科学院出版社，2005，第 421 页。

④ 叶笃庄：《一片冰心在玉壶：叶笃庄回忆录》，山西人民出版社，2014，第 7 页。

⑤ Lisa Jacobson, "Revitalizing the American Home: Children's leisure and the Revolution of Play, 1920 - 1940", *Journal of Social History*, Vol. 30, No. 3 (spring, 1997), p. 586.

⑥ 雷阿梅：《游戏中的学习》，《现代父母》第 5 卷第 5 期，1937，第 15~16 页。

临水土不服的窘境，在寸土寸金的城市中鲜有人会有院落开展如此"乡土游戏"，至于指望其能解决城市儿童安全健康游戏的问题，则更是不切实际。

话虽如此，我们仍不能低估"儿童游戏室"话语的象征意义，其于20世纪20～30年代在以工商业为支柱产业的口岸都市中出现是近代中国大家族日趋解体，小家庭或核心家庭日益增多①、工业化与城市化程度逐渐加深的必然结果。随之而来的便是人们开始重视家庭生活的舒适、自由与私密空间。如果说传统家庭倚靠森严家规、长幼有序等观念来维持和谐与秩序，那么时移世易，在20世纪都市文明摇篮中孕育产生的幼教理念看来，上房中的高大气派、儿女却可望而不可即的太师椅，书房里的彰显财富品位、儿童却一头雾水的名人字画，都是代表着压抑人性、束缚心灵的封建家长制的训育模式。而在只有一对夫妇和几个甚至一个孩子的小家庭中，空间被重新分配，划分出厨房、餐厅、客厅和卧室，从而让家庭成员既可以一齐分享日常生活，又能保证每个个体拥有自己的私生活。由此，"家庭已经从处于约束下的群体转变为一个私人生活的安乐窝"。② 而儿童在其中的重要性也与日俱增，甚至成为家庭的重心所在，这些"未来的主人翁"能否在家庭中快乐玩耍、茁壮成长，可谓"现代父母"最为关切的问题，也因此成了房屋空间安排与居室装潢计划中必须加以考虑的面向。

虽然儿童游戏室并没有走入寻常百姓家③，但儿童在家中的活动空间逐渐扩大却是不争的事实。《良友画报》刊发的一组"最新式住宅陈设"的摄影图片中，儿童卧室赫然在列，并以其宽大的玻璃窗、浅色镂空的窗纱、深色窗帘、抽象美观的动物墙纸、符合儿童身长体态的床铺与椅子等室内布置陈设体现了"简洁而有趣"的装潢风格④（参见文后图2），"小孩子卧

---

① 鼓吹"小家庭"的言论也已经在当时的口岸都市中出现，可参见 Susan Glosser, *Chinese Visions of Family and State*, 1913－1953, Berkeley：University of California Press, 2003.

② 罗启妍：《从传统建筑与传统家具探讨中国文化：一个文化的诠释》，〔美〕那仲良、罗启妍主编《家：中国人的居家文化》，第202页。

③ 必须指出的是，在某些上海居民心中，儿童游戏室业已成为其"理想的小家庭"设想中有机的组成部分。王寿富：《理想中的小家庭生活》，《家庭星期》第1卷第3期，1935。

④ 《申报》摄：《最新式住宅陈设》，《良友画报》第50期，1930，第29页。

室"也成为家庭布置必须加以认真设计的房间。① 除此之外,在当时流行的儿童杂志和画报中,多次刊登了表现儿童在家中客厅游戏甚至嬉闹场景的图画作品,似乎暗示了这种本来是成人用作接待客人的家庭空间被儿童"霸占"为娱乐天地,而前者也对此态度宽容的时代趋势。例如有姐弟三人一本正经地分别敲着小鼓,拉着小提琴,并在五线谱前挥舞着指挥棒,但仔细端详那把小提琴其实是一个簸箕,他们进行的不过是一场在客厅进行的模拟演奏会游戏,听众是一只小狗而已。② 还有兄妹两人在客厅中打起了乒乓球,观众则是小猫、小狗和洋娃娃。③ 也有姐弟二人玩起了玩具汽车比赛,一只小狗趴在沙发上聚精会神地观看。④ 更加有趣的是,有两个小朋友美滋滋地坐在沙发靠背上把鱼竿伸进鱼缸里钓鱼⑤(参见文后图3)。还有一群顽童上演了一出"大闹客厅"的游戏,他们有的把凳子摞上八仙桌,踩在上面放气球,有的在桌边掰起了手腕,有的在地上玩起了弹子球,还有三个孩子坐在一个硕大无比的沙发上读书。⑥

仔细观察,会发现上述无忧无虑的欢乐场景拥有一些共同点:首先,其陈设装潢绝大多数属于西式风格,特别是构成游戏空间重要背景的宽大的沙发、精致的窗帘、错落的壁画、整洁的地板等等均彰显了家庭主人的喜"新"厌"旧"的价值取向和欣赏口味。当中式的太师椅和山水画被置换为洋味十足的大沙发和风景画时,客厅也就此成为了游戏室。其次,作为游戏主体的儿童一般身着西式服装,女孩身穿连衣裙,脚踩玛丽珍鞋,男孩则身着短裤,足裹及膝长袜,脚蹬皮鞋。这种上流社会味道十足的衣服款式暗示了这些儿童已在不经意间内化了其所隶属阶层的特定品位,而他们进行的游戏也烙上了鲜明的资产阶级烙印。再次,几乎所有的游戏场景中,成人都是恰到好处地缺席的,取而代之的是家庭宠物的陪伴。当居高临下的监督视线被小猫小狗自下而上、好奇观望的眼神取代时,现代教育所认同的童年游戏的价值也得以放大。与此同时,这些宠物也无声地见

---

① 许继廉夫人讲,纪凝贤小姐记《家庭布置问题》,《妇女共鸣》第3卷第3期,1934,第29页。

② 《小朋友》第395期,1935,封面。

③ 《拍乒乓球》,《儿童画报》第17号,1936年6月16日。

④ 《汽车比赛》,《儿童画报》新34号,1934年3月1日。

⑤ 《小朋友》第475期,1931,封面。

⑥ 申报儿童周刊社:《申报儿童之友》,上海申报馆,1936,第3页。

证了孩子们作为资产阶级主体的成长历程。① 易言之，这些杂志画报所描绘的在室内游戏的儿童其实是幼教专家寄希望于其能成为未来的主人翁的好孩子的典型形象，而被当作游戏室的客厅则成为其安全健康游戏的必要场所。

如果说，"儿童游戏室"话语的局限性体现在其是专供上流社会和大富之家的子女享用，对市民阶层而言是空中楼阁的话，那么，其存在价值即恰恰反映了在工业化和城市化的大背景下，儿童在小（核心）家庭中地位的提升，以及安全卫生的居家环境和寓教于乐的游戏教育等等西方新式的育儿观念，被中国启蒙知识分子大力倡导而渐为国人了解接受的事实。从这个角度讲，"儿童游戏室"话语在民国上海的兴起绝非空穴来风，而是其来有自、应时而生的。

**图 1　追逐汽车为戏的顽童**

（《"人之初性本善"》，《良友画报》第 155 期，1940，第 27 页）

---

① Andrew F. Jones, *Developmental Fairy Tales: Evolutionary Thinking and Modern Chinese Culture*, Havard University Press, 2011, pp. 85 - 86.

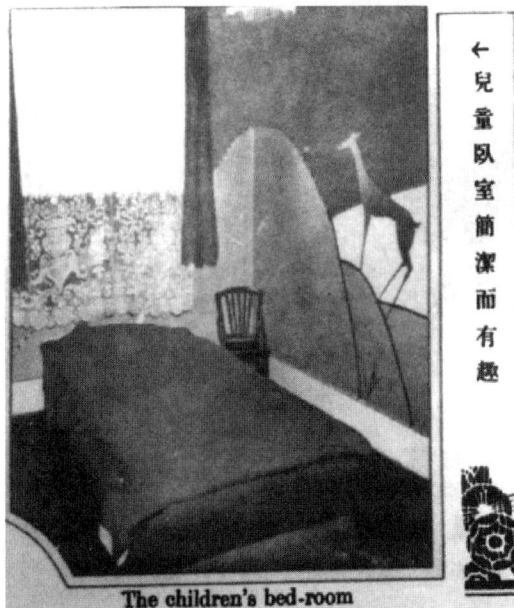

**图2 儿童专用卧室**

（《申报》摄:《最新式住宅陈设》,《良友画报》第 50 期,1930,第 29 页）

**图3 在客厅中钓鱼**

（《小朋友》第 475 期,1931,封面）

# 严景耀的犯罪社会学调查
# 与研究（1927～1936）

吕文浩[*]

在中国近代社会学史上，关于犯罪问题的社会调查与研究，在数量上比较少，很不起眼，远远比不上农村社会经济和人口研究等领域。但长期在燕京大学从事教学研究活动的社会学者严景耀的成果却是很突出的，特色也相当鲜明，至今仍不失其学术参考价值。有论者认为，严景耀以及他所指导、带动的燕大学生所做的犯罪调查和研究，注重把犯罪当作一种社会现象来研究，分析其社会成因及社会影响，是中国犯罪社会学最早的探索和研究，也正是在这些成果的基础上，开创了中国的犯罪社会学。[①]

犯罪学历来是社会学系的选修课程之一，有师资条件的大学社会学系均会开设这门课程。燕京大学社会学系至迟在 1927 年就开设了犯罪学课程。当时代理系主任的许仕廉对这门功课非常重视，邀请的教师层级很高，是曾担任过司法部次长、时任司法部监狱司司长的王文豹。他在 1929 年担任系主任时写的《建设时期中教授社会学的方针及步骤》一文中，详细讨论了大学社会学系应设置的课程。在他看来，社会学系应有基本教科和扩大教科之分，所谓基本教科即是一个社会学系最低限度的科目，在此以下，即不成社会学系。用后来比较通行的词汇说，大致就是必修课程。在他所列的 13 门"基本教科"之中就有犯罪学及刑罚学，每周上课时间至少 3 小时。[②] 在许仕廉心目中，这门课程的位置不是一般认为的选修课程，而是必

　＊　吕文浩，中国社会科学院近代史研究所。
　①　赵丽、朱浒：《燕大社会调查与中国早期社会学本土化实践》，收入李长莉、左玉河主编《近代中国社会与民间文化》，社会科学文献出版社，2007。
　②　参见许仕廉《建设时期中教授社会学的方针及步骤》，《社会学界》第 3 卷，1929。

修课程，可见在其位置之重要程度。1944 年秋教育部公布的部定社会学系必修及选修科目要点中，犯罪学也在选修科目之中，规定选修该课程有 3 个学分。① 除了王文豹、严景耀曾在燕大开设过犯罪学课程以外，20 世纪 30 年代吴景超也曾在清华大学开设过这门课程。清华大学社会学系的课程说明中，犯罪学的内容如下："本学程讨论：（一）罪的性质。（二）犯罪原因。（三）罪的分类。（四）罪人的分类。（五）罪的侦察。（六）罪的审判。（七）罪的处罚。（八）近代处置罪人的趋势。（九）罪的预防。"② 吴景超大约是从关注城市社会学以及贫穷问题的角度切入犯罪学领域的。不过，吴景超的犯罪学文章很少，也缺乏对中国犯罪问题的专门研究。在当时的社会学者里，以自己的独立研究开设犯罪学课程的，首推严景耀。

本文首先梳理严景耀从事犯罪调查研究的基本脉络以及他的相关教学、实践生涯，然后分析其犯罪调查研究的学术价值，希望以此增加对燕大社会学的一个以往较少关注的领域的了解。

## 一　犯罪社会学调查研究历程

严景耀（1905～1976），浙江余姚人，1924～1928 年在燕京大学社会学与社会服务系学习。在大学学习期间，严景耀就是一个很活跃的角色，他曾担任过校男青年会会长和社会学会会长。此时燕京大学社会学及社会服务学系虽属初创时期，但已经开始重视社会调查对于社会学研究的充实与推动作用。1926 年秋，中华教育文化基金董事会的社会调查部成员李景汉来校担任"社会调查方法"课程，每星期授课两小时，期间曾带领学生从事燕大人力车夫以及黑山扈村调查；翌年春李景汉又继续在燕京大学开设"社会研究方法"课程，这次该课程要求选修这门课程的同学上课那天下午没有旁的课程，专门在村中进行实地调查，这次调查的主要是挂甲屯和马连洼等村。尚在燕大就读的严景耀选修了李景汉的这两门课程，并实际参与了这几次关于北平乡村家庭的调查活动，受到了社会调查的初

---

① 孙本文：《当代中国社会学》，商务印书馆，2011，第 238 页。
② 《国立清华大学一览》（1935 年 10 月）"社会学系"部分，第 7 页。

步训练。①

　　启发并引导严景耀关注犯罪和监狱问题的人，是前司法次长、时任司法部监狱司司长的王文豹，他此时在燕大社会学及社会服务学系开设"监狱学"课程②，介绍有关犯罪和感化教育犯人的问题。社会学系重视社会调查的风气，以及在李景汉班上接受的相关知识和训练，都不能不诱发严景耀产生对犯罪和监狱问题进行实地考察的兴趣。当时燕大在图书馆里仅有20多本犯罪学书籍，基本上是关于西方国家的研究，关于中国的只有一本王元增的《监狱学》。严景耀谈到当时的阅读感受时曾说："我对阅读美国的犯罪学书籍很感兴趣，但是我对中国的犯罪和犯人的情况却毫无概念"③，因为"讲犯罪的现象是欧美的犯罪现象，谈犯罪的原因，是欧美人犯罪的原因，讨论救济与预防的方法，也是为欧美各国社会病所开的药方，绝对谈不到中国的问题"。④ 上完这门课后，他下定决心去开拓这片学术上的处女地，在犯罪社会学上做出自己的贡献。当时在燕大社会学及社会服务学系首先对犯罪进行研究的人，并非严景耀。早于严景耀对犯罪问题进行探索的学生，是燕京大学研究生张镜予，他利用中国当时唯一的犯罪统计，即司法部从民国3～12年的10册《刑事统计年报》，写过一篇《北京司法部犯罪统计的分析》，1927年发表在《社会学界》第1卷上。⑤ 和严景耀同一年（1928）毕业的同学边燮清也曾做过监狱调查，严景耀调查的是京师第一监狱，他调查的是京师第二监狱，两人还曾预先商定调查方法⑥，后来边燮清以《北京犯罪之社会的分析》作为学士学位论文，连题目都和1928年严景耀发表的《北京犯罪之社会分析》⑦的论文极为相似。不过，无论是最先进行犯罪问题研究的张镜予，还是曾与严景耀一同进行监狱实地调查

---

① 参见李景汉《北平郊外之乡村家庭》"序言"，商务印书馆，1929，收入李文海主编《民国时期社会调查丛编》"乡村社会卷"，福建教育出版社，2005，第462～463页。

② 《燕京大学社会学及社会服务学系一九三三年——一九三四年度报告》（《社会学界》第8卷，1934年）中说课程名称是"监狱学"，但《社会学界》第1卷（1927年）的"社会学界消息"栏介绍课程名称是"犯罪学"，严景耀回忆中课程名称是"犯罪学与刑罚学"。

③ 严景耀：《中国的犯罪问题与社会变迁的关系》，吴桢译，北京大学出版社，1986，第210页。

④ 严景耀：《北京犯罪之社会分析》，民进中央宣传部编《严景耀论文集》，开明出版社，1995，第2页。

⑤ 张镜予：《北京司法部犯罪统计的分析》，《社会学界》第1卷，1927。

⑥ 参见严景耀《北京犯罪之社会分析》，民进中央宣传部编《严景耀论文集》，第3页。

⑦ 该文发表在《社会学界》第2卷，1928年6月。

的边燮清，此后都没有继续中国的犯罪问题研究之路。从研究的深度和广度来说，严景耀在这些燕大同学里是最为突出的；他此后也一直坚守在这个领域，不断扩大研究范围，提高研究水准，并最终成为中国社会学界从事犯罪社会学研究的主要代表人物。①

　　当时司法部的统计材料不够完整，而且可靠性不高，不足以成为研究中国犯罪社会学的根基。严景耀在搜集司法统计资料后产生了强烈的失望情绪，他决心亲自到监狱去直接观察、访问，获得可靠的第一手资料。这个想法对于习惯于捧着书本过优雅生活的智识阶层而言并不容易。严景耀提出这个大胆的、有冲击力的想法后，即面临着思想和情感上的很大考验，而且他的家属、亲戚和许多朋友都不赞成，以为是在说笑话，"许多人劝我不如到外交部或其他受人尊重的部门去工作，不要去做'狱吏'"。② 这时，燕大社会学及社会服务学系的教授们却出于学术上的远见，特别鼓励年轻人开辟这块新的研究园地。王文豹时任监狱改进委员会主席，得知严景耀想到监狱做实地研究的想法后，非常高兴，并且利用他的职务便利给严景耀提供了许多方便。严景耀坚决服从老师的安排，老师要他到哪里的监狱去，他都愿意积极配合。1927 年夏天，严景耀提出想到狱中当一名志愿犯人，亲尝铁窗风味，这样"离奇的"想法居然也得到了王文豹的支持。王文豹出面和狱长商量，得到了他热情支持这项计划的承诺。就这样，学校放暑假后，年轻的社会学学生严景耀就被送到京师第一监狱当"犯人"了。

　　如何研究中国当时的犯罪与监狱问题，并无现成的资料和研究成果可供参考。严景耀当时的学识准备是比较薄弱的。按照社会调查的常规做法，他草拟了一份详细的调查问卷。但当他在狱中当"犯人"时，并没有机会

---

① 不仅在燕大，在其他大学的社会学系，当时也有从事犯罪调查与研究的，如中央大学社会学系就有学生在做这种调查研究。《社会学刊》第 1 卷第 1 期（1929 年 7 月）的"社会学界消息"报道："工作方面，本学期计有三种调查：（一）大学生生活状况及其经济背景，（二）大学生婚姻调查，（三）犯罪研究。第一二种即在本校行之，第三种系与江苏第一监狱接洽，由同学前往做个案研究。"《社会学刊》第 1 卷第 3 期（1930 年 5 月）关于国立中央大学社会学系同学会研究部的消息称："现已着手进行之工作，有犯罪调查一项。该部预备在那几个模范监狱调查二百犯人，预定二月内即可调查完竣，该部对于此项调查甚为认真，各调查员亦甚热心，计报名加入者约有二十余人，多数为社会系学生。"看来，从学生时期就着手调查研究犯罪问题的人并不少，只是严景耀在这批人里脱颖而出了。

② 严景耀：《中国的犯罪问题与社会变迁的关系》，吴桢译，第 210 页。

研究犯人，只能借此机会认识犯人。铁窗生涯在旧时代往往是很艰苦的，出于同情并支持大学生研究者的目的，狱长对严景耀这位假犯人表现出了无微不至的特殊照顾，但这很快引起了狱中其他犯人的警觉。三个星期过去了，"纸里包不住火"，狱中人发现严景耀是个假犯人。这时，严景耀由"犯人"一变而成为监狱的客人。他可以随便到什么地方去，也可随便找人谈话。由于监狱严格执行保持安静的纪律，在"禁止说话"的虐政下有人和犯人谈话，对于他们来说简直是一种享受。严景耀由此获得了和犯人们深入谈话的机会。吃过饭，他们就在一起闲聊。一个月后，严景耀和犯人们及看守们都熟悉起来，狱长给了他一个单间，可以和任何犯人在里面密谈。起初他按照预先设计的问卷问问题，有些题外的谈话就另记下来，获得了丰富的一手资料。看守和警察都以为严景耀将来准备当狱官，所以对他很客气，想到什么都对他说。狱内人手少时，严景耀还帮他们当看守。狱长、看守和警察的支持，使严景耀可以自由地接近犯人，和他们进行充分的互动。

　　社会研究不同于对自然现象的研究，在研究者和被研究者之间，一定会发生彼此的情谊互动，由此影响到研究者是否可以获取真实的事实。在和犯人很熟悉以后，严景耀常常帮助家庭靠近北京的犯人给家里捎信，这也给了他了解犯人家庭情况和社会背景的好机会。许多犯人详细地将他们的犯罪经过告诉严景耀，是为了报答他带信息给家里人和朋友。犯人知道和严景耀的谈话并不影响官方对他们的判刑，所以放心地把有些足以加重他们罪行的事，都毫无隐讳地告诉了严景耀。犯人告诉严景耀的事实与官方的记录、其他犯人和看守们的反映相互印证，彼此都相吻合，有利于他掌握真实的犯罪情况。有时严景耀为被释放的犯人找工作，有时为他们的家庭不睦和其他的事出力帮忙，由此充分赢得了犯人们的信任和合作。大多数初犯，希望严景耀能帮助他们解决问题；甚至那些职业惯犯，只要他们信任严景耀，就愿意为他做一切事情。严景耀和犯人交上朋友以后，常在他们被释放后，了解到更多的情况。有一次，一个犯人跑来见他，承认对他说了谎话，说自己受到良心的谴责和朋友的非难。

　　暑期过后，严景耀仍然每星期去监狱搜集个案，先后在京师第一监狱住了三个多月（其中有半个月在北京感化学校调查儿童犯），以后又继续每星期在监狱住两天。① 1928 年春，他整理材料时发现：从问卷到回答记录中不能找到很多材料，而最宝贵的材料往往在"备注"里。事先凭主观想象制成的问卷，使得很多宝贵的材料都不能容纳进去。此时，严景耀便放弃了问卷，改为和犯人个别谈话，以一般问题为基础，开放性地顺其自然地往下谈。这样打开思路以后，他发现犯罪的研究不能局限在犯罪本身上，而是牵涉到许多其他社会问题，有必要从犯罪与社会环境的有机联系入手，研究犯罪的社会成因和社会影响。

在具体的研究实践中，严景耀突破了按照预先拟定的调查问卷搜集资料的固定程式，以社会人类学的"参与观察"来体验犯人的生存环境，感受他们的喜怒哀乐，把犯罪问题和社会文化环境联系起来予以考察，写出了多篇有深度的研究报告。

1928 年毕业后，严景耀留校攻读研究生，并兼任助教，得以继续研究犯罪问题。1928 年暑假，他受燕大社会学及社会服务学系委托，赴河北、山西、河南、湖北、江西、安徽、江苏、浙江等省调查监狱，对调查的情形，他有这样的记述：

> 调查的方法，也是住在所调查的各监狱里，每日比犯人先起床，去看他们每日如何起身，起身后做什么事情……所欣幸的，各省监狱当局，能允许我随时随地考察和询问。我非独可以请问办事诸君，并且可以随意提问犯人的意见，所以每逢一件事情，一个问题，必可得到两方面的报告，——监狱当局和犯人——并且于调查期内，能遇见的事实，一定亲自试验观察，以期不致有片面的夸张与回护而失实，来尽我调查者应尽的责任。②

1928 年暑假的 8 省监狱调查，是在已经对北平监狱做过深入调查的基础上进行的，所以严景耀在短时间内可以抓住主要问题，扩大眼界，迅速完成调查任务。严景耀在北平监狱的调查活动，得到了李瑞德先生及其夫人、朋友的捐款支持。1929 年 6 月他顺利完成了硕士论文《北平的罪犯情

---

① 参见严景耀《北京犯罪之社会分析》和《中国监狱问题》，民进中央宣传部编《严景耀论文集》第 2～3 页，第 47 页。

② 民进中央宣传部编《严景耀论文集》，第 47 页。

形》的写作。①

研究生毕业后，严景耀被燕大社会学及社会行政学系（1929 年社会学及社会服务学系短期改为此名）聘为助教，担任刑犯学及监狱行政科目的主讲人。在校外，严景耀被选为河北监狱协会执行委员。②

1930 年，中央研究院社会科学研究所与燕京大学社会学系合作，请严景耀对山西、河北、湖北、湖南四省的监狱与犯罪进行调查研究。为了给他提供更好的工作条件，中央研究院在社会学系设立 4 个岗位的津贴，每人津贴 300 元，有学生 3 人得此津贴，帮助他到各省实地调查犯罪状况，计划大约六个月内完成调查工作。③

此时严景耀虽然才初出茅庐，但已在社会学界获得了好评，在司法界也有一定的知名度。《社会学刊》在刊登关于"燕京大学社会学系"的消息时也介绍到了他，称他"对于犯罪颇有研究"。④ 1930 年 7 月 23 日，严景耀还被司法院委派为第十次国际刑罚会议专门委员，代表中国去捷克参加会议。⑤ 此时严景耀已经获得了到纽约社会服务学校和芝加哥大学社会学系进修的机会，便先赴俄游历，再转道波兰、奥地利赴捷克参会，会后顺便到瑞士、英、法、德等处游历。⑥ 1934 年，严景耀根据已搜集的中国方面的犯罪资料写成《中国的犯罪问题与社会变迁的关系》，获得芝加哥大学博士学位。在美国学习期间，严景耀受到共产党员徐永瑛和冀朝鼎的影响，在纽约曾进入工人夜校学习俄文和马列主义，并在芝加哥参加反帝大同盟的活动，这为他以后回国后从事民主运动埋下了伏笔。

## 二 回国后的教学生涯与实践活动

1935 年严景耀回到燕京大学社会学系任教，担任社会学概论、犯罪学、社会运动自然史等课程的讲授。系方公布的课程说明可以透露严景耀的若

---

① 许仕廉：《燕京大学社会学及社会服务学系一九二八——一九二九年度报告》，《社会学界》第 4 卷，1930。
② 记者：《燕京大学社会学及社会行政学系一九二九年至一九三〇年工作述略》，《社会学界》第 4 卷，1930。
③ 于恩德：《燕京大学社会学系概况》，《社会学界》第 4 卷，1930。
④ 《社会学界消息》，《社会学刊》第 2 卷第 1 期，1930 年 10 月。
⑤ 《司法院院令》，《司法公报》第 82 号，1930 年 8 月 2 日。
⑥ 《严景耀先生消息》，《燕京大学校刊》第 3 卷第 2 期，1930 年 9 月 19 日。

干思想动向。如"犯罪学"课程的内容如下：

> 本课程的目的，乃是研究犯罪与中国社会变迁的关系，特殊着重中西文化接触前后犯罪变迁的比较分析。根据国内所搜集的犯罪统计与个案材料，说明犯罪如何与文化各方面有密切的关系，及犯罪如何可作为文化失调的标记。此外用原始民族英美与苏联各文化中的犯罪情形与中国犯罪情形作比较的研究，以期阐明犯罪的观念，造成犯罪的过程，与犯罪组织等如何随文化不同而发生变化。[①]

社会运动自然史的课程内容如下：

> 本学程企图考察社会运动如一自然史的历程叙述社会运动的各种不同时期，他的起源、存在与发展，并其衰落状态或转变社会重组状态。题材内以中外社会运动的各时期或各方面的研究方法与问题为最重要。学生不但必须专题研究并须参加讨论。近世两种社会运动——社会主义或共产主义的运动和法西斯运动——将为研究探讨的中心问题。至于特殊社会背景之能引起社会运动和变迁的方向者，亦将注意及之。再则社会运动之如何互动，亦不得不探讨，最后考究社会运动有效的结果，而引入社会重组，如苏联将为研究之一例。[②]

"犯罪学"课程主要讨论的是犯罪与中国近代社会变迁的关系，大体上是严景耀此前在国内发表的多篇论文及其博士论文的延续。"社会运动自然史"课程对社会主义、共产主义、法西斯主义和苏联这些政治敏感话题的关注，是严景耀的思想趋于"左倾"的表现之一。1936 年 6 月 15 日，严景耀应清华大学社会学会之邀，到该校演讲"五年来之苏联"。[③] 1935 年 12 月，他回国任教后不久，北平爆发了"一二·九"学生运动，严景耀积极鼓励和支持学生运动。他同时还参加了平津教授马叙伦、许德珩、杨秀峰、

---

① 《燕京大学社会学及社会服务学系一九三四年——一九三六年度报告》，《社会学界》第 9 卷，1936。
② 《燕京大学社会学及社会服务学系一九三四年——一九三六年度报告》，《社会学界》第 9 卷，1936。
③ 《社会学会启事》，《国立清华大学校刊》第 753 期，第 2 版，1936 年 6 月 11 日。

黄松龄、邢西萍等组织的华北文化界抗日救国会，讨论如何发动群众，进行抗日救亡活动。他的激进立场和活动，引起了官方的注意，最终被迫离开学校。此后，严景耀在上海得到其老师郭云观的推荐，担任公共租界工部局监狱副典狱长的职务，专管儿童犯。他利用担任实际工作的机会将自己的学识用于监狱改良，取得了良好的效果。在工作之余，他不废书卷，努力搜集材料，准备从事新的研究工作。燕京大学校友刊物对他这一时期的状态有如下的报道：

> ……严君本其"我不入地狱谁入地狱"之初志，并利用其专门知识，力事整顿，数千囚人受益良多。惟严君对其学识犹不自认满足，公务略闲，便即一卷在握，搜集各种材料作学术上之研究，并于晚间每星期一三五读日文，二四读俄文，孜孜不倦的努力于查生字读文法等类工作。①

严景耀一方面研究儿童犯的家庭和社会背景、犯罪原因和释放后的出路问题，一方面在东吴大学兼任社会学教授，讲授犯罪学。但此时没有将研究成果予以完成并发表出来。1937年1月23、24日，中国社会学社第六届年会在上海举行，严景耀因地利之便，1月24日上午在会上宣读论文《犯罪与中国社会变迁的关系》。②抗战爆发后，严景耀积极投入抗日救亡活动和民主运动，此时写下的许多文章已经不是犯罪社会学的调查报告或研究论文了。

1947年3月，严景耀重返阔别十年有零的燕京大学社会学系。1947～1948学年他承担"社会科学概论""法律与社会秩序""语言思想及文化""文化接触与社会变迁""教育与社会"等5门课程的教学任务；③1948～1949学年上学期他担任"社会科学概论""文化与社会"课程，下学期担任社会科学概论、社会学选读课程；1949年度他担任"新民主主义论""社会革命""苏联社会制度""犯罪学"等课程。④此时，严景耀发表的文章

---

① 《校友严景耀君力学不倦》，《燕大友声》第3卷第8期，1937年6月15日。
② 《中国社会学社第六届年会记录》，《社会学刊》第5卷第3期，1937年4月。
③ 《社会学系近十年近况》，《燕京社会科学》第1卷，1948。
④ 《社会学系一年概况》，《燕京社会科学》第2卷，1949。

很少，基本上没有什么学术性的成果了。

## 三  学术价值

严格地说，严景耀的真正学术研究生涯是很短暂的。从 1927 年夏开始到监狱调查开始，到 1936 年离开燕京大学到上海担任公共租界工部局监狱副典狱长，前后约 9 年时间。他的第一篇研究论文是 1928 年夏发表的《北京犯罪之社会分析》，最后一篇研究论文是 1936 年夏发表的《原始社会中的犯罪与刑罚》。从发表的时间期限来说，前后只有短短的 8 年。这些成果，从数量上说也不是很多，6 篇中文论文，其中 4 篇发表在燕京大学社会学系主办的《社会学界》上，另有一篇包含 50 多页内容的详细的中英文书目——《犯罪学书目》一文发表在《社会学界》上；英文论文发表两篇，一篇是燕大社会学系 1929 年 12 月印行的 A Study of Crime in Peiping，另一篇是 Crime in Relation to Social Change in China，发表于 1934 年的 *American Journal of Sociology* 上；另外，1934 年有未曾发表的博士论文 Crime in Relation to Social Change in China（《中国的犯罪问题与社会变迁的关系》，与 1934 年发表在 *American Journal of Sociology* 上的论文同题，很可能后者是前者的精要版）。

尽管严景耀的犯罪调查成果数量不多，但它的准确和丰富程度是非常突出的。评价一篇调查报告的学术价值，首先要考虑的因素就是看它是否有效地克服外在社会条件的干扰，获得了关于事实真相的丰富材料。上文曾述及，严景耀对当时官方公布的统计材料的准确性是持怀疑态度的，除了第一篇《北京犯罪之社会分析》曾谨慎地引用、分析过一些关于罪犯的统计材料以外，其他各篇很少运用统计材料，大多是调查者直接观察或搜集的资料。对于统计材料在犯罪调查中的价值，严景耀是承认的，他认为，"统计不能说明为什么和事物是如何发生的，但如果资料充足，它能说明事物的状况是怎样的"[①]，也就是说，对于描述事物的基本情况还是有用的。对于研究事物的内部结构和动力来源等较为深层的问题，"它的作用仅仅是提出问题和指出今后调查的方向"。[②] 对于中国官方统计材料的价值，严景

---

① 严景耀:《中国的犯罪问题与社会变迁的关系》，吴桢译，第 16 页。
② 严景耀:《中国的犯罪问题与社会变迁的关系》，吴桢译，第 16 页。

耀的评价则是很低。他说：

> 中国在这个方面的主要问题是没有统计，即使有，统计数字也很不可靠。北京政府司法部和南京政府公布的所谓"犯罪统计"是官方文件，在一般情况下，应是可靠的研究工作的依据，但是我个人的经验认为它非常不可靠。经过和官员们的长时间的了解和讨论，证实了所谓"犯罪统计"主要是为了向外国人显示中国政府在这方面的工作是可与西方国家相媲美的，如果作为研究的根据，它却是毫无价值的。①

严景耀的博士论文第二章以"中国的犯罪统计"为题，确实引用和分析过大量的统计材料来说明犯罪的范围、犯罪的类型、再犯与累犯、犯罪与年龄的关系、犯罪的地区分析、青少年犯罪以及犯罪的季节因素等问题。不过，这些统计数字是他自己 1928、1930 年两次在 12 省视察中搜集来的，而且大多数业已经过他和助手们在第二次视察时校对过。

由于是通过实地"参与观察"的调查方式获取资料，所以严景耀的调查报告中有不少地方揭穿了官方宣传的虚假性，对于我们了解事实的真相很有帮助。比如，呈报给司法部的月报里说，"每犯于每星期受二十四小时以上教诲"，而实际上严景耀观察到的情况是：入监以后犯人都是一样处置，就是再犯三犯也不见得有特别的待遇；"教诲师对于犯人，高兴了每星期也不过说几句不关痛痒的训话，决不深究他们的病根，而施行切实解决的方法"，自从司法部严令教诲以后，每星期每个犯人才能听到 1 小时隔靴搔痒式的训词。严景耀断言："这种'教诲'在犯人方面是绝对不能发生什么影响的。"② 又如，严景耀观察到，中国改良监狱运动已有 20 多年的历史，新式监狱已有 70 多所了，但主管者仍然脱不了"刑罚主义"思想的束缚。有一次他想送一个期满的儿童再犯到感化学校去，商诸典狱长，并讨论到再犯问题，没想到典狱长说："我主张亦入监狱，应当让他们去苦，使他们知道监狱是可怕的，于是他们就不敢再犯了。"严景耀不由得慨叹："这是中国监狱界领袖人物的信仰和言论，好像用'刑罚'是监狱职员唯一

---

① 严景耀：《中国的犯罪问题与社会变迁的关系》，吴桢译，第 16 页。
② 严景耀：《北京犯罪之社会分析》，民进中央宣传部编《严景耀论文集》，第 38 页。

的责任。"①

　　一个有经验的、认真细致的调查员只要能够沉下心去调查，就不容易被临时突击的表面文章所欺骗。严景耀有一次参观一个监狱，见墙壁粉饰得很白，厕所也是新修的，典狱长陪同参观时告诉他本监如何如何讲卫生。可是，第二天严景耀问该监的一个科长，科长就告诉他说："我们典狱长一接到你来调查的信就令一三科大加打扫，不然恐怕要见笑。"②

　　撇开调查本身的深入细致程度这一点，从内容上来看，笔者认为，严景耀的犯罪社会学研究在两个方面有突出的贡献。第一，严景耀的调查研究，从社会学的观点上揭示了中国近代监狱改良运动中监狱及犯人两方面的真实情况，使人们摆脱了单纯从法律条文、官方文件认识监狱改良运动的局限性。第二，严景耀在犯罪与社会变迁的研究中，比较自觉地把犯罪问题置于近代中西文化接触以后社会变迁的视野下予以考察，从而使得对犯罪的研究成为理解近代社会变迁的一个很好的切入点，他所搜集的大量生动翔实的个案资料，至今仍是我们理解那段历史十分珍贵的历史记录。

　　当然，从理想的标准来看，严景耀的调查研究也还有进一步提升的空间。他自己其实已经有所反思和总结了。在《中国的犯罪问题与社会变迁的关系》的最后一章里，他认识到这项研究的不足之处主要有两点："第一，统计材料太不完全，不足以从时间上说明可能的发展趋势；地点上不足以说明集体的差异。材料不足以表明犯罪的统计，也不足以说明个案中所讨论的犯罪的过程。第二，对个案研究不够详细，难以鲜明地说明在什么情况下发生犯罪。个案的数量不足以说明一些由于统计或其他个案所引出的问题，也没有方法说明这些个案是有代表性的，虽然它们之间有相同的过程。"③他对国内进行相关研究所提的6点建议，大致可以概括为以下三点：（1）统计资料和个案资料应该更加充分、细致；（2）对犯罪者不仅要有全面细致的了解，而且应该对相关的社区背景以及人物有全面的了解；（3）对同一城市的不同时期，不同城市的犯罪事实，应该进行比较研究。在全书的结尾，严景耀甚至寄望于通过中外犯罪问题的比较研究，从差异中找到相同，而后得出更广泛和更专门的结论，并在此基础上形成犯罪的

---

① 严景耀：《中国监狱问题》，民进中央宣传部编《严景耀论文集》，第53页。
② 严景耀：《中国监狱问题》，民进中央宣传部编《严景耀论文集》，第51页。
③ 严景耀：《中国的犯罪问题与社会变迁的关系》，吴桢译，第212页。

自然历史，也使得犯罪学作为一门科学可以建立起来。

　　严景耀是中国犯罪社会学的开创者，他以筚路蓝缕的精神深入调查研究中国的犯罪问题，特别强调从文化接触引起的社会变迁的视角观察犯罪问题，这在今天研究城市社会中的犯罪问题时仍然具有新鲜的感觉。他所提出的进一步深入研究的六点建议，至今仍可启发我们思考习惯的学术问题。对于他个人而言，著述中的缺憾在所难免；学术不是一个人的事业，它需要许多人一代代接力，很多人有必要继承前辈的优长，弥补他们当年未能完成的心愿，这样才能将学术事业推向一个新的高度。

# 论 20 世纪初唯科学主义话语下的"人的神化"观念

张　淼[*]

## 一　20 世纪初"科学主义"思潮学术史回顾

近代科学肇始于欧洲，19 世纪，随着机器大工业的兴起，实用科学不断发展，在人类社会中所占的地位日益重要，因而在社会的各个领域都出现了科学主义思潮。现代意义上的"科学"于明代由传教士引入中国，而科学思潮则直至晚清才在中国得到发展，并在近代中国社会产生异化，形成了"唯科学主义"思潮，对中国社会的方方面面产生深刻影响，甚至其中的某些遗存影响至今。唯科学主义在中国社会的产生和传播过程极具特殊性，这种特殊性表现在其与西方科学主义发展的路径截然相反。近代西方的科学一开始便没有泛化的倾向，是向着为知识而知识，为科学而科学的方向发展的，反观中国的科学主义则不断地被形而上化，最终在价值领域取得最高的地位。

### （一）国外研究

国外关于"科学主义"的研究比较丰富，囿于篇幅和阅读问题的限制，以下简单梳理其中的代表作。

关于西方科学主义的研究，美国科学史家萨顿早在 1937 年就在《科学史与新人文主义》[①] 一书中提出了"科学人性化"的想法。英国著名学者哈耶克也指出"科学主义"是指对科学方法和语言的奴性十足的模仿，其所

---

\* 　张淼，首都师范大学历史学院。

① 　〔美〕乔治·萨顿：《科学史与新人文主义》，陈恒六译，华夏出版社，1989。

出版的《科学的反革命——理性滥用之研究》[1] 一书，引起了学界对该问题较大的争论。欧文在 1952 年出版的《唯科学主义，人与宗教》中认为科学主义是一种取代宗教的感情态度的文化现象即 "科学崇拜"。[2]

西方学界对于中国近代 "科学主义" 的研究也十分丰富。20 世纪最著名的科学史研究成果当属李约瑟所著《中国科学技术史》[3]，这本书于 1990 年在中国出版，书中深入分析了中国古代科学技术的辉煌成就及其对世界文明的伟大贡献，并在此基础上留下了 "李约瑟难题"，即尽管中国古代对人类科技发展做出了很多重要贡献，但为什么科学和工业革命没有在近代的中国发生。这一问题一经提出立刻引发国内外科学史研究者的热烈讨论。

美国学者郭颖颐于 1989 年出版了《中国现代思想中的唯科学主义（1900—1950）》[4] 一书。郭颖颐关注近代中国的科学与观念，科学与文化之间的内在联系，深入分析了 "唯科学主义" 在中国社会的发展脉络，并将 "唯科学主义" 分为 "经验论" 和 "唯物论" 两种，尤其对吴虞、陈独秀、胡适、任鸿隽等人的思想进行了分析。书中特别将 "科学主义" 与 "唯科学主义" 作了区分，认为 "唯科学主义" 在中国近代思想中占有非常重要的地位，并对其进行批判。该书在大陆的出版实际上引发了 20 世纪 90 年代的科学主义思潮的热烈讨论。

近年来，研究科学主义的代表作有美国学者华诗平所著《科学主义与人文主义：毛后中国的两种文化（1978—1989）》，华诗平认为中国现今仍然盛行科学主义。与 20 世纪八九十年代注重科学主义问题研究相比，近十年来将中国近代科学思想研究从科学文化学、科学社会学、科学交流史等层面上予以拓展，这也是当今国外学术界研究的一个基本的学术态势。[5]

---

① 〔英〕哈耶克：《科学的反革命——理性滥用之研究》，冯克利译，译林出版社，2003。
② 陈其荣：《科学主义：合理性与局限性及其超越》，《山东社会科学》，2005 年第 1 期，第 35 页。
③ 〔英〕李约瑟：《中国科学技术史》，翻译小组译，科学出版社，1990。
④ 郭颖颐：《中国现代思想中的唯科学主义（1900—1950）》，江苏人民出版社，1998。
⑤ 李益顺：《晚清期刊中的科学话语研究》，博士学位论文，湖南师范大学历史系，2014，第 13 页。

### （二）国内研究

有关 20 世纪初"科学"的研究，很重要的一部分内容是围绕二三十年代席卷整个中国学术界的"科学与玄学"论战而进行。除了论战双方的激烈交锋之外，至今海内外学术界仍然不断地对这场论战做出新的评价。李泽厚认为"科玄论战"是一场"信仰科学的决定论，还是信仰自由意志的形而上学的争论"。① 其真实内涵在于争辩建立何种意识形态的观念或信仰。汪晖从"文化二元论"的角度，提出"文明及其相互竞争问题在科玄论战中对现代知识体系的分化提供了历史的背景"。② 海外新儒家的代表人物林毓生则认为以丁文江、张君劢为代表的科学派与玄学派，认为主观与客观是完全分离的，实际上是对科学方法存在的共同的误解。③

在研究一种思潮的发展与演变之前，首先要确定的是这种思潮本身的核心概念，因此一些学者对"科学主义"的本质进行了反思与讨论，曹志平在《论科学主义的本质》一文中从科学观、哲学观、价值观三个方面对"科学主义"思潮进行了反思。④ 还有一些学者则从批判的角度对"唯科学主义""科学主义"与"科学"之间的关系进行了划分，如许良英认为"唯科学主义"和"科学主义"这两个概念本身就存在问题，从这个角度对"科学"进行批判是错误的。⑤

针对近代以来科学主义与中国文化的相互渗透，很多国内学者从历史的角度进行详细的论述，如汪晖、杨国荣、段治文等。汪晖在其著作《现代中国思想的兴起·下卷》的《第二部·科学话语共同体》中提出并深入阐释了科学话语共同体的概念，汪晖认为科学话语共同体所包含的内容远大于科学家共同体这一概念，且更能够反映科学主义在中国发展的特

---

① 李泽厚：《中国现代思想史论》，天津社会科学院出版社，2004 年 10 月第 2 版，第 52 页。
② 汪晖：《现代中国思想的兴起·下卷》，《第二部·科学话语共同体》，生活·读书·新知三联书店，2007，第 1124 页。
③ 林毓生：《民初"科学主义"的兴起与含意》，《中国传统的创造性转化》，生活·读书·新知三联书店，1995，第 258~259 页。
④ 曹志平、邓丹云：《论科学主义的本质》，《自然辩证法研究》2001 年第 4 期。
⑤ 许良英：《为科学正名——对所谓"唯科学主义"辨析》，《自然辩证法通讯》1992 年第 4 期。

质。① 杨国荣则从哲学的角度，从科学主义本身出发，探讨其作为一种思潮和广义的文化、价值观念在与中国传统观念的相互渗透中发展起来。还有一些学者则倾向于研究以严复、康有为为代表的知识分子的科学文化观。②

香港中文大学的金观涛、刘青峰教授则从观念史的角度，引入数据库检索的新方法，在《观念史研究》《开放中的变迁——再论中国社会超稳定结构》两书中，论述科学通过对中国近代知识体系的重新建构，使现代常识成为伦理道德的基础，颠覆儒家伦理，从而改变中国人的世界观。③ 关于科学主义对近代国人世界观的改造这一论题，许纪霖、高瑞泉等学者也对此作了进一步的分析。除此之外，还有一些学者撰文对科学主义的发展脉络进行梳理。④

一些学者侧重于研究近代科学主义与人文主义之间紧张的内在关系，看到了近代中国文化取向的两难⑤，还有一些学者从相反的角度，对于科学与人文如何相互融合进行了探讨，郭昊龙在《科学、人文及其融合》⑥ 一书中，提出科学与人文的融合应当落实于文化教育领域。肖峰则从哲学的角度对科学精神与人文精神进行反思。⑦

通过对"科学主义"学术史研究的回顾，可以看出，以上论述皆侧重于科学主义话语下科学与人文疏离的部分，看到了中国近代社会在信仰和

---

① 汪晖：《现代中国思想的兴起·下卷》，《第二部·科学话语共同体》，生活·读书·新知三联书店，2007。

② 段治文：《试论严复的科学文化观》，《福建论坛（文史哲版）》1993 年第 4 期；段治文：《论康有为的科学文化观》，《浙江社会科学》1994 年第 3 期；段治文：《近代中国科学观发展三形态》，《历史研究》1990 年第 6 期；修圆慧：《论康有为的科学观》，《学术交流》2007 年 3 月第 3 期；马金华：《试论康有为的科学观》，《福建论坛·人文社会科学版》2004 年第 2 期；阎乃胜：《论杜亚泉的科学观》，《自然辩证法研究》2010 年第 26 卷第 8 期。

③ 金观涛、刘青峰：《观念史研究》，法律出版社，2009；金观涛、刘青峰：《开放中的变迁——再论中国社会超稳定结构》，法律出版社，2011。

④ 俞兆平：《科学主义在中国的百年命运》，《探索与争鸣》2014 年第 11 期；顾昕：《唯科学主义与中国近代知识分子》，《自然辩证法通讯》1990 年第 3 期；段治文：《中国近代唯科学主义思潮新论》，《天津社会科学》1997 年第 2 期；刘炜：《论中国近代科学主义的构建》，《湘潮》2008 年第 1 期；李益顺：《晚清期刊中的科学话语研究》，博士学位论文，湖南师范大学历史系，2014 等。

⑤ 秦英君：《科学乎人文乎——中国近代以来文化取向之两难》，河南大学出版社，2005。

⑥ 郭昊龙：《科学、人文及其融合》，高等教育出版社，2009。

⑦ 肖峰：《科学精神与人文精神》，中国人民大学出版社，1994。

膜拜科学，视科学为万能之时，科学主义对人文意义的疏远。但是却有意无意地忽视了近代以来个人观念觉醒之后，人本主义极端化所产生的"人的神化"① 观念同样对科学主义产生了重大影响。20 世纪八九十年代以来，海外新儒家力图从儒家体系内部重新发掘科学精神，但也未能对"人的神化"与科学主义的关系作详细论述。象征着理性与客观的科学主义话语体系之下，为何能够容忍"人的神话"这一观念的长期存在，二者又是如何相互渗透，交织成一股力量左右中国近代社会的，这是本文意在论述的问题。

## 二　科学、科学主义与唯科学主义概念辨析

"科学"的传统用法是指"科举之学"。② 近代以来在翻译西方书籍的过程中，人们常常以儒家体系中已有的概念——"格致"——来泛指现代科学技术。至 20 世纪初，"科学"这一概念逐渐取代"格致"，成为指涉现代科学技术的核心话语。

近代西方意义上的"科学"与"科学主义"无疑是具有不同规定的两个概念，科学泛化为主义之后，其内涵便超出了"科学"概念本身。知识是科学的具体形态的体现，而知识总是以实证的方法总结得出的，故而科学知识的更进一个层面便是科学方法。将此科学方法引入人文领域，及由此展开的对科学的追求，使得科学逐渐涉及价值的层面，而肯定科学具有价值的正当性，就成为科学主义的基本信念。至此完成了由科学向科学主义的过渡。然而科学主义在破除旧有价值体系后，其自身则迅速发展为一种新的信仰权威。由此一些学者提出"唯科学主义"的概念以与"科学主义"作区分。但学界对于这两个概念一直持有争议，主要观点有以下两种。③

---

① 本文中"人的神化"观念是受到张灏先生《幽暗意识与民主传统》书中《扮演上帝：20世纪中国激进思想中人的神化》一文的启发，并在此基础上进一步思考的结果，特此说明。

② "科学"一词在中文中自古已有，其本意就是指"科举之学"或"科举学校"，与中国古代选拔官员的"科举制度"相关。

③ 另有一些学者认为中国近代以来不存在所谓的"唯科学主义"，该观点因与本文论述问题无关，在此不作详细解读。

### （一）科学主义与唯科学主义含义不同，二者一褒一贬

从"科学主义"一词的英文定义上来看："根据 1981 年版的韦氏英文大词典，Scientism 有两层不同的含义：'（1）作为科学家特征的方法、精神态度或教义等'；'（2）认为自然科学的方法应该用于一切研究领域（包括哲学、人文科学、社会科学等）的主张……相信只有自然科学的方法才能有效地用来追求知识的信念。'显然，第一层含义指的是一种科学精神、科学信仰和科学意识，是一切科学工作的灵魂。而第二层含义则是产生于科学界甚至哲学界的一种对科学无条件的推崇和过分抬高，以及把科学方法不加限制地无条件外推的一种科学泛化的思潮，是前一种意义上的科学主义在其发展过程中自身异化的产物。"① 美国学者郭颖颐认为："一般地说，唯科学主义是一种从传统与遗产中兴起的信仰形式，科学本身的有限原则，在传统与遗产中得到普遍应用，并成为文化设定及该文化的公理。更严格地说，唯科学主义（形容词是'唯科学的'Scientistic）可定义为是那种把所有的实在都置于自然秩序之内，并相信仅有科学方法才能认识这种秩序的所有方面（即生物的、社会的、物理的或心理的方面）的观点。"②

### （二）科学主义与唯科学主义含义相同，同为贬义

江天骥先生指出："在西方现代哲学中，'科学主义'是一个贬义词，是指认识论和科学哲学中的一种思潮或运动。反对把自然科学看作文化中价值最高部分的哲学家把他们所反对的看法称为'科学主义'（scientism），加以贬斥，凡是被人称为科学主义的，都不自称为科学主义。'科学主义'是反对者对它们的贬称。"③

近代科学体系主要包含三个方面，知识、方法和价值。近代中国科学知识的引入不仅起步较晚，而且体系不完整，同时也不十分重视对科学方法的学习。民国初年，知识分子曾经对归纳法和演绎法之间何者价值更大这一问题进行了讨论，最终以归纳法的完全胜出而结束，演绎法在科学研

① 张帆：《科学主义和现代反科学思潮述评》，《华东师范大学学报（社会科学版）》1999 年第 2 期，第 7 页。
② 郭颖颐：《中国现代思想中的唯科学主义（1900—1950）》，第 16～17 页。
③ 江天骥：《科学主义和人本主义的关系》，《哲学研究》1996 年第 11 期，第 31 页。

究中起到的重要作用却被忽视了。缺少成体系的科学知识和完善的科学方法的积累，科学体系在引入近代中国之后唯有价值上的地位获得了广泛的认可。可以说"科学"在价值上的重要地位是被知识分子按照自己的需要人为地建构起来的，因此笔者认为中国的科学主义更宜被定义为"唯科学主义"。但这里的"唯"并非指"唯一"，而是指其在价值领域拥有极其重要的地位，自此以后人们愈来愈认为自然科学是真正的科学知识，唯有自然科学的方法才能够解决人类社会面临的一切问题。因此下文将统一使用"唯科学主义"这一概念作为论述的基础。

## 三　20 世纪初唯科学主义霸权语境的确立

### （一）中国社会为何能够接受唯科学主义

1. 唯科学主义在近代中国的发展与演化

科学对于中国来说是舶来品，由 17 世纪来华的耶稣会传教士引入中国，以天文历法和算学的形式渗透进入中国社会。之所以科学在一开始能够成为近代西方知识传播的媒介，并向人文领域渗透与明清之际的学术发展有很大的关系。在学术上，清代的儒学开始由义理之学转向考据之学。"经学的这种实证化趋向在一定意义上为中国近代对实证科学的普遍推崇和认同作了理论准备和历史的铺垫"。①

清中叶以后，虽然一些士人翻译并出版了一些涉及科学的书籍，甚至后来得到曾国藩、李鸿章、康有为、严复等知识分子的重视，但这仅仅意味着一些知识分子开始接受将科学作为一种实现国家富强的工具，而不能将其过度解读为"科学"作为一种思潮开始对中国社会的方方面面产生深刻影响。

但是严复、康有为、谭嗣同等人在近代"唯科学主义"的发展与演变的过程中确实发挥了重要的作用。谭嗣同的"仁学"借助西方物理学中的"以太"概念作为论述的基础，严复虽然翻译了赫胥黎的《进化论与伦理学》，但是宣扬的却是斯宾塞的庸俗进化论思想，将进化论从生物学领域无限地拓展到社会领域。康有为所著《实理公法全书》从几何算

---

① 杨国荣：《科学与科学主义》，《上海社会科学院学术季刊》1999 年第 2 期，第 9 页。

学的角度阐述其社会理论也是唯科学主义发展中的代表作，但由于其问世较晚（两份抄件，一份在 1976 年才首次在台湾刊印，而两份合校本在 1984 年才首次在上海发表），至今都还缺乏专门的讨论研究，因此笔者在此作简要分析。

《实理公法全书》的基本内容分为十一门。第一门为总论，论述了人类必须共同遵守的普遍法则；其余十门为分论，题目是：夫妇门、父母子女门、师弟门、君臣门、长幼门、朋友门、礼仪门、刑罚门、教事门、治事门。康有为认为 "实理" 即 "实测之理"，是 "格致家所考明之实理"，也就是自然科学家所归纳的自然科学定义，故而可以将其理解为康有为将自然科学的实证方法运用到社会科学领域的一种尝试。

《全书》模拟欧几里得的几何定理，把所要讨论的各种社会实际问题，归纳为三段式加以推演，即 "实理"、"公法" 和 "比例"。"实理" 是康氏认为不可违背的自然公理，是论述一切问题的大前提；"公法" 可以说是 "实理" 的具体化，是根据 "实理" 推理出来的；"比例" 则大致相当于证明与假设。

但是康有为在《实理公法全书》中根据欧几里得的《几何原本》中的逻辑学所推出的 "公法" 实际上都是相当薄弱的，这些 "公法" 可以被理解为一些常识，有些甚至还出现了一些基本的错误，且这些 "公法" 并非欧几里得所进行严格定义的自然定理，如 "总论人类门" 中的实理为：人各合天地原质以为人，在 "夫妇门" 中的实理为："今医药家已考明，凡终身一夫一妇，与一夫屡易数妇，一妇屡易数夫，实无所分别。凡魂之与魂最难久合，相处既久，则相爱之性多变。"[1] 而这条 "实理" 即便是在当时看来也是不符合自然科学知识的。

然而康有为对于 "自然公理" 的理解是十分灵活的，在 "公字解" 这一条目下，康氏认为 "从几何公理所推出一定之法，乃公法之一端，盖几何公理所出之法甚少，不足于用，此所以不能无人立之法……盖天下之制度，多有几何公理所不能逮，无几何公理所出之法，而必凭人立之法者……"[2] 在这里可以看出康有为还是认识到几何公理的局限所在的，几何

---

① 康有为：《实理公法全书》，姜义华，张荣华编校《康有为全集》（第一集），中国人民大学出版社，2007，第 149 页。

② 康有为：《实理公法全书》，姜义华，张荣华编校《康有为全集》（第一集），第 148 页。

公理所推出的公法既少，且天下制度之多，几何公理无法全部覆盖，因此要有人立之法。但不可否认的是康有为认为几何公理之法是"实理"，是必然的，而人立之法则是虚的，以几何公理来衡量，有合有不合，所以不可尽信，几何公理之法的地位远高于人立之法。

除了上述论及的《实理公法全书》，康有为晚年在天游书院讲学时出版的《诸天讲》一书也是其唯科学主义思想的代表作。"南海先生诸天书（诸天讲）起草于二十八岁时，作大同书后，四十年来秘之未刊"。① 书中介绍了大量的西方科学知识并论述了西方科学的宇宙观，该书最显著的特点在于秉承了康有为一贯的风格，以自然科学知识论证哲学的合理性。尤其在"佛之神通大智不知日月诸星诸天所言皆虚想篇第十二"中，以西方的天文学知识论证佛教宇宙观的不合理之处。但正如康有为的弟子唐修在跋中所说的，南海先生之意在于："人生天地间……常苦忧而乐少，然见大则心泰，吾诚能心游物表，乘云气而驾飞龙，逍遥乎诸天之上，翱翔乎寥廓之间，则将反视吾身、吾家、吾国、吾天地，是不啻泰山与蚊虻也，奚足以撄吾心哉！"② 怀着这样浪漫的，意在解救终生的圣人情怀，书中不可避免地陷入对西方自然科学盲目的乐观之中。康有为在自序中就提到自己写作诸天书的原因是："因推诸天理之无量，即亦有无量之人物、政教、风俗、礼乐、文章焉，乃作诸天书。"③ 且康氏认为"吾人既生于星中，即生于天上。然则，吾地上人皆天上人也。吾人真天上人也……生而为天人，诸天之物咸备于我，天下之乐孰大于是"。④ 由此便可大略看出康氏对西方自然科学的推崇和对于人类崇高地位的称赞。

上文以康有为《实理公法全书》和《诸天讲》为例，简要分析了近代唯科学主义的一些特点，而"唯科学主义可被看作是一种与科学本身几乎无关的某些方面利用科学威望的一种倾向（唯科学主义认为宇宙万物的所有方面都可以通过科学方法来认识）"。⑤ 换言之如果"科学"还仅仅适用于自然领域，没有被作为一种普适的价值推广到人文领域，那么就不能将其称为"唯科学主义"。因此笔者认为唯科学主义作为一种思潮真正产生于

---

① 康有为：《诸天讲》，中华书局，1990，序第 1 页。
② 康有为：《诸天讲》，第 237 页。
③ 康有为：《诸天讲》，自序第 3 页。
④ 康有为：《诸天讲》，自序第 1 页。
⑤ 郭颖颐：《中国现代思想中的唯科学主义（1900—1950）》，第 1 页。

20 世纪初的新文化运动时期，陈独秀在《新青年》中对此说道："今且日新月异，举凡一事之兴，一物之细，罔不诉之科学法则，以定其得失从违。"① 学者汪晖更是将五四新文化运动定义为科学话语共同体的文化运动，因为他们拥有某种可以相互交流的语言和符号系统。② 这一时期新知识分子所标榜的"德先生"与"赛先生"这两面旗帜，发展到最后也只剩下了"赛先生"，更有甚者"赛先生"实际上变成了"赛菩萨"（张灏语），也就是说最终科学成为"科学宗教"。

　　直至 20 世纪二、三十年代的"科学与玄学"论战，唯科学主义完全确立了其在思想领域的统治地位。胡适为《科学与人生观》一书所做的序就很能够体现 20 世纪初唯科学主义思潮已经将中国社会的方方面面囊括其中："这三十年来，有一个名词在国内几乎做到了无上尊严的地位；无论懂与不懂的人，无论守旧和维新的人，都不敢公然对他表示轻视或戏侮的态度。那个名词就是'科学'。这样几乎全国一致的崇信，究竟有无价值，那是另一问题。我们至少可以说，自从中国讲变法维新以来，没有一个自命为新人物的人敢公然毁谤'科学'的。"③ 即便是科玄论战中的"玄学派"也尽量使用"科学话语"来论述己方的观点，以证明自己的观点是"科学"的。

　　2. 中国社会接受唯科学主义的原因

　　由上文观之，唯科学主义在 20 世纪之初似乎以势如破竹之势席卷了整个中国知识界，并迅速确立了话语上的霸权地位，之所以唯科学主义能够产生如此迅猛的效果，笔者认为根本原因在于其内在的建构符合中国传统价值的建构。

　　从两方面来分析，第一，唯科学主义是传统知识体系自身解构重组的结果。传统观念中的知识已经解体，内部包含的各个部分与西方传来的科学观念重新进行整合，尤其是其中直观理性（理性的逻辑思维判断）较强的部分被发掘出来，成为唯科学主义思潮的重要组成部分。自晚清至五四新文化时期对墨家思想的重新发掘与解读就是一个很好的例子。胡适在讲

---

①　陈独秀：《敬告青年》，《新青年》第 1 卷第 1 号，1915。

②　汪晖：《现代中国思想的兴起·下卷》，《第二部·科学话语共同体》，第 1125 页。

③　胡适：《科学与人生观序》，张君劢等《科学与人生观》，上海亚东图书馆，1923，序二第 2 页。

中国哲学史时就把墨家分为两派，"一是宗教的墨学，一是科学——哲学的墨学"。① 知识是科学最具体的表现，《墨辩》中体现的精密的知识论重新成为知识分子关注的重点。

第二，唯科学主义替代伦理成为中国文化的价值核心。儒家思想中最核心的组成部分就是伦理道德，这种取向可以称之为"伦理中心主义"。② 然而儒家的"伦理道德"却在新文化运动时成为首先被打倒的对象，在新知识分子向"伦理道德"展开猛烈攻击之后，其彻底被打到，随之在中国社会文化的"中心"部分出现了相对的真空状态，唯科学主义在此时迅速取代了"伦理道德"的位置，成为文化的新中心。③ 唯科学主义之所以能够取代伦理道德，原因在于中国传统社会文化一直是以常识理性为核心的，即从常识合理来论证宇宙秩序合理，再从宇宙秩序推出伦常道德合理。虽然科学取代了常识理性的位置，但是这种论证合理性的思维方式并未发生变化，故而唯科学主义自身推演出了道德，取代了儒家伦理原本的中心位置。

除以上两个因素之外，近代以来救亡图存话语下，在民族主义话语下，因果论、目的论的盛行为中国知识分子接受唯科学主义提供了逻辑上的支持。正如杜赞奇在分析民族主义话语时提到的："自从 20 世纪出现现代化号召之后，特别是民国成立之后，中国就卷入了一种现代化合法性的逻辑之中。在此种逻辑中，其存在的理由越来越取决于其完成现代化理想的程度。"④ 一生之中思想多变的梁启超也深陷现代化逻辑中，在兴女学、办教育时他提出口号，女人受教育后："上可相夫，下可教子，近可宜家，远可善种"，女人受教育是为了人种进化，为了实现强国保种，为了使中国在日益激烈的现代国家竞争中保有一席之地。在论述政治主张时，"封建"这一概念也随着现代化逻辑的深入在其思想中发生质的变化。早期变法时期，梁启超主张回到上古盛世的"封建"体制中，到了 19 世纪末，20 世纪初，

---

① 胡适著、肖伊绯整理《中国哲学史大纲》，广西师范大学出版社，2013，第 154 页。

② "伦理中心主义"指把伦理道德看作高于知识价值之心态，参见金观涛、刘青峰《开放中的变迁——再论中国社会超稳定结构》，第 183 ~ 196 页。

③ 这也就是金观涛、刘青峰所说的："一旦科学知识变为常识，而中国人以常识和人之常情为推理的论证模式维持不变，现代常识就会成为道德伦理的基础；其结果就是现代常识会颠覆儒家伦理，指向建构新的道德意识形态。"详见金观涛、刘青峰《观念史研究》，第 348 页。

④ 〔美〕杜赞奇：《从民族国家拯救历史》，王宪明等译，社会科学文献出版社，2003，第 85 页。

则将"封建"斥为一种野蛮的政治制度,"封建"从攻击传统政治制度的有力武器沦为被攻击的对象,这完全体现出现代进化论逻辑、现代化合法性逻辑对思想变迁产生的重要影响。科学也是如此,近代以来西方科学最直观的体现是船坚炮利,最深切的体会是兵临城下被迫签订的不平等条约,如此看来,掌握了科学技术就有了富国强兵的可能,就获得了世界范围内现代国家应有的尊重与地位。在现代化合法性逻辑的论述之下,科学、唯科学主义拥有了价值的正当性,也就成为被人们接受的理所当然的事物。

在此不得不提及的是,中国知识界所存在的价值一元论对唯科学主义独尊地位的确立也起到了推波助澜的作用。纵观整个中国文化的历史,知识界的思想始终停留在同质一元的状态,异质多元的各类思想即便曾经短暂地存在,也会被迅速取代。以明代学术史为例,即便出现了理学与心学之争,究其根本也是儒学内部的学派之争。因此在中国的知识界,总是存在一种思想、一种价值占据统治地位,而各类思想与价值在主流话语中也是只能相互更替,无法并存。因而,由此也可以看出为何唯科学主义能够成为中国文化的新中心。

### (二)"科学"的自我神化——唯科学主义

唯科学主义是近代科学在传入中国之后异化的产物,也是科学的自我神化,尤其是"五四新文化"一代的知识分子以激烈的反宗教著称,然而"在这种反宗教立场背后的是一种好斗的理性,其核心是科学崇拜。对他们来说,科学是解决一切人类问题的万能钥匙"。[①] 而科学方法的这种所谓的普遍性特征,实际上人为地在知识之间做出了"科学"与"非科学"的划分。为何"科学"这一象征着客观、理性的概念在中国会被神化为普适公理,笔者认为这一过程的实现也要从两方面进行思考。

1. 作为工具的"科学"被神化

近代以来,将自然科学知识推及到社会科学领域,所产生影响最大的莫过于社会达尔文主义,科学对于晚清以来人们世界观、价值观的塑造,最突出的表现就是进化论语境之下传统天理世界观向公理世界观的转变。由此化约而成的"优胜劣汰、适者生存"几个字更是以铺天盖地之势席卷中国知识界。不仅"适者生存"彻底颠覆了儒家传统思想中蕴含的道德正

---

① 张灏:《梁启超与中国思想的过渡》,江苏人民出版社,1993,第214页。

当性，而且在"日益严重的国势衰落面前，儒家原有的功利主义精神被释放出来，逐渐从边缘走向主流"。① 这两种观念相结合集中表现为近代以来知识分子对工具理性②的追求。

然而与中国社会这种特殊的环境不同，"以西方的科学主流来讲，那是为知识而知识的，不是为人生而知识，更不是采取功利的态度和观点。像胡适所说的，在天空上发现一个恒星，和找到一个中国古字的含义，其意义和在科学精神上的实践是一样的"。③ 两相对比便可看出，近代中国知识分子对工具理性的追求延伸至科学领域，便极易造成对科学的盲目崇拜，最终发展为唯科学主义。

2. 作为新价值的科学被神化

"在中国文化与政治结构崩溃的时候，一种被中国有机式世界观在不知不觉中形成的有机式思维习惯，使得人们很容易无视其所相信的观念在多元世界中是有严格限度的，而易主张他们所相信的观念具有贯穿的功能，能把次级的固体整合成一个一元的世界。现代中国的科学主义，便是在西方文化冲击下，在这样的思维习惯与将思想当做最大动力的一元化思想模式糅合后而形成的母膜中形成的"。④

除了上述因素之外，"价值逆反机制"⑤ 同样在此中产生了巨大的影响。近代"科学"观念的提出与传播同反封建、反迷信是密不可分的。中国社会是封建、落后的，民众是愚昧、迷信的，而象征着理性、客观的科学理所应当地成为解决这些棘手问题的唯一方法，所以科学在传播之初便具备了其本身并不包含的一些内容，科学本身也被机械地认为包括所有与中国

---

① 许纪霖：《现代性的歧路：清末民初的社会达尔文主义思潮》，许纪霖、宋宏编《现代中国思想的核心观念》，上海人民出版社，2012，第 177 页。

② 工具理性这一概念由马克斯·韦伯提出，指行动只由追求功利的动机所驱使，行动者纯粹从利益最大化的角度考虑，而漠视人的情感和精神价值，与此相对的是价值理性。

③ 余英时：《中国近代个人观念的改变》，许纪霖、宋宏编《现代中国思想的核心观念》，第 204 页。

④ 林毓生：《民初"科学主义"的兴起与含意》，《中国传统的创造性转化》，第 268 页。

⑤ "价值逆反机制"这一概念由金观涛、刘青峰提出，金氏认为价值逆反机制推动的新文化创造一定会分为两个阶段：第一阶段价值逆反逻辑会使得各种新观念得到普及，由此产生轰轰烈烈的启蒙。但当旧意识形态被抛弃后，价值逆反所造成的对新观念、新价值的误解便日益明显。它们被融入新意识形态，而思想解放和启蒙运动也随之中断了。但笔者认为这一概念并不适用于对新文化时期所有价值观念的解读，下文将详细阐述。有关"价值逆反机制"详见《开放中的变迁——再论中国社会超稳定结构》。

传统社会文化相对立的价值。因此价值一元论和价值逆反机制这两种因素促使唯科学主义的内容不断扩充。

至此，科学似乎既是知识合理性的评判标准，又是知识合法性的衡量尺度，唯有进入科学之域，知识才具有合理性并获得存在的合法性。[①] 科学成为一切知识、价值的合法性源头，和一切价值的最终指向，而知识体系中"科学"与"非科学"的界限也愈发地分明，自此科学在自我神化中完成了"唯科学主义"霸权的确立。

## 四　"个人"观念的产生及其自我神化——"人的神化"

中国传统文化尤其是在儒家文化中，"人"拥有很高的地位，"天人合一"指的便是"人"的变化寓于天理更替之中。但是值得注意的是，正如冯友兰先生所说的"中国哲学家多注重于人之是什么，而不注重人之有什么，故不重知识……中国仅有科学萌芽，而无正式的科学，其理由一部分亦在于此"。[②] 且儒家文化中的"人"并非是指作为权利主体的"个人"，而是拥有道德自主性的主体，即"儒家一方面强调'为仁由己'，即个人的价值自觉，另一方面又强调人伦秩序。个人是很重要的……是具有价值自觉的道德主体，而这一主体对于群体而言又是'非主体性'的，他的道德价值必须在人伦秩序之中才得以实现"。[③] 晚清以来，随着西方权利观念的引入，作为权利主体的"个人"日益得到关注，新知识分子也将伦理道德视为束缚个人、压迫个人的沉重枷锁，极力宣扬西方的个人观念，力图以此培育新国民，实现国家富强。

但是张灏先生在分析五四新文化运动的内在矛盾时认为，五四（新文化）思想具有两歧性，理性主义与浪漫主义本应是一对相互批判的矛盾体，却交织而成乌托邦精神；反宗教与宣扬"个人"观念本应是相辅相成的，却在盲目的推崇下使得"人"成为一种新的"宗教崇拜"，周作人就认为五四的人道主义是一种宗教信仰，可以称之为"新宗教"。[④] 高扬

---

① 杨国荣：《科学与科学主义》，第 7 页。
② 冯友兰：《中国哲学史·上》，华东师范大学出版社，2011，第 6～7 页。
③ 许纪霖：《大我的消解：现代中国个人主义思潮的变迁》，许纪霖、宋宏编《现代中国思想的核心观念》，第 209 页。
④ 张灏：《幽暗意识与民主传统》，新星出版社，2006，第 200 页。

的理性主义使得这一时期的知识分子认识到"人"的能力的重要性，而与之相伴而行的浪漫主义精神以及对传统观念的反动却将人的能力提升到无以复加的高度，至此"人"既摆脱了伦理道德的束缚，又拥有了至高无上的能力。

晚清以来，国家危机不断加深，"个人"作为权利主体的意义逐渐消退，很多思想家将"个人"视为科学与理智主体，把理智看作个人的基本特征。一战结束后，虽然协约国取得了胜利，但热兵器的大量使用也给整个欧洲造成了无法弥补的伤害，人们看到了科学威力的可怕之处，一些人开始对"科学"进行反思，一时之间"科学破产论"盛行起来。同时，进化论思想也开始发生巨大的变化，进化论语境从备受推崇的竞争进化论发展到以克鲁泡特金为代表的互助进化论，即强调人人有生存的权利，无代价地取得衣食住，且各尽对人类、社会应尽劳动的义务，在此基础上，实现人类的"协力"与"互助"。语境的转换在一定程度上促使一些知识分子将注意力从"科学"转移到科学的使用者——人——上面来。

20世纪二三十年代以后，以梁漱溟为代表的学者更是反对以理智来界定"个人"，主张从生命意志的角度界定"个人"观念。① 一些知识分子从"意志"的高度肯定来源于西方唯意志主义的深刻影响。无论在西方还是中国，在近代唯意志论思潮的发展中，尼采都是一个中心环节。尼采的超人学说和权力意志学说将权力意志视为宇宙的真理。尼采认为上帝已死，传统基督教的信仰已经完全崩溃，要求意志自由和意志化的个人或超人。从中国自身的学术史发展来看，近代盛行的唯意志主义的传统依据是儒学中以王阳明为代表的心学。王学思想中对主体意志的肯定，使其存在导向唯意志的可能。② 近代知识分子从龚自珍开始就将人视为一切的主宰，章太炎所谓的"依自不依他"以及梁启超称赞西人的"顽狠"之气都是唯意志论倾向的典型代表。

在尼采与王学思想的唯意志倾向影响之下，近代中国不少思想家——如梁启超、鲁迅、陈独秀、梁漱溟——都十分重视个人解放的崇高地位以及个人意志的自由，而近代思想中的这种唯意志论倾向甚至在中共的意识

---

① 顾红亮、刘晓虹：《想象个人：中国个人观的现代转型》，上海古籍出版社，2006，第109页。

② 杨国荣：《中国近代的唯意志论思潮与王学》，《学术月刊》1988年第11期，第95页。

形态中都有所体现。

　　然而从影响的范围以及深度上来看，虽然唯意志主义在近代思想界能够占据一席之地，但由于其理论过于深邃——如叔本华的生活意志论和尼采的权力意志论——未受过系统哲学训练的知识分子未必能够理解其中的内涵，故而其在中国思想界并未造成很大的声势，反而在梁漱溟之后逐渐没落。但这种从中国的王学和西方的尼采以及叔本华理论中汲取的对人的意志的高度赞扬却是对以后中国思想的发展产生了极大影响。

　　"人"作为一种新的价值得到认可并被赋予新的意义，成为另一种宗教崇拜。在上文分析"科学"的自我神化时，笔者引用了金观涛先生提出的"价值逆反机制"这一概念，但同时笔者也认为这一概念并不适用于新文化时期所有价值观念的解读，"人的神化"观念就是一例。按照"价值逆反机制"的解释，传统中国只有群体而无个人，近代中国"人"的观念的引入是在对"群体"的反动之中产生的，故而包含了西方"个人"观念所不具备的内涵。然而笔者认为对于"人"这一观念，不能仅仅将其理解为对"个人"能力的肯定，在不断的发展中，其中更为重要的一部分内容逐渐演变为对"集体人"能力的推崇。

　　中国传统文化中个人与群体，小我与大我之间一直存在深刻的内在联系，儒家的"修、齐、治、平"便是由"小我"通向"大我"的理想路径。20 世纪以来，中国国势衰弱，时时陷入危机之中，纵然个人拥有上天赋予的权利，在国家危亡之际又如何行使。此时唯有将"个人"的权利与价值让渡与国家，这在思想方面便表现为由"小我"向"大我"的转变，由"个人"的神化，向"集体人"的神化的转变。而这种对"集体人"的神化在 20 世纪中叶被领导者加以利用，被民众广泛认可、信仰，在狂热的氛围中走向巅峰。然而按照"价值逆反机制"的解释，对"群体"观念反动的结果，即便是有向激进主义发展的倾向，也应是发展为极端的个人主义，而非极端的集体主义。

　　"五四新文化"时期，知识分子对"个人"观念宣扬的侧重点由"权利主体"转向"价值主体"。一方面，他们重新挖掘"个人"的能力与潜质，另一方面促使人一步步地脱离传统儒家伦理的规范，且晚清以来，救亡图存的历史任务要求个人将自身的权利让渡给集体，故而"人"这一概念的地位不断地被抬升，永久地被神化。

## 五　唯科学主义与"神化人"的结合

"科学"与"人"完成了自身的神化，两者神化的产物又化约为唯科学主义与"人定胜天"这一观念，共同对 20 世纪的中国社会产生深刻影响。然而在谈到科学与现代性的问题时，一些学者认为"实际上，把主观意志力神化，把规律形而上化，以及个人崇拜、个人迷信等等，不过是形形色色的现代迷信罢了。医治现代迷信的药方也应当是科学"。[①] 但是这种神化人的形象却在 20 世纪的中叶恰恰与唯科学主义相结合，看似对立的二者实际上相辅相成。

实证科学的精神尊重理性，肯定人有独立思考的能力。尤其是当科学以理性为主体之后，片面强调人的能力与意志，"意志的作用被限制在专一与守衡，意志自由的另一重要侧面——自由选择——却尚未进入视野"。[②] 丁文江将"我"比作一种思维机器，"我的思想工具是同常人的一类的机器。机器的效能虽然不一样，性质却是相同的"。[③] 陈独秀甚至认为人们的历史是人们贪得无厌的意志造成的。将人的能力过分理性化，成为人本主义极端化与唯科学主义的重要接点，并成为"人的神化"观念得以在科学话语下发展、壮大的重要条件。同时，二者相结合也留下了现代思想中忽视人的情感、感受这一思想特质的滥觞。

我们应当看到唯科学主义代替伦理道德成为了新的价值中心，科学不仅是认识自然社会、人类社会的唯一工具，而且成为最终的价值归宿。而人一旦神化，可能出现几种趋势："就人的理想而言，很容易产生乌托邦的幻想……终而掀起政治狂潮，造成政治宗教；就群体的人而言，会造成群体意志的绝对化，可以使独断精神泛滥成灾；就个人的意志而言，英雄在这种'神化'的醺迷之下，可以变成魔鬼巨灵。"[④] 被神化的"集体人"拥有改造客观世界的极大能力，与唯科学主义在目标和价值上拥有出奇的一致性。因此二者不仅未能相互制约，反而相得益彰，共存于 20 世纪中国知

---

① 高瑞泉：《天命的没落——中国近代唯意志论思潮研究》，上海人民出版社，2007，第211 页。
② 高瑞泉：《天命的没落——中国近代唯意志论思潮研究》，第 173 页。
③ 丁文江：《玄学与科学——评张君劢的〈人生观〉》，张君劢等：《科学与人生观》，第 6 页。
④ 张灏：《幽暗意识与民主传统》，第 217 页。

识界的主流话语之中，并在其后的发展中被有意识地加以利用，使之形成一股力量，左右着中国社会的进程。

但是我们在认识到唯科学主义与神化人的弊端的同时，对其的批判也不能矫枉过正。对于唯科学主义的批判性思考是在 20 世纪 80 年代后期的世界性转变的背景下发生的，"科学主义概念被用于描述社会主义国家的体制及其意识形态的总体论特征……社会主义国家事件大规模地诉诸科学主义话语，并最为典型的国家理性形式凸显科学的价值，从而以科学主义及其危机来解读社会主义的国家实践无疑是接触到了某些实质性的问题……"[1]一旦论述的问题与复杂的现实政治相纠缠，很容易出现极端化的倾向，因此对于近代以来唯科学主义思潮与神化人的分析为我们带来的应该不仅是经验，更是教训。

然而一些学者认为自 20 世纪 80 年代以来，否定"五四"成为史学界一种新的时尚，对"五四"以来"科学主义"的批判更是对"五四"精神的错误解读。但笔者认为，我们从另一个角度来看待这种对"五四"的批判时会发现其中未尝不包含着"春秋责贤者"的"求全责备之心"（余英时语），而这些也是我们研究历史所应具备的最珍贵的特质。

---

① 汪晖：《现代中国思想的兴起·下卷》，《第二部·科学话语共同体》，第 1426 页。

# 近代社会文化史研究的新境界

## ——第四届中国近现代社会文化史国际学术研讨会综述

### 敖 凯[*]

2016 年 9 月 23～25 日，由中国社会文化研究会、首都师范大学社会文化史研究中心主办的"第四届中国近现代社会文化史国际学术研讨会"在北京举行。会议提交论文 17 篇。来自中日两国的 30 余位专家学者，就中国社会文化史的理论与方法、中国近现代的社会生活、思想观念、婚姻、家庭、女性等议题展开了热烈而深入的讨论。

## 一 社会文化史理论方法的回顾与展望

20 世纪 80 年代以来，经过几代学人的辛勤耕耘，社会文化史已成为史学研究的新视角和新领域。为进一步推动该领域研究的深化、开启研究的新历程，对 30 年来的学科发展进行必要的回顾和展望显然具有重要意义。

首都师范大学历史学院教授梁景和在《社会文化史在行进》一文中，就团队重镇、理论方法、领域维度、史料文风等问题展开论述，指出研究中国社会文化史，特别是研究中国现当代社会文化史，要与政治史紧密结合。那种脱离政治视角来研讨中国社会、中国社会生活、中国社会文化史的观点，既是简单片面的，又是单纯幼稚的。而研究社会文化史的要义，最终应归于探索生活与观念的互动；研究社会文化史的方法，则要凭借真实的史料去研究客观的历史。

中国社会科学院近代史研究所研究员李长莉撰写的《中国近代社会史

* 敖凯，首都师范大学历史学院。

研究三十年发展趋势与瓶颈》，通过对 1986 年以来中国近代社会史的研究成果进行了统计分析，认为其趋势和特征体现在四个方面：一是研究成果的数量呈现长期持续大幅增长的发展趋势；二是已从一个初期论著数量少而处于附属性、边缘性的弱小分支学科，发展成为论著数量位居前列的大分支学科；三是社会史研究的关注重心，由革命话语延伸论题转为社会主体论题，完成了向社会本位的回归；四是在全国形成多个研究重镇、研究团队和成规模的研究队伍。而这些趋势和特征标志着中国近代社会史已成为一门成熟学科。

中国区域社会史是社会文化史研究的组成部分，其重要源头之一是社会经济史领域的区域性研究。中国社会科学院近代史研究所副研究员唐仕春提交的论文《心系整体史——中国区域社会史研究的学术定位及其反思》，以中国社会史学界既有的理论探索和论述为对象，追溯了中国区域社会史兴起的过程与原委，重新检讨了区域社会史与整体史、地方史的关系，指出以区域重构整体史，有助于解决宏大叙事之不足。以整体史区隔地方史有利于解决研究的"碎片化"问题，提升研究的对话空间。而探寻中国区域社会史研究的学术定位体现了学界重新书写整体史的强烈愿望。

日常生活进入史学研究的视野，始于民国时期。中国社会科学院近代史研究所助理研究员李俊领在《日常生活：社会史研究的对象、视角与跨学科对话》一文中认为，引入日常生活史视角，不仅可以展现近代中国社会面相，而且有助于揭示深层的社会变迁机制；日常生活史视角，不仅可以展现出一个以生活为中心的近代中国社会面相，而且可能揭示出更深层的社会变迁机制；日常生活可以成为历史学、社会学、哲学等学科进行对话的中心问题与公共平台；在跨学科对话中，进一步探讨日常生活可能具有的历史认识论与本体意义，及其对当下日常生活文明进步的启示。

## 二　婚姻、家庭与性别研究

婚姻、家庭和性别问题是人类社会生活的热点话题，历来受到研究者的广泛关注，也是本次会议的主要议题。

传统中国受儒家文化影响，强调男女大防、男尊女卑，使得女性在历史上的作用与地位受到忽视。有鉴于此，中国社会科学院近代史研究所研究员刘志琴在《女性意识与炎黄文化》一文中，梳理了女性意识在社会转型的表现，提出研究者要从社会文化史的角度来看待女性群体，以便发现一些值得深思的现象。诸如，为什么百年中国妇女解放的过程，女性往往用性意识的觉醒向社会的不公进行最后的冲击？在性意识思潮中女性比男性更勇敢？原因又在那里？

龚自珍是清代重要的思想家和诗人，其成就是如何获得的。对此，天津师范大学历史文化学院副教授曹志敏另辟蹊径，从龚自珍的个人成长史来展开论述，其提交的论文《龚自珍依恋母爱与追寻童心的文化意蕴》，认为龚自珍诗文的特色既与"乐亦过人，哀亦过人"的感情体验有关，也与他一生追求童真童心的心理特征密不可分，正是这种独特的奇思奇情，成为龚自珍酝酿其文学精神与艺术想象的绝好种子。

随着近代通商口岸的发展，人多地少的矛盾愈发凸显。由于户外游戏空间遭到极大压缩，儿童不得已在马路边玩耍，从而酿成多起交通事故。天津社会科学院助理研究员张弛在《打造娱乐新天地——民国上海家庭"儿童游戏室"话语初探》一文中指出，为防范危险和不良的街头游戏可能对儿童造成的身心伤害，幼儿教育专家呼吁父母在家中开辟儿童游戏室，为子女提供安全卫生的游戏空间和健康有益的娱乐活动，并借以改善家居环境，开展家庭教育。这说明儿童在小家庭中地位的上升以及良好的居家环境和寓教于乐的家庭教育等育儿观念渐为国人了解与接受。

自晚清至 20 世纪 20 年代，国人对家庭问题展开了诸多讨论。日本菲莉斯女学院大学教授江上幸子《近代中国的废婚论与女性对"小家庭"之异议》一文，参照"近代家庭"概念对中国的"小家庭"议论，以 20 世纪 20 年代上半期的女性声音为中心，考察各种对主流话语提出的不同见解和异议，并在梳理晚清以来废家论的基础上，重点探讨了 20 世纪 20 年代初期的废婚论。

五四以后，在新的性道德和婚姻伦理的指引下，许多追求恋爱自由、婚姻自由的新女性，不计名分地与有妇之夫结婚或同居，从而导致民国时期的婚外同居现象十分突出。首都师范大学历史学院副教授余华林在《新式妇女"甘心作妾"？——民国时期婚外同居现象论析》一文中指出，这种婚外同居究竟是基于恋爱自由的新生活方式，还是另一种的纳妾，时人对此认识不一。法律条文对于她们家庭角色的定位也出现前后反复的变化，执法者也只能莫衷一是。时人对于婚外同居问题在认识和理解上的冲突，一方面反映出民国时期新旧生活方式所面临着多层夹缝和多维困境；另一方面也反映出恋爱自由与纳妾并不是界限分明的，新旧性道德和婚姻伦理的过渡之间有着内在的思想通道。

1950 年中华人民共和国婚姻法颁布，新的婚姻法一方面利用西方引入的婚姻自由自主观念来取代传统的"家庭本位"婚姻观，另一方面又打破西方重视国家与家庭、公众与私人的界限来重塑男女之间的关系以及冲击嵌入在传统伦理文化中的家庭传统。首都师范大学历史学院硕士生任耀星撰写的论文《共和国初期山西婚姻生活：从乡村案例透析》，以山西省民政厅 1949～1953 年的婚姻档案为史料基础，从乡村社会丰富多样的婚姻案例切入，观察"传统家庭""婚姻当事人""基层干部"等三个社会群体在面对《婚姻法》时的独特表现及心理状态。

## 三　近代女子教育问题研究

清末民初，中国女子教育开始兴起，造就了一大批德才俱佳的女性，这不仅对女性自身的解放有重大影响，而且对社会改造也发挥着积极作用，因此，近代女子教育研究受到青睐。

1875～1911 年，上海发行约 30 种画报，《图画日报》为其中之一，1909 年 8 月至 1910 年 8 月由上海环球社以日刊形式出版。日本骏河台大学名誉教授前山加奈子在《〈图画日报〉所呈现的晚清中国女学生之形象》一文中，通过分析《图画日报》中的女性画像，认为这些画像并不是在某种特定思想或意图指导下提取的画面，而是现实生活中随处可见的真实写照。进而指出，女学生作为新时代的新女性，受到社会的注目，可见她们已超越传统的社会性别规范，并有意识地开始新的行动。

中国自办女学始于 1898 年，1900 年后各地纷纷兴办女学。天津是女学发展的重镇，晚清最后十年，天津创办了 30 余所各类女学，1000 多名女性投身其中，成为监督、教习或学生。首都师范大学历史学院讲师秦方撰写的《晚清天津女子教育与女性形象建构——兼及方法论的一些探讨》一文，对晚清天津女学和女性形象建构进行实证研究，认为传统女性大多以其对儒家道德的忠诚为圭臬，以家庭角色为主线，形成其行为规范和身份认同；晚清时期，有关女性身份的界定体系逐渐发生转变，国家政治、个人独立和公共道德等成为新的导向，原有的界定标准受到不同程度的质疑和挑战。

全面抗日战争时期，一批中国女学生曾留学日本。在民族危机和国家危难的情况下，她们的命运究竟如何，以往学界鲜有关注。日本立命馆大学讲师杉本史子提交的论文《抗日战争时期的奈良女子高等师范学校留学生》，根据奈良女子大学所收藏的《校史关系史料》，从性别角度分析留学生的日常生活、心路历程、奈良女高师与伪满的关系以及日本女校应承担的战争责任等问题，颇有新意。

## 四 社会文化史研究的新拓展

进入 20 世纪以后，中国思想界在传统的文化价值观念方面发生了许多重大转变，其中影响最为深远的一种转变是唯科学主义的产生和发展。首都师范大学历史学院硕士生张淼《论 20 世纪初唯科学主义话语下的"人的神化"的观念》一文，重点考察了象征着理性与客观的科学主义话语体系之下，为何能够容忍"人的神化"这一观念的长期存在，二者又是如何相互渗透，交织成一股力量左右中国近代社会的。

严景耀是中国犯罪社会学的开创者。中国社会科学院近代史研究所副研究员吕文浩《严景耀的犯罪社会学调查与研究（1927～1936）》一文，详细梳理了严景耀从事犯罪调查研究的基本脉络以及其相关教学、实践生涯，并分析其犯罪调查研究的学术价值。作者认为，严景耀以筚路蓝缕的精神深入调查研究中国的犯罪问题，特别强调从文化接触引起的社会变迁的视角观察犯罪问题。

杨杰是民国时期一位重要军事战略家，与蒋百里（名方震）并称"南杨北蒋"。1936 年 12 月，杨杰开始计划以步兵五团制改造国民党军队。日本铃鹿大学国际人间科学院教授细井和彦《试论杨杰对日之战略——以步兵五团制的构想为中心》一文，考察了杨杰对日战略构想，重点阐述了步兵五团制的构想及其理由。在杨杰的步兵五团构想中，一方面以"五"为军队编制的做法遵循了中国的传统，另一方面它似乎与日本的陆军编制没有关联。

首都师范大学历史学院副教授韩晓莉在《时代变革中的职业记忆——对 20 世纪 50 年代以来晋中民间戏曲表演者的口述史研究》一文中指出，共和国成立后，从 20 世纪 50 年代"戏改"到 80 年代的改革开放，戏曲表演者的职业定位发生了从艺人到"革命的文艺工作者"，再到以盈利为目的的职业演员的转变，职业定位的变化造成了从业者不同的职业感受和人生经历。戏曲表演者的职业记忆反映了不同时期政权力量对民间文化、对社会生活、对个体命运的改造过程，而戏曲表演者对"戏改"的参与，对体制内身份的争取，以及他们所经历的礼遇与刁难都体现了下层民众对现实环境的认知和应对。

中国社会文化史是 20 世纪 80 年代以来在文化史、社会史发展的基础上形成的一个新的研究视角和研究领域。纵观此次会议，不但有立意新、史料新、角度新的专题论文，更有老中青三代学者汇聚一堂，交流学术，研讨互动的盛况。这不仅为社会文化史的深入研究提供新起点，同时也是 2016 年首都师范大学社会文化史研究中心成立后，在推动社会文化史研究以及建设国内社会文化史研究重镇的又一次有益的探索与实践。

**图书在版编目(CIP)数据**

第四届中国近现代社会文化史国际学术研讨会论文集／
余华林主编. -- 北京：社会科学文献出版社，2017.5
ISBN 978 - 7 - 5201 - 0723 - 5

Ⅰ.①第… Ⅱ.①余… Ⅲ.①中华文化 - 文化史 - 近
现代 - 国际学术会议 - 文集 Ⅳ.①K270.3 - 53

中国版本图书馆 CIP 数据核字(2017)第 088114 号

## 第四届中国近现代社会文化史国际学术研讨会论文集

主 编／余华林

出 版 人／谢寿光
项目统筹／宋月华 吴 超
责任编辑／周志宽

出 版／社会科学文献出版社·人文分社 (010) 59367215
　　　　地址：北京市北三环中路甲 29 号院华龙大厦 邮编：100029
　　　　网址：www.ssap.com.cn
发 行／市场营销中心 (010) 59367081 59367018
印 装／三河市尚艺印装有限公司

规 格／开 本：787mm×1092mm 1/16
　　　　印 张：13.5 字 数：229 千字
版 次／2017 年 5 月第 1 版 2017 年 5 月第 1 次印刷
书 号／ISBN 978 - 7 - 5201 - 0723 - 5
定 价／89.00 元

本书如有印装质量问题，请与读者服务中心 (010 - 59367028) 联系